Ubuntuboken

Ubuntuboken

Ubuntuboken

Operativsystem Linux med Ubuntu,
fjärde utökade och förbättrade utgåvan

Jesper Nilsson

HME Publishing

Ubuntuboken

Operativsystem Linux med Ubuntu,
fjärde utökade och förbättrade utgåvan

www.ubuntuboken.se

Text @ 2010–2016 Jesper Nilsson

ISBN 978-91-86841-67-6

Förlag HME Publishing

Design & layout Wynona Ekesrydh

Fjärde utgåvan, första upplagan

Tryckt i EU 2016

Kopieringsförbud

Förord

Tanken när jag började skriva denna bok var att skapa ett läromedel, riktat till nybörjare såväl som de mer datorvana, ämnad för gymnasiekursen "Operativsystem Linux" som skulle fokusera på distributionen Ubuntu. Detta eftersom Ubuntu för närvarande är den populäraste distributionen, särskilt här i Sverige. Med gymnasiereformen (Gy-11) så försvinner operativsystemskurserna men en hel del av de gamla kursmålen kan man tolka in i många av de nya kursernas centrala innehåll.

Ett annat mål var att skapa ett läromedel som är aktuellt och uppdaterat eftersom jag av erfarenhet har lagt märke till att mycket av det material som finns är förlegat och därmed missvisande. Eftersom det kommer en ny version av Ubuntu var sjätte månad så hinner det hända en hel del på ett par år. Med detta sagt kan det tyckas motsägelsefullt att skriva en traditionell bok i läsplattans årtionde men med tanke på all positiv respons som jag har fått så finns det uppenbarligen fler än jag som uppskattar en bra bok i ämnet.

Sist men inte minst så ville jag skapa ett läromedel som tilltalar eleverna/läsarna vilket, enligt mina erfarenheter, innebär en bok med kortfattat och strukturerat innehåll som fokuserar på praktiska och funktionella moment åskådliggjort genom relevanta exempel så långt som möjligt.

Denna bok vill jag tillägna min Anna, Linnea, Lukas och Amanda samt kollegorna på NTI gymnasiet i Lund. Speciellt tack till Wynona Ekesrydh som gjort designen till boken. Tack även till intresserade läsare för hjälp med korrekturläsning inför denna fjärde utåva för Ubuntu 16.04.

Jesper Nilsson

 Vad är Linux?

 Installera Ubuntu

 Använda ubuntu

 Terminalen

 Hantera program

 Användarhantering

 Nätverk

 Hårdvara

 Tips och trix

Innehållsförteckning

Terminalen

Hantera program 113

Vad är Linux?

När man i dagligt tal använder ordet Linux så menar man ett Linuxbaserat operativsystem. Så för att förstå vad Linux är så måste vi först ha klart för oss vad ett operativsystem är. Ett operativsystem är den programvara som låter oss använda en dator på ett meningsfullt sätt. Man kan kalla ett *operativsystem* (OS) för en länk mellan användare och maskin. Utan ett OS så är datorn bara en låda full med avancerad elektronik som inte går att använda. Ett OS sköter hanteringen av all hårdvara i datorn, som till exempel tangentbord, mus, hårddisk, nätverkskort, ljudkort, grafikkort och så vidare. Ett OS sköter även minneshanteringen och ser till så att program (applikationer) kan startas och dela på de resurser som datorn har i form av minneskapacitet, processorkraft, hårddiskutrymme och hårdvara som olika typer av kringutrustning.

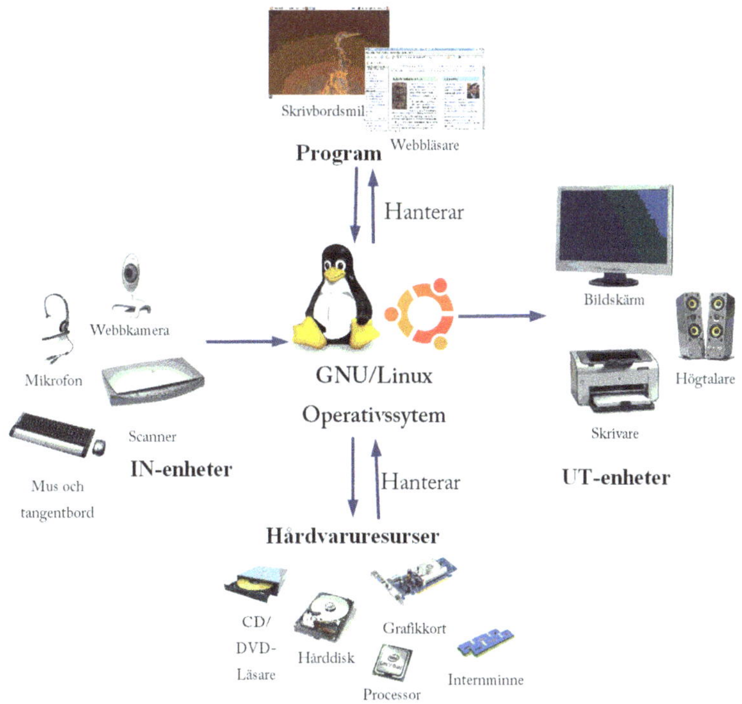

Ett operativsystem består av ett flertal program, tjänster (mer om dessa senare) och konfigurationsfiler, men framför allt en kärna (**kernel**). Linux är egentligen "bara" namnet på kärnan, namnet är kort och slagkraftigt och används alltså överallt när man syftar på ett helt operativsystem som använder **Linuxkärnan**. Skulle man vara helt korrekt så skulle ett Linuxbaserat operativsystem heta GNU/Linux.

Historik

I September 1983 tillkännagav **Richard Stallmann** att **GNU-Projektet** (GNU står för GNU is Not Unix) hade startat. Målet med projektet var att skapa ett helt fritt operativsystem kompatibelt med Unix. Richard sade upp sig från sitt jobb och tillsammans med ett antal andra programmerare började han förverkliga sin vision om ett helt fritt operativsystem. I början av 90-talet hade projektet utvecklat ett flertal program (som

till exempel textredigeraren Emacs och C-kompilatorn GCC). Arbetet med den viktigaste komponenten, kärnan, hade dock stött på problem.

1991 skapar finlandssvenske **Linus Torvalds** en Unix-lik kärna för PC-datorer och släpper den fri på Internet. Det hela började som ett hobbyprojekt, men kärnan blev snabbt populär och kompletterade GNU-projektet till ett fullt fungerande OS.

Namnet Linux kommer från en sammanslagning av Linus och Unix. Linux-kärnan har aldrig inkluderats i GNU-projektet utan utvecklas helt separat av flera frivilliga programmerare världen över som kan samarbeta tack vare Internet. Linux symboliseras ofta med hjälp av **Tux** som är dess maskot.

Open Source och fri programvara

Linux är kanske det som *open source* är mest känt för. Open source, eller *öppen källkod* på svenska, är ett förhållningssätt till hur man skriver mjukvara där det viktigaste är att källkoden till mjukvaran är öppen för alla vilket innebär att mjukvaran är gratis. Däremot kan distribution och support kosta pengar. Själva definitionen av öppen källkod är baserad på Richard Stallmans definition av *fri programvara* (Free Software). Det finns fyra grundkriterier som ett program måste uppfylla för att vara "fritt". Dessa grundkriterier publicerades 1986 av Free Software Foundation (FSF). FSF grundades av Richard Stallman och arbetar för att sprida fri mjukvara och dess filosofi för att förbättra världen. FSF är tätt knutet till GNU-projektet. Kriterierna för fri mjukvara är följande:

- Freedom 0   The freedom to run the program for any purpose.
- Freedom 1   The freedom to study and modify the program.
- Freedom 2   The freedom to copy the program so you can help your neighbor.
- Freedom 3   The freedom to improve the program, and release your improvements to the public, so that the whole community benefits.

Källa: http://www.gnu.org/philosophy/free-sw.html

I praktiken så är det så att de allra flesta program som uppfyller definitionskraven för öppen källkod även gör detta för fri mjukvara och tvärt om. Det som skiljer är den bakomliggande filosofin. En annan viktig sak att komma ihåg är att Free software och Open source inte är detsamma som Freeware. Freeware är ett proprietärt program som är gratis. Källkoden till ett Freeware-program är inte öppen för alla. Alltså kan man inte se hur programmet fungerar eller göra egna ändringar i det. Det är en stor skillnad mot öppen källkod och fri mjukvara.

Licenser

Det finns ett flertal olika typer av licenser för programvara. Licensavtalen för proprietär mjukvara kan variera väldigt mycket. Proprietär mjukvara (även kallad non-free software eller closed-source software) är motsatsen till fri mjukvara. Det är egentligen upp till tillverkaren av programvaran att diktera villkoren som gäller för de användare som löser en licens. Löser man en licens så ingår man alltså ett avtal med tillverkaren av programvaran. Detta kallas ofta för EULA (End User License Agreement). Den kanske mest kända formen av licens är det licensavtal man ingår med Microsoft när man har köpt och installerat någon av deras produkter. I samband med installation så upplyses man om vad man får och inte får göra med programvaran (den där avtalssidan som ingen orkar läsa). Även om man har köpt

en produkt från Microsoft så äger Microsoft fortfarande den. Du har bara tillåtelse att använda produkten enligt villkoren. Du kan inte göra vad du vill med den (till exempel att kopiera den eller att installera den på flera datorer).

Det finns även ett flertal licenser för öppen och fri mjukvara, den mest kända är *GNU General Public License* (GNU-GPL, eller bara GPL).

Hur påverkar licenser användaren?

Låt oss säga att du har skapat ett arbete med hjälp av ett program som inte är öppen källkod (eller Freeware). Vill du dela med dig av ditt arbete till en kompis så går inte detta om inte din kompis köper det program som du använt för att skapa ditt arbete. Så även om det är ditt arbete som du har gjort så är du begränsad av det licensavtal som gäller för programmet.

Distributioner

En distribution är en Linuxvariant. Gemensamt för alla Linux-distributioner är att de använder Linux-kärnan. Förutom kärnan så finns det en mängd olika program som bygger upp själva operativsystemet. Vilka program som ingår och hur systemet är konfigurerat från start varierar beroende på vilken distribution man tittar på. Det finns distributioner skapade för grafiska skrivbordsmiljöer såväl som för nätverkshantering för inbyggda system (så som routrar och switchar). Om man vill så kan man i praktiken skapa sig en egen distribution genom att plocka de delar (program) som man är intresserad av.

Man kan jämföra distributioner med olika glassar. Det finns stora och små glassar i alla möjliga smaker men gemensamt för alla är att det är glass av något slag. Likadant är det med distributioner. De är alla uppbyggda på olika sätt med olika funktioner för att täcka diverse behov men de använder alla Linux-kärnan.

De flesta Linux-distributionerna är fria (och gratis) och underhålls och utvecklas ideellt av frivilliga programmerare världen över. Mycket arbete med exempelvis kärnan görs av anställda på stora IT-företag på betald arbetstid eftersom det ligger i företagets intresse att använda och utveckla kärnan.Tack vare Internet så kan organisationer och användare samarbeta och koordinera detta arbete. Det finns även flera distributioner som sponsras av kommersiella företag samt distributioner som i sig är kommersiella och som kostar pengar.

Det finns idag över 200 Linux-distributioner. Räknar man med de distributioner som inte längre underhålls och utvecklas så finns det ungefär dubbelt så många. Av alla dessa distributioner så finns det ett tiotal större, mer populära distributioner, varav Ubuntu är en av de största idag.

Vi börjar med att titta lite på några andra populära distributioner än Ubuntu:

Slackware

Slackware är den äldsta distributionen som fortfarande underhålls. Den tillhör "de tre stora" distributionerna (Slackware, Debian och Red Hat). Den fungerar bra och är välgjort samt flexibel med mål att vara så likt Unix som möjligt. Slackware har tidigare setts som en mindre användarvänlig distribution och har inget eget paketsystem. Den lämpar sig mest för servrar och mer avancerade användare.

Debian

Debian är en populär distribution som lämpar sig bra till såväl grafiska skrivbordssystem som bärbara datorer och servrar. Den var först med så kallade **programpaket** som underlättar hanteringen (installation, avinstallation etc.) av programvara. Kortfattat så bygger idén om **paket** på att varje program kan klumpas samman till ett programpaket med alla nödvändiga komponenter vilket gör det lättare att överblicka. Debian har flest program av alla distributioner (över 26 000, senaste versionen distribueras som fyra DVD-skivor). Debian är även känt för att stödja den fria mjukvarufilosofin.

Red Hat (Enterprise)

Tidigare fanns en distribution som bara hette Red Hat Linux skapat av företaget Red Hat och som var väldigt populär. Distributionen hade anammat idén om programpaket från Debian och målet var att skapa en användarvänlig distribution för hemmaanvändaren. 2003 valde företaget Red Hat att satsa på Red Hat Enterprise Linux för kommersiellt bruk istället (kostar alltså pengar). Detta ledde till att användarna tog över underhållet av Red Hat 9 (sista versionen) och skötte detta fram till 2007. Källkoden till Red Hat Enterprise är dock fortfarande öppen och används av bland andra Fedora.

Fedora

När Red Hat började med sin kommersiella version så gick distributionen Red Hat samman med Fedora-projektet. Fedora kan man säga är hemanvändarversionen av Red Hat Enterprise som precis som gamla Red Hat fokuserar på en användarvänlig distribution för den vanliga användaren och är idag en populär distribution. Fedora har även som mål att försöka ha med den senaste tekniken hela tiden. Fedora sponsras idag av företaget Red Hat och är helt fritt.

SUSE

Denna distribution började som en tysk översättning av Slackware. Med tiden integrerades allt fler komponenter från Red Hat. 2004 köpte företaget *Novell* upp SUSE Enterprise. Novell är ett företag som även gör ett eget operativsystem (Netware) med verktyg för olika nätverkslösningar där en del integrerats i SUSE Enterprise. SUSE Enterprise finns både som Desktop- och Server-utförande och är kommersiell. Det finns en populär icke-kommersiell variant som heter openSUSE och som sponsras av Novell och AMD. Målsättningen är att skapa en användarvänlig distribution som skall fungera bra i en blandad nätverksmiljö med både Linux- och Windowsmaskiner.

Gentoo

Denna distribution är mest känd för att den använder systemet portage för att hantera program. Portage liknar tidigare nämnda paketsystem fast med en väsentlig skillnad. Alla paket är i *källkodsformat* och behöver *kompileras* för att fungera. Detta medför att distributionen blir optimerad för den dator som kör Gentoo.

Mageia

Mageia är en avknoppning av Mandriva Linux som i sin tur kom från Mandrake Linux. Det byggde från början på Red Hat och har fortfarande en hel del likheter med Red Hat, bland annat paketsystemet. Mageia är en distribution som fokuserar på en användarvänlig skrivbordsmiljö. Finns med olika skrivbordsmiljöer (KDE och GNOME).

Knoppix

Knoppix distribution är baserad på Debian och är bland de första distributionerna som designades för att köras direkt från CD utan installation, med en så kallad *Live-CD*. Numera är de flesta installationsskivor till de större distributionerna även en Live-CD/DVD. Det är en portabel distribution som innehåller de vanligaste programmen och en hel del verktyg för felsökning och reparation av datorer.

Ubuntu

Ubuntu är ett komplett Linuxbaserat operativsystem som underhålls och utvecklas både ideellt och med stöd av ett kommersiellt företag som heter *Canonical*.

Ubuntu är från början baserat på Debian och har därför flera likheter med Debian (bland annat samma paketsystem). Det är en av de populäraste distributionerna idag.

Canonical ägs av **Mark Shuttleworth** och han startade även "Ubuntu Foundation" och finansierade det hela med en donation på 10 miljoner dollar. Detta gjordes för att garantera att Ubuntu-projektet skulle fortleva om det skulle hända något. I dags-

läget ligger "Ubuntu Foundation" i dvala och pengarna har alltså inte använts. Istället sponsras projektet av Canonical.

Ubuntus löfte

- Ubuntu kommer alltid att vara gratis, inklusive företagsversioner och säkerhetsuppdateringar.

- Ubuntu kommer med full kommersiell support ifrån Canonical och hundratals andra företag runt om i världen.

- Ubuntu inkluderar de absolut bästa översättningarna och den bästa infrastrukturen för tillgänglighet som fri mjukvara har att erbjuda.

- Ubuntu CD:n innehåller endast program baserade på fri mjukvara. Vi uppmuntrar dig till att använda fri och öppen mjukvara, förbättra den och dela den vidare.

Källa: http://www.ubuntu-se.org/drupal/

I Ubuntu-projektet ingår mer än bara Ubuntu, även om Ubuntu är den mest välkända delen. I projektet ingår även helt eller delvis:

Edubuntu är även känt som Ubuntu Education Edition och är en variant av Ubuntu som utvecklas i samarbete med lärare världen över och innehåller flera program med inriktning mot lärande. Målgruppen är ungdomar och barn i åldrarna 6–18 år.

Edubuntu finns numera ej längre tillgängligt som fristående installation vilket gör att Edubuntu inte räknas som en fristående distribution. Edubuntu installeras via Ubuntus programkällor (mer om detta senare) eller via en installationsskiva som går att ladda hem. Man måste dock ha någon form av Ubuntu installerat.

Förutom de officiella distributionerna som nämns på nästa sida och som ingår i Ubuntu-familjen så finns det ett flertal bra och populära distibutioner som bygger på Ubuntu, bl.a. *Linux Mint* och *Ubuntu GNOME*.

kubuntu

Kubuntu är en annan variant av Ubuntu som använder skrivbordsmiljön KDE (istället för GNOME/Unity som Ubuntu). Därav namnet. I övrigt näst intill identiskt med Ubuntu. Efter version 12.04 kommer företaget Blue system ta över utvecklingen av Kubuntu då Canonical inte länge stödjer projektet.

Xubuntu är en annan variant av Ubuntu som använder skrivbordsmiljön Xfc som är en resurssnål miljö vilket gör att Xubuntu fungerar bra till äldre datorer med sämre hårdvara. Sedan 2011 är Lubuntu även en officiell medlem i Ubuntu-familjen. Lubuntu är resurssnålare än Xubuntu och lämpar sig därmed ännu bättre för äldre datorer.

Ubuntu studio är en distribution som inriktar sig mot de som vill arbeta med ljud, video och grafik. Kort och gott en komplett multimediadistribution baserad på Ubuntu.

Mythbuntu är ett tillägg till Ubuntu som även går att ladda hem som en separat distribution. Det fokuserar på att skapa ett mediecenter och PVR (Personal Video Recorder).

Varianter och utgåvor av Ubuntu

Ubuntu distribueras som två varianter. *Desktop edition* som är den vanligaste varianten och som är till för vanliga användare som vill köra Ubuntu på sin bärbara eller stationära dator. Sedan finns det även *Server Edition* som är till för de som vill använda Ubuntu som server. Server Edition saknar grafiskt gränssnitt (*GUI*).

Det kommer en ny version av Ubuntu var sjätte månad ungefär. Varje version underhålls och uppdateras i 18 månader. Undantag gäller de versioner som har tillägget *LTS*. LTS står för Long Term Support och innebär att versionen underhålls i 5 år. Systemet för versionsnumren baseras på det år och månad som versionen släpps. Varje version har även ett kodnamn.

Ubuntu-version   **Tidpunkt då versionen släpptes**

(Nedan listas enbart versioner som i skrivande stund stöds, markerade med fet stil. Första versionen av Ubuntu kom redan oktober 2004 och kallades Wary Warthog eller version 4.10)

12.04 – Precise Pangolin (LTS)	**April 2012**
12.10 – Quantal Quetzal	Oktober 2012
13.04 – Raring Ringtail	April 2013
13.10 – Saucy Salamande	Oktober 2013
14.04 – Trusty Tahr (LTS)	**April 2014**
14.10 – Utopic Unicorn	Oktober 2014
15.04 – Vivid Vervet	April 2015
15.10 – Wily Werewolf	**Oktober 2015**
16.04 – Xenial Xerus (LTS)	**April 2016**
16.10 – Yakkety Yak	**Oktober 2016**

Från och med version 10.04 har Ubuntus grafiska profil uppdaterats med bland annat en ny logotyp.

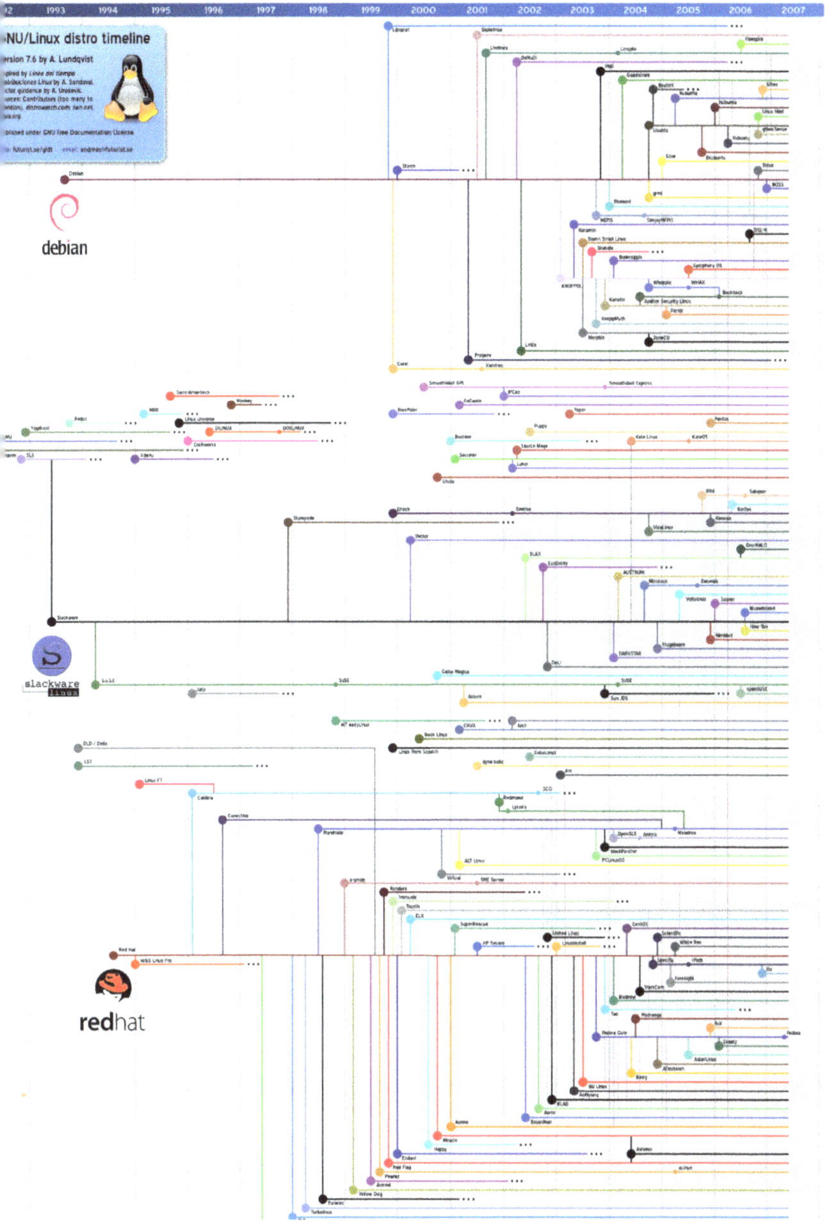
NU/Linux distro timeline
rsion 7.6 by A. Lundqvist
1993
1994
1995
1996
1997
1998
1999
2000
2001
2002
2003
2004
2005
2006
2007
debian
slackware linux
redhat

Bilden illustrerar på ett bra sätt hur utvecklingen har skett för de vanligaste Linux-distributionerna samt vilka distributioner som är "släkt" med varandra. Man pratar ibland om "de tre stora" Linuxdistributionerna (Debian, Red Hat och Slackware). Som framgår av bilden så är alltså Ubuntu baserat på Debian. Utvecklingen av de olika distributionerna har accelererat och därför får inte den senaste versionen av bilden plats i boken. Intresserade hittar den på webbplatsen *http://futurist.se/gldt/*.

Fördelar och nackdelar med Linux

Överväger man att prova Linux eller byta helt till Linux så har man oftast erfarenhet av operativsystemet Windows. Därmed är det naturligt att man jämför skillnaden mellan Linux och Windows.

Fördelar	**Nackdelar**
Stabilt	*Mindre användarvänligt*
Nätverk	*Färre kommersiella program*
Drivrutiner	*Drivrutiner*
Snabb utveckling	
Bra multitasking	
Resurssnålt	
Säkert	
Gratis	
Fritt	

Nu är alla dessa för- och nackdelar en sanning med modifikation. Linux har länge ansetts som säkrare och stabilare än Windows och det stämmer till viss del. Det beror lite på vilken distribution samt version som man använder. Vissa distributioner som till exempel Fedora har som mål att hela tiden få med det allra senaste vilket kan medföra något mer instabilt system än till exempel Ubuntu som är noga med att den programvara som följer med är testad och granskad. Tittar man på antalet virus som finns så finns det väldigt många fler till Windows än vad det finns till Linux. Till Windows finns det ett antal hundra tusen olika medan det bara finns ett hundratal till Linux. Så sannolikheten att drabbas av ett virus är betydligt mindre om man använder Linux. Tittar vi på säkerheten så skiljer det faktiskt inte så mycket idag mellan Linux och Windows 7, 8 eller 10. Störst ansvar har användaren idag. Det beror helt på hur man konfigurerar sitt operativsystem. Vare sig man kör Windows eller Linux så kan man ha ett säkert system idag bara man ser till att uppdatera sin programvara, använda antivirusprogram, brandvägg samt undviker att använda administratörs- eller root-kontot på datorn. För de personer som letar säkerhetsluckor och skriver illasinnad programvara så har Windows varit och är fortfarande det populäraste målet vilket är huvudorsaken till att Linux får anses som säkrare och

stabilare idag.

Linux är som sagt tänkt som Unix för hemdatorn vilket innebär att det fungerar bra i nätverk och att det är ett bra fleranvändarsystem. Många väljer därför att köra Linux som operativsystem på sina servrar. Likaså är Linux resurssnålt (beroende lite på vilken distribution man använder) och fungerar bra på lite äldre maskiner. Linux är även bra på *multitasking*, det vill säga att utföra flera uppgifter samtidigt vilket också är till fördel vid en servertillämpning.

När det gäller drivrutiner och hårdvara så finns det både för- och nackdelar. Fördelen med Linux är att det stöder en massa hårdvara "out of the box", alltså utan att man måste ladda hem extra drivrutiner efter installationen. Det finns betydligt fler inbyggda drivrutiner i Linux än i en ny Windows-installation. Det första man får göra efter att man har installerat Windows är ofta att lägga en timme på att installera drivrutiner till all hårdvara (detta har dock förbättrats betydligt i senare versioner av Windows). Detta slipper man i stor utsträckning när man installerar Linux. Likaså stöder Linux mycket gammal hårdvara som det till och med kan vara svårt att få tag på drivrutiner till för Windows. Nackdelen är att det kanske inte finns drivrutiner till all ny eller udda hårdvara. Vissa tillverkare av hårdvara erbjuder inte drivrutiner till annat än Windows. Detta har blivit betydligt bättre, men kan alltså fortfarande ställa till lite problem om man har någon ny eller udda hårdvara.

När det gäller användarvänlighet så varierar det mycket mellan de olika distributionerna. Generellt sett så har användarvänligheten blivit bättre men ligger ännu inte riktigt i nivå med Windows. Uppstår problem så blir man ofta tvungen att ta till terminalen i Linux.

Största nackdelen med Linux enligt många är att det finns färre kommersiella program för Linux. Särskilt spel saknar många. Nu finns det olika sätt att lösa detta problem på så att man kan köra Windowsprogram även i Linux, men det blir oftast inte riktigt detsamma. Senaste åren har allt fler initiativ tagits för att kunna köra spel på Linux, bl.a. så finns plattformen Steam till Linux med en del speltitlar.

Största fördelen enligt de flesta är att operativsystemet och programmen är helt gratis.

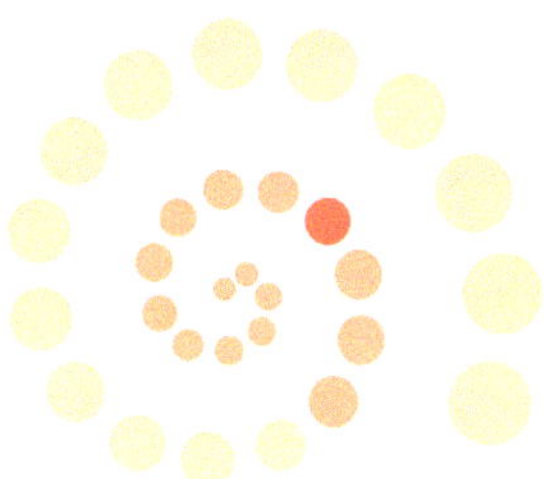

Begreppslista

Canonical   Företaget som startades av Mark Shuttleworth vars uppgift bland annat är att marknadsföra Ubuntu.

Desktop Edition   Standardversionen av Ubuntu med grafiskt gränssnitt.

Free Software   Fri mjukvara som kan användas, studeras och modifieras utan restriktioner.

GNOME   Den vanligaste skrivbordsmiljön som är standard i många Linuxdistributioner.

GNU   Gnu is Not Unix. Ett fritt operativsystem som liknar Unix.

GNU-GPL   Vanligt förekommande licensform för fri mjukvara som skrevs av Richard Stallman. Används bland annat för Linuxkärnan.

Inbyggda system   Ett mindre och enklare datorsystem som skapats för att sköta ett fåtal enklare uppgifter. Vad som klassas som inbyggda system varierar. Det kan till exempel vara en mp3-spelare eller styrsystemet till en diskmaskin.

KDE   Likt GNOME en populär skrivbordsmiljö.

Kernel   Operativsystemets viktigaste komponent (kärnan). Mer om kärnan i kapitlet *Hårdvara*.

Kompilera   Översätta källkod till körbar maskinkod som datorn kan exekvera.

Källkodsformat   Program i textformat skrivet på ett sätt som kompilatorn kan översätta till maskinkod.

Linus Torvalds   Skaparen av Linuxkärnan.

Linux   Kärnan som alla Linuxdistributioner använder.

Live-CD   En CD med vilken man kan starta ett operativsystem ifrån utan att behöva installera det på hårddisk först.

LTS   Long Term support. Beteckning på de Ubuntuversioner som underhålls under en längre tid.

Mark Shuttleworth   Grundaren av Canonical och initiativtagaren till Ubuntu.

Multitasking   Att kunna utföra flera uppgifter samtidigt.

Novell	Stort mjukvaruföretag som specialiserar sig på nätverksteknik och operativsystem.
Open Source	Öppen källkod. Oftast i praktiken detsamma som fri mjuk vara men öppen källkod är ett mer kommersiellt gångbart namn.
OS	Operativsystem. Gör så att vi som användare kan utnyttja datorns hårdvara på ett vettigt och användarvänligt sätt.
Programpaket	Ett paket (en fil) som innehåller alla filer som behövs för att installera och köra ett program.
Richard Stallmann	Mannen bakom fri mjukvara. Startade Free software Foundation och GNU-projektet.
Server Edition	Benämningen på Ubuntuversionen för servertillämpning. Saknar grafiskt gränssnitt.
Tux	Namnet på pingvinmaskoten som blivit en symbol för Linux.
Unity	Ett grafiskt skal till GNOME som ursprungligen utvecklades för Netbook Edition av Ubuntu. Från och med version 11.04 är Unity standard i Desktop Edition av Ubuntu.
Xfc	Skrivbordsmiljö som är resurssnål. Därmed lämpligt för äldre datorer.

Övningsuppgifter

1. Vad är ett operativsystem och varför behövs det?

2. Vem skapade Linuxkärnan och när?

3. Nämn minst två fördelar och två nackdelar med Linux.

4. Vad skiljer olika Linuxdistributioner åt?

5. Nämn minst fem olika Linuxdistributioner

6. Vad utmärker Lubuntu-, Edubuntu- och Kubuntu-projekten?

7. Vad är GPL och GNU?

8. Vad innebär LTS?

Diskussionsuppgifter

Diskussionsuppgifterna genomförs lämpligast i små grupper och är av undersökande natur. Det är inte säkert att det finns ett definitivt svar på frågeställningarna. Syftet med uppgifterna är att fördjupa kunskaperna samt stimulera förmågan att aktivt söka och utvärdera information från andra källor (främst Internet).

1. Vad skiljer fri mjukvara från öppen källkod? Är det samma sak eller finns det skillnader?

2. Stämmer det som beskrivits vad gäller fördelar och nackdelar med Linux, eller är det en generalisering?

3. Hur tjänar företag pengar på öppen källkod?

4. Vilka fördelar respektive nackdelar finns det med att byta till öppen källkod?

Installera Linux

Det finns flera olika sätta att installera Ubuntu beroende på vilka krav och förutsättningar man har. Likaså finns lite olika sätt att skaffa Ubuntu.

Skaffa Ubuntu

På Ubuntus hemsida (*http://www.ubuntu.com*) finns en länk för nedladdning av distribuionen: Download Ubuntu – *http://www.ubuntu.com/download*.

Det finns två sätt att skaffa Ubuntu. Antigen laddar man hem Ubuntu som en DVD-avbildsfil (ISO) som man sedan bränner på DVD, lägger över på ett bootbart USB-minne, använder nätverksinstallationen eller så kan man köpa Ubuntu på skiva (enskilda skivor eller i fler-pack). Att köpa Ubuntu är inte så dyrt. Man betalar bara för kostnaden att trycka och distribuera skivan (cirka 50 kronor). Men har man en hyfsad Internetanslutning så är det enklast och billigast att ladda hem och bränna på skiva (eller lägga på USB-minne) själv. Detta förutsätter att man har tillgång till en DVD-brännare, alternativt har ett USB-minne liggande.

Ladda hem Ubuntu

Ubuntu, likt de flesta Linuxdistributioner, distribueras som en ISO-fil. En ISO-fil är en avbildsfil av en CD eller DVD och är en komplett avbild (kopia) av en skiva som man kan använda för att bränna en kopia av om man har tillgång till en DVD-brännare.

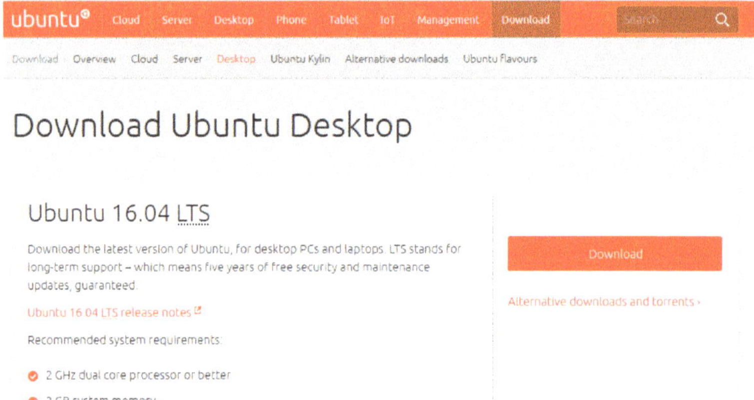

Förutom de andra distributionerna som tillhör Ubuntu-projektet (Xubuntu, Kubuntu) så finns det även olika varianter av Ubuntu som vi kan välja att ladda hem.

- **Ubuntu Server** – Avsett för servrar (eller persondatorer som skall agera som en server) och har därför inte något grafiskt gränssnitt inkluderat från början. Installationsavbildsfilen är därför något mindre än den för Desktop Edition.
- **Ubuntu Cloud** – Väljer man detta alternativ på hemsidan så får man Ubuntu Server. Ubuntu server har numera stöd för molnintegrering (*Cloud computing*) vilket vi inte kommer att ta upp i denna bok.
- **Ubuntu Desktop** – Avsett för användning av den normala användaren som vill ha ett komplett operativsystem till sin stationära eller bärbara dator. Denna standardutgåva kallades förr för *Desktop Edition* då det även fanns en separat installationsskiva för netbooks (väldigt små bärbara datorer) som hette *Netbook Edition*. Benämningen desktop återfinns dock i filnamnet för ISO-filen.

Det fanns två olika installationsskivor till Ubuntu förr. En normal med ett använ-
darvänligt grafiskt installationsprogram. Och en **alternative** installationsskiva med
ett textbaserat installationsprogram som erbjöd lite mer avancerade valmöjligheter
(dock utan Live-CD funktion). **Alternative**-installationsskivan var användbar ifall
man hade problem vid installationen med någon udda hårdvara eller någon typ av
RAID-konfiguration (se kapitlet om säkerhet). **Sedan version 12.10 så finns inte
längre någon alternate installationsskiva.**

När man väljer att ladda hem Ubuntu måste man först och främst ta ställning till
om man vill ha Ubuntu eller Ubuntu Server. Därefter väljer man vilken arkitektur
som passar bäst. Detta är helt beroende på vilken typ av dator man har. Det finns två
olika arkitekturer att välja mellan (det har funnits fler men dessa stöds ej längre).

- **x86 (eller i386)** – Syftar på den arkitektur som är vanligast och kompatibel
  med alla persondatorer (egentligen Intels 8086 processor som kom i början av
  80-talet). Beteckningen började användas samtidigt som Intels 80386 proces-
  sor lanserats och används därför för att beteckna något som är kompatibelt med
  den 32-bitars uppsättningen av instruktioner som Intels 80386 har (därav i386).

- **64bit (eller amd64)** – Lämplig för datorer med 64-bitars processorer (både
  Intel och AMD) vilket i dagsläget gäller så gott som alla persondatorer som
  inte är äldre än 7-10 år. Beteckningen amd64 kommer från det faktum att
  processorn amd64 (tillverkad av AMD) var den första 64-bitars processor som
  lanserades som var kompatibel med tidigare x86 processorer. Beteckningen
  innefattar alla 64-bitars processorer som är kompatibla med x86-processorer,
  alltså även Intels processorer och inte enbart AMDs.
  Detta är den rekommenderade varianten.

Skillnaden mellan 32-bitars och
64-bitars operativsystem

Största fördelen med ett 64-bitars OS är att det bättre utnyttjar datorns resurser. Ett
32-bitars OS kan till exempel ”bara” använda 4 GB internminne medan ett 64-bitars
OS kan använda betydligt mer. Detta medför en märkbar prestandaökning om man
arbetar mycket med minneskrävande applikationer som applikationer till exempel
bild- och videoredigering. Nu finns det fler fördelar med ett 64-bitars OS men vi
kan nöja oss med att konstatera att det kort och gott leder till bättre prestanda.

När vi bestämt oss för vilka alternativ som passar oss bäst så väljer vi varifrån vi vill
ladda hem installationsfilen. Det finns massor med spegelsidor (mirrors) som man
kan ladda hem Ubuntu från. Lämpligast är att välja en plats nära oss geografiskt
vilket ökar sannolikheten för att få bra hastighet.

En närmare titt på ftp.sunet.se

En av de svenska spegelsidorna hittar vi på adressen *ftp://ftp.sunet.se/mirror/ubuntu-releases/*

Index för ftp://ftp.sunet.se/mirror/ubuntu-releases/

Gå upp till en högre katalognivå

Namn	Storlek	Senast ändrad
12.04		2012-03-01 00:00:00
12.04.5		2014-08-08 00:00:00
14.04		2014-03-27 00:00:00
14.04.4		2016-02-18 22:12:00
15.04		2016-04-22 15:07:00
15.10		2015-09-25 00:00:00
16.04		2016-03-25 04:32:00
FOOTER.html	1 KB	2006-02-01 00:00:00
HEADER.html	3 KB	2016-04-22 15:05:00
cdicons		2012-09-21 00:00:00
favicon.ico	2 KB	2011-06-16 00:00:00
include		2014-08-21 00:00:00
precise		2015-06-03 00:00:00
releases		2007-07-31 00:00:00
robots.txt	1 KB	2009-10-29 00:00:00
trusty		2016-03-25 05:07:00
vivid		2016-04-22 15:55:00
wily		2015-10-22 00:00:00
xenial		2016-04-21 19:44:00

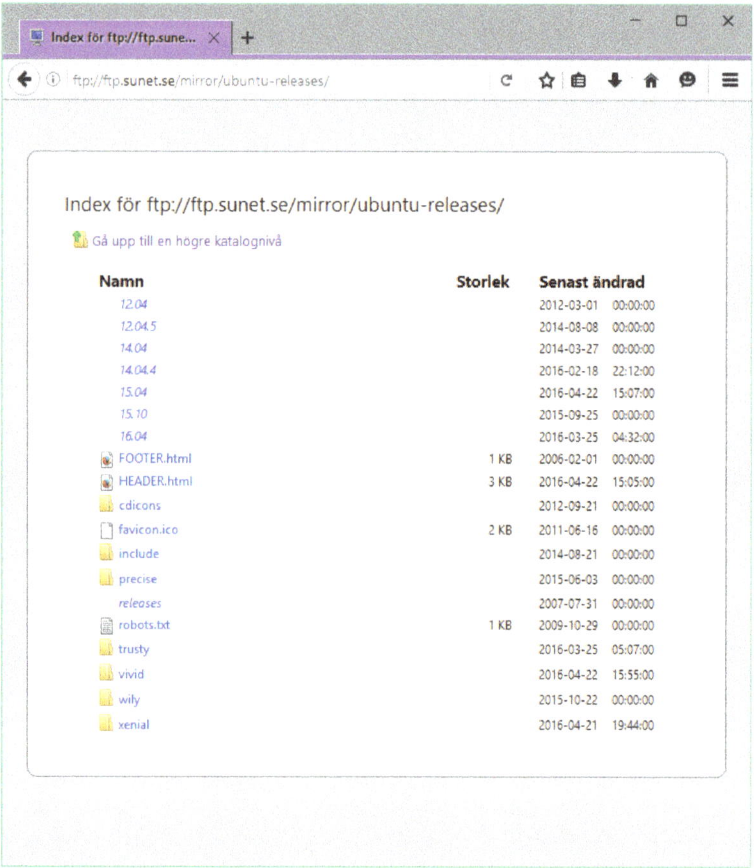

Sunet, Swedish University Computer Network, är ett datornätverk som kopplar samman Sveriges universitet och högskolor och har haft stor betydelse för Internets historia och utveckling i Sverige. Här hittar vi bland annat ett filarkiv som innehåller en massa saker, däribland flera olika linuxdistributioner såsom Ubuntu. Förutom senaste versionen så finns även tidigare versioner länkade både via versionsnummer och via namn. Sunets filarkiv använder filöverföringsprotokollet ftp (file transfer protokoll) som alla webbläsare har stöd för, men är man obekväm med detta så finns en webbversion på *http://ftp.sunet.se* . Tittar vi närmare på innehållet i 16.04 så finner vi följande:

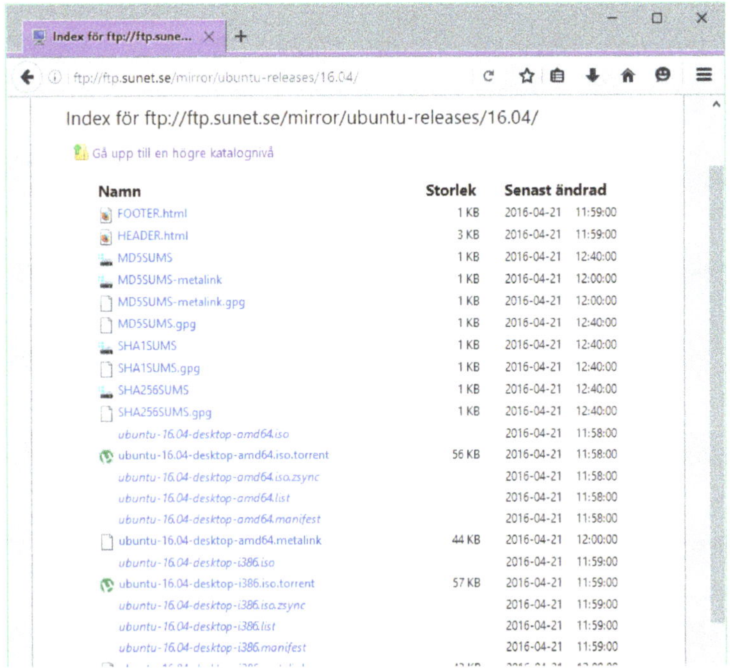

Index för ftp://ftp.sunet.se/mirror/ubuntu-releases/16.04/

Gå upp till en högre katalognivå

Namn	Storlek	Senast ändrad	
FOOTER.html	1 KB	2016-04-21	11:59:00
HEADER.html	3 KB	2016-04-21	11:59:00
MD5SUMS	1 KB	2016-04-21	12:40:00
MD5SUMS-metalink	1 KB	2016-04-21	12:00:00
MD5SUMS-metalink.gpg	1 KB	2016-04-21	12:00:00
MD5SUMS.gpg	1 KB	2016-04-21	12:40:00
SHA1SUMS	1 KB	2016-04-21	12:40:00
SHA1SUMS.gpg	1 KB	2016-04-21	12:40:00
SHA256SUMS	1 KB	2016-04-21	12:40:00
SHA256SUMS.gpg	1 KB	2016-04-21	12:40:00
ubuntu-16.04-desktop-amd64.iso		2016-04-21	11:58:00
ubuntu-16.04-desktop-amd64.iso.torrent	56 KB	2016-04-21	11:58:00
ubuntu-16.04-desktop-amd64.iso.zsync		2016-04-21	11:58:00
ubuntu-16.04-desktop-amd64.list		2016-04-21	11:58:00
ubuntu-16.04-desktop-amd64.manifest		2016-04-21	11:58:00
ubuntu-16.04-desktop-amd64.metalink	44 KB	2016-04-21	12:00:00
ubuntu-16.04-desktop-i386.iso		2016-04-21	11:59:00
ubuntu-16.04-desktop-i386.iso.torrent	57 KB	2016-04-21	11:59:00
ubuntu-16.04-desktop-i386.iso.zsync		2016-04-21	11:59:00
ubuntu-16.04-desktop-i386.list		2016-04-21	11:59:00
ubuntu-16.04-desktop-i386.manifest		2016-04-21	11:59:00

Förutom installationsskivorna för desktop och server som alla finns för antingen i386- eller amd64-arkitekturen så finns även en del andra filer som är intressanta i sammanhanget.

- .torrent-filer
- .zsync-filer
- MD5SUMS

.torrent-filer

Denna filändelse används av BitTor-
rent program. BitTorrent är ett peer-
to-peer fildelningsprotokoll som
är väldigt populärt. För att kunna
öppna och använda en torrent-fil så
krävs ett torrent-program.

Populära BitTorrent-program till Windows är uTorrent (*http://www.
utorrent.com/*) och BitTornado (*http://www.bittornado.com*) som
båda är gratis. Fördelen med BitTorrent är att samtidigt som man
laddar hem något (till exempel Ubuntu) så hjälper man även till att
sprida det man laddar hem. BitTorrent protokollet kontrollerar även
integriteten på det man laddar hem och oftast ansluter man till flera
källor vilket leder till bättre hastigheter.

.zsync-filer

Denna filändelse används av ett filnedladdningsverktyg liknande BitTorrent men är
kanske inte lika populärt. För att ladda hem Ubuntu via Zsync så krävs ett klientpro-
gram (*http://zsync.moria.org.uk/*). Fördelen med Zsync är bland annat att man kan
uppdatera en befintlig nedladdad fil och enbart ändringar laddas hem (effektivare).

MD5SUMS

MD5SUMS är en textfil som innehåller MD5-summor. En MD5-summa (Message-
Digest algorithm 5) används för att kontrollera integriteten för filer. Laddar man
hem stora filer finns det alltid en liten risk att det blivit något fel i överföringen.
Likaså vill man vara säker på att ingen ändrat på innehållet ifall man laddar hem
något från en tveksam källa. För att kontrollera det man laddar hem så behövs ett
program som kan skanna igenom en fil och generera en MD5-summa enligt en be-
stämd algoritm. Sedan jämför man den genererade summan med originalsumman
i filen MD5SUMS eller med den officiella sidan för MD5-summorna över installa-
tionsfilerna som man hittar på *https://help.ubuntu.com/community/UbuntuHashes*.
Tittar vi i filen MD5SUMS ser vi följande:

```
38e3f4d0774a143bd24f1f2e42e80d63  *ubuntu-10.04.1-alternate-amd64.iso
bbd21ded02c06b41c59485266833937a  *ubuntu-10.04.1-alternate-i386.iso
b78ef719e3361e726b89bab78c526ad0  *ubuntu-10.04.1-desktop-amd64.iso
c69e34e92d5402d1b87e6babc739f774  *ubuntu-10.04.1-desktop-i386.iso
e7351d79903588699a383ae77854f734  *ubuntu-10.04.1-server-amd64.iso
7232c6004ba438890cd09aded162dc8e  *ubuntu-10.04.1-server-i386.iso
```

Kontrollera en MD5-summa i Windows

1. Ladda hem och installera ett program som kan hantera MD5-summor, som winMD5Sum (*http://www.nullriver.com/products/winmd5sum*).

2. Högerklicka på den nedladdade ISO-filen.

3. Välj Skicka till och sedan winMD5Sum.

4. Vänta medan winMD5Sum analyserar filen (detta kan ta tid).

5. Kopiera aktuell MD5-summa från filen MD5SUMS eller från den officiella sidan på *ubuntu.com*.

6. Klicka på jämför (compare).

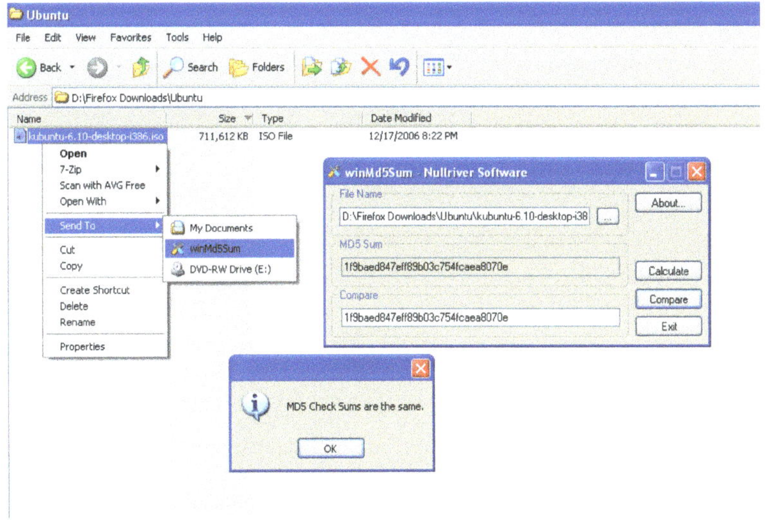

Skapa bootbart installations-media

När vi väl har laddat hem vår ISO-fil så kan vi bränna den till skiva för att fortsätta med själva installationen eller skapa ett bootbart USB-minne, se *http://www.ubuntu.com/download/desktop/create-a-usb-stick-on-windows*. Har man ett USB-minne med minst 2 GB lagringskapacitet så är det enklast att skapa ett bootbart USB-minne och installera från det (förutsatt att datorn kan boota från USB). Vill man bränna filen till skiva så rekommendera programmet Imgburn (*http://imgburn.com/*). Sedan Windows Vista och nyare versioner av Windows så kan man bränna avbildsfiler direkt till skiva genom att högerklicka på ISO-filen och välja *Bränn skivavbild*.

1. Skaffa ett program som kan skriva en ISO-fil till ett USB-minne. Vi använder ett gratisprogram som heter Rufus (*https://rufus.akeo.ie/*).

2. Installera Rufus genom att dubbelklicka på filen (igonera eventuella varningar och välj kör ändå). Starta programmet.

3. Välj "Klicka för att välja ISO-fil"

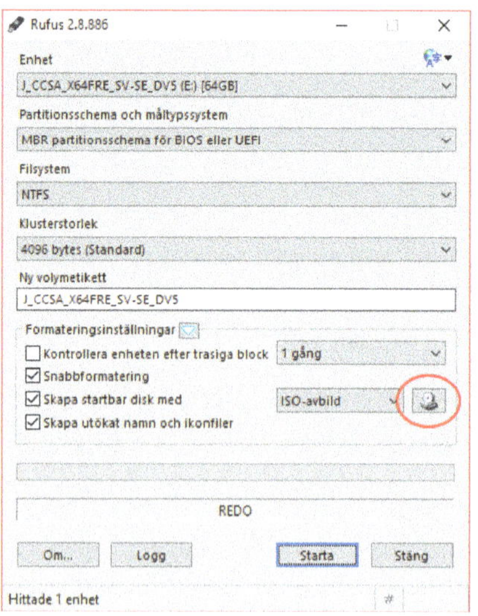

5. Välj din ISO-fil vid source och kontrollera så att korrekt USB-enhet är vald som mål. Observera att all tidigare sparad data försvinner på USB-minnet. Behöver Rufus ladda hem nyare filer så gör detta (kräver Internetupppkoppling). Klicka på *Starta*

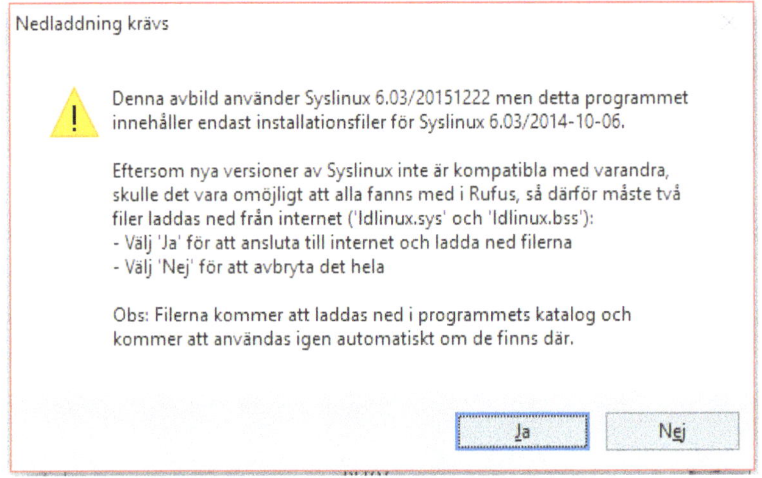

Vanliga frågor innan installation

Kan man ha både Ubuntu och Windows installerat samtidigt?

Ja det går alldeles utmärkt. Se *installationsavsnittet* som behandlar installationen för mer detaljerad information.

Måste Ubuntu installeras på en separat hårddisk eller partition?

Ja det krävs. Tidigare fanns det ett program som följde med installationsskivan och som hette Wubi men den metoden stöds ej längre. Det går bra att skapa utrymme för en ny partition förutsatt att man har ledigt utrymme på den partitionen som ska "krympas".

Kan man testa Ubuntu innan man installerar det?

Ja. Installationsskivan fungerar även som en Live-CD vilket gör det möjligt att starta Ubuntu direkt från USB/Skiva utan installation vilket inte påverkar systemet alls. Detta fungerar alldeles utmärkt, men man får inte samma prestanda som om man hade installerat Ubuntu i och med laddningstiderna.

Vad krävs av min dator för att köra Ubuntu?

Du behöver en dator med minst 1024 MB internminne (för ett grafiskt system), 1 GHz processor och en hårddisk med minst 5 GB ledigt diskutrymme. Har du en äldre dator eller en dator som ligger nära minimikraven så rekommenderas Lubuntu.

Kommer all hårdvara att fungera med Ubuntu?

Ubuntu stödjer allt mer hårdvara för varje ny version. Likaså har allt fler företag som tillverkar hårdvara blivit bättre på att släppa drivrutiner för Linux. Så svaret blir med all sannolikhet ja om man inte har någon udda hårdvara. Men även om man skulle ha någon udda hårdvara med drivrutiner enbart för Windows så finns det sätt att eventuellt få även det att fungera (se kapitlet om *Hårdvara*).

Kan Ubuntu läsa NTFS-partitioner?

Sedan ett par år tillbaka så har Ubuntu fullt stöd för att läsa och skriva till NTFS-partitioner och andra filsystem.

Installation

När vi väl har vår Ubuntuskiva klar så finns det ett par alternativ man kan välja för att gå vidare beroende på om man har något operativsystem installerat sedan tidigare (som till exempel Windows) eller ej. Har vi ett operativsystem sedan tidigare så behöver vi även ta ställning till ifall vi vill behålla det eller installera över det.

- Wubi (**OBS Används ej längre!**)
- LiveCD
- Normal/traditionell installation

Wubi

Används ej längre då Wubi ej fungerar med Windows 8 och senare versioner tillsammans med UEFI-BIOS och GPT-diskar. Wubi (Windows-based Ubuntu Installer) som är ett win-dowsbaserat installationsprogram som låter oss installera Ubuntu i Windows utan att behöva göra några som helst ändringar på datorn. I version 12.04 och senare har man tagit bort detta alternativ. *Anledningen till att ha kvar detta alternativ är ett mest en förhoppning om att funktionen ska komma tillbaka då det var ett enkelt sätt att prova Ubuntu på.* Ubuntu installerades då precis som vilket program som helst och behövde inte någon egen partition till skillnad från traditionell installation. Installerade man Ubuntu via Wubi så behövde man dock fortfarande starta om datorn och välja Ubuntu i bootmenyn för att starta Ubuntu. Man kunde alltså inte starta

Ubuntu i Windows. Installationen av Ubuntu sparades som en stor fil på NTFS-partitionen och gick enkelt att avinstallera i Windows via *Lägg till/Ta bort program*. Nackdelen med denna typ av installation var att man fick något sämre prestanda. Fördelen var att det var enkelt och att det påverkade det befintliga systemet minimalt. Vi får hoppas att detta alternativ dyker upp igen även om det i skrivande stund är mindre troligt.

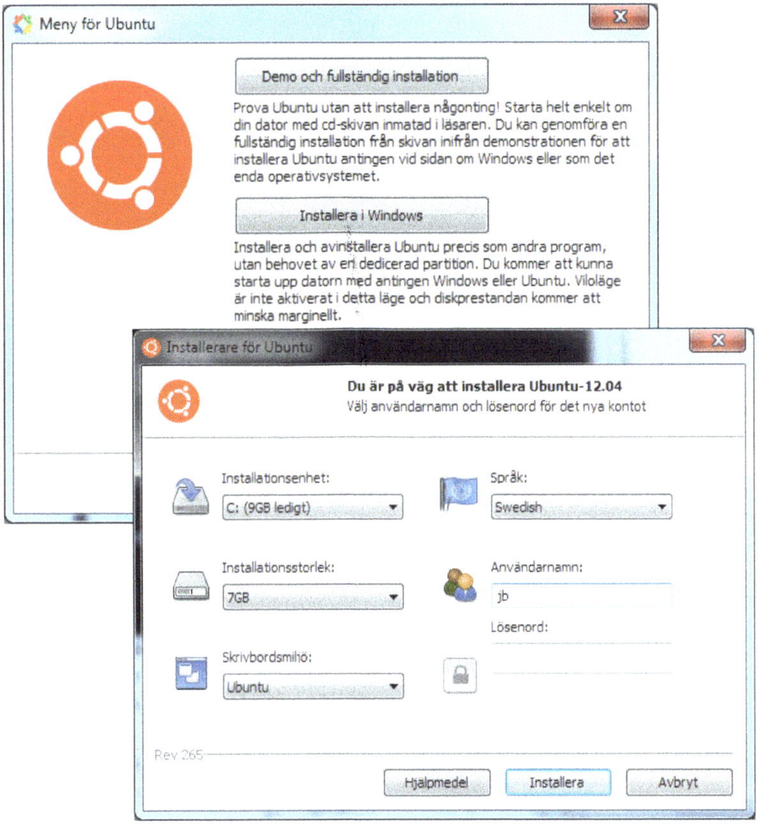

LiveCD

Installationsskivan fungerar även som en LiveCD. Detta innebär att man enkelt kan testa Ubuntu innan man bestämmer sig för om man vill installera det eller ej. För att göra detta startar man upp datorn med Ubuntu-skivan/USB i och bootar från enheten. I de allra flesta fall så är datorn konfigurerad att boota ifrån externa enheter och skiva direkt. Fungerar inte detta så bör man kontrollera inställningen i BIOS för vilken bootordning som gäller. Se till att CDROM/USB enheten står överst i listan (har högst prioritet). Hur man gör detta varierar beroende på vilken BIOS som datorn använder. Oftast aktiverar man BIOS-konfigurationen genom att trycka på någon av funktionstangenterna (oftast **F2** eller **F10**) eller **DEL** och **ESC** när datorn startar/startar om.

Startar vi från skivan så möts vi av följande bild:

Gör vi ingenting så börjar installationsprocessen direkt (se sidan 45). Trycker vi däremot på någon tangent så aktiveras en meny med olika startalternativ.

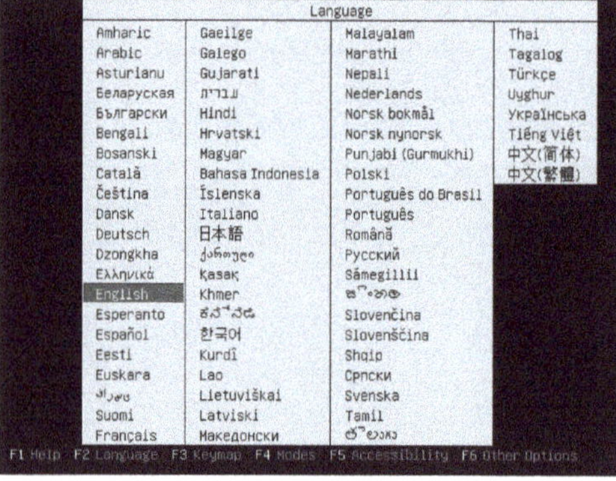

Aktiverar vi startmenyn så får man först välja installationsspråk. Därefter väljer man det översta alternativet för att starta Ubuntu direkt från installationsskivan.

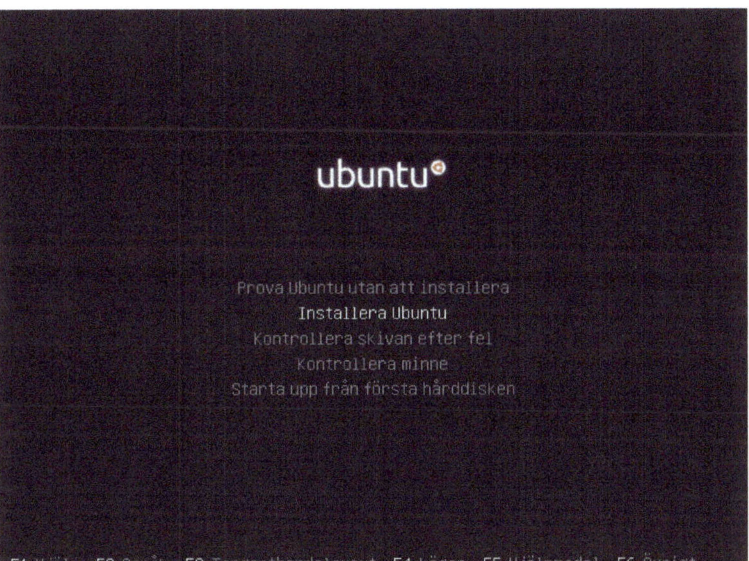

Normal installation

För att göra en normal installation så behöver man boota från installationsmediet (precis som när man vill utnyttja LiveCD-funktionen). Nästa steg är att välja installationsspråk.

Därefter möts man av en meny med flera valmöjligheter. Förutom alternativet Installera Ubuntu som drar igång installationen så kan vi välja att Kontrollera cd-skiva efter fel. Detta alternativ läser igenom hela skivan för att kontrollera så att hela innehållet är läsbart. Användbart om man vill undvika den tråkiga erfarenheten att behöva avbryta en installation på grund av att installationsskivan är oläsbar. Alternativet Kontrollera minne genomför ett minnestest av datorns internminne för att se så att det fungerar som det skall (minnesfel är tyvärr inte särskilt ovanligt och upptäcks enkelt med detta alternativ). Alternativet Starta upp från första hårddisken kan vara användbart för att starta systemet ifall det hänt något med datorns bootladdare eller bootsektor. Förutom dessa alternativ finns ytterligare sex alternativ:

- **F1 Hjälp** – Här hittar man hjälp om systemkraven för Ubuntu samt denna startmeny.

- **F2 Språk** – Här väljer man installationsspråk (samma som man får välja när man bootar).

- **F3 Tangentbordslayout** – Här väljer man vilken tangentbordslayout man vill ha.

- **F4 Lägen** – Här kan vi välja vilket installationsläge som skall användas
  - » Normal
  - » Använd skiva med drivrutinsuppdateringar – Detta alternativ kan vara intressant ifall man har nyare drivrutiner som man vill installera i samband med installationen av operativsystemet. Det kan vara att man har någon ny hårdvara som inte stöds av befintliga drivrutiner som finns med på installationsskivan.
  - » OEM-installation (för tillverkare) – Detta alternativ är bara aktuellt för de som säljer datorer men Ubuntu förinstallerat. Det låter oss installera Ubuntu utan att ange några användarspecifika uppgifter (såsom användarnamn och lösenord med mera) som man istället får ange första gången man startar upp systemet.

- **F5 Hjälpmedel** – Här finns olika hjälpmedelsalternativ för de med särskilda behov.
  - » Inget
  - » Hög kontrast
  - » Förstorare
  - » Skärmläsare
  - » Punktskriftterminal
  - » Tangentbordsmodifierare
  - » Skärmtangentbord

- **F6 Övrigt** – Här kan man ange uppstartsalternativ manuellt. Standardalternativet är: `file=/cdrom/preseed/ubuntu.seed boot=casper initrd=/casper/initrd.gz quiet splash` -- Man kan bland annat prova att lägga till `pci=noacpi` ifall man har problem med installationen (beroende på vilken hårdvara man har). Vi kan också avaktivera RAID-stödet med alternativet `nodmraid` (se kapitlet om *Tips & Trix* för mer information). Här kan man även välja alternativet "Endast fri programvara" vilket innebär att endast fri programvara som definierats av FSF installeras. Detta installationsalternativ har ersatt Ubuntu-varianten Gobuntu.

Startar vi från installationsskivan utan att trycka på någon tangent under uppstart så möts vi av följande bild:

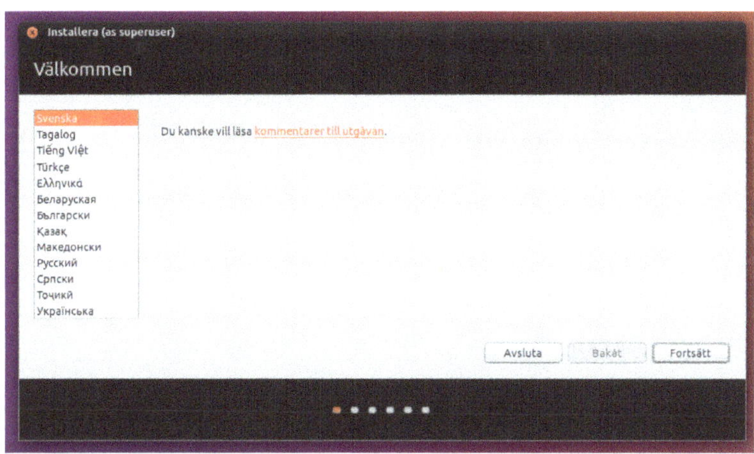

Här väljer vi vilket vilket språk vi vill använda.

Den grafiska miljön har startat och vi kan konfigurera nätverksinställningar, tangentbordslayout och hjälpmedel mm. via symbolerna uppe till höger.

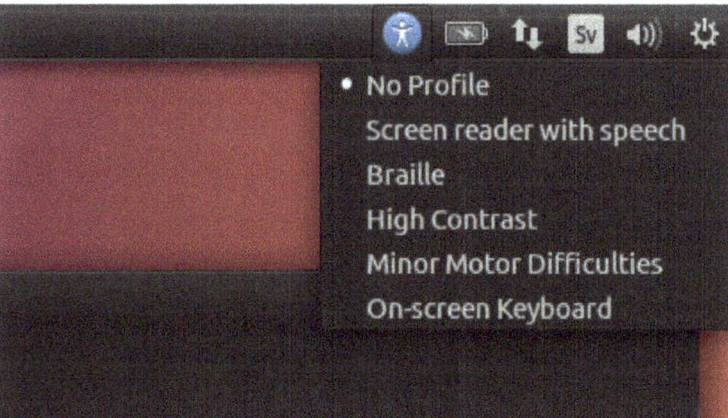

Nästa steg ger information och presenterar följande alternativ:

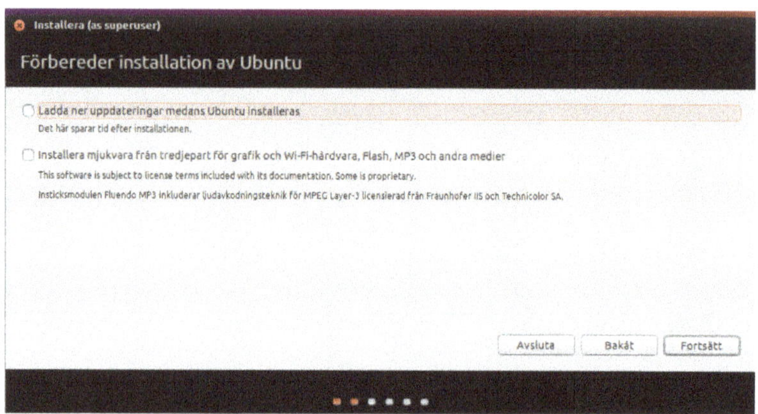

Vi kan välja att installera uppdateringar under installationen så att vi slipper göra detta efter installationen. Det är alltid bra att få de senaste uppdateringarna. Att systemet är uppdaterat minskar risken för att vi ska få problem med någon ny hårdvara samt att vi får ett stabilare system. Detta förutsätter dock att vi har datorn ansluten till Internet. Som användare behöver du sällan konfigurera nätverksinställningarna om datorn är ansluten till nätverket via kabel (det beror givetvis på hur nätverket datorn ansluts till är konfigurerat). Skall datorn anslutas via trådlöst nätverk behöver det konfigureras. Detta görs genom att klicka på ikonen med två pilar, alternativt vågformiga ikonen längst upp till höger. Väljer vi att installera uppdateringar så kommer detta att fördröja installationsprocessen något (beroende på uppkopplingens hastighet).

Det är även rekommenderat att installer tredjepartsprogram för att bl.a. kunna lyssna på MP3-filer och använda vissa hårdvarudrivrutiner, vilket de flesta vill.

Installationsprogrammet rekommenderar minst 6,4 Gbyte tillgängligt diskutrymme samt att datorn är ansluten till en strömkälla (gäller bärbara datorer) och att datorn är ansluten till Internet.

Beroende på om vi har något operativsystem installerat sedan tidigare eller inte så presenteras olika alternativ:

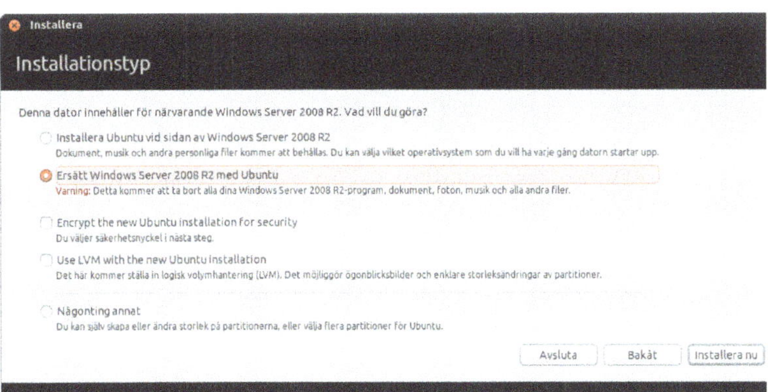

Har vi ett operativsystem installerat sedan innan möts vi av följande alternativ:

- Installera Ubuntu vid sidan av det befintliga operativsystemet
- Uppgradera det befintliga operativsystemet till Ubuntu 16.04 (Detta alternativ dyker enbart upp ifall vi har en äldre version av Ubuntu installerat sedan innan)
- Radera befintligt operativsystem och installera om (har vi inget OS installerat redan så heter detta alternativ *Radera disken och installera Ubuntu*) . *

  - Encrypt the new Ubuntu installation for security (kryptering)

  - Use LVM for the new Ubuntu installation

- Gör någonting annat *

* = De alternativ som alltid finns med. Oavsett om man ej har en tidigare installation av Windows eller Ubuntu.

I Exemplet ovan finns redan operativsystemer Windows Server 2008 R2 installerat på datorn. Alternativet som rör kryptering ökar säkerheten för s.k. offline-attacker, dvs. ifall vi har känslig information på datorn och råkar bli av med den. Kan dock innebära svårigheter att rädda data från disken ifall datorn skulle gå sönder. LVM är en typ av partitionering som innebär vissa fördelar, bla. flexiblare hantering.

installera Ubuntu vid sidan av det befintliga operativsystemet

Detta alternativ är aktuellt ifall vi som i exemplet saknar en ledig partition och inte vill bli av med det som finns på hårddisken (som till exempel Windowsinstallationen). Detta alternativ låter oss "krympa" partitionen så att vi får en ledig partition med oanvänt utrymme som vi sedan kan installera Ubuntu på. För att detta ska fungera så måste vi ha ledigt/oanvänt utrymme på vår NTFS partition som motsvarar det utrymme som vi använder till vår Ubuntuinstallation (helst lite extra). Det grafiska gränssnittet låter oss bestämma exakt hur mycket av den befintliga partitionen som skall krympas och hur mycket som skall användas av Ubuntu. Observera att krympa en partition är en komplicerad procedur som både tar tid och som inte alltid fungerar. Det finns alltid en liten risk att data på den ursprungliga partitionen kan försvinna! För att underlätta krympningen så är det en god idé att man defragmenterar samt skapar så stort ledigt utrymme som möjligt på den ursprungliga partitionen. Efter installationen kommer vi sedan att få välja vilket operativsystem vi vill starta varje gång vi startar datorn.

Radera disken och installera ubuntu

Detta alternativ innebär att hela disken används och att eventuell gammal data försvinner. Partitioneringen av disken sköts automatiskt.

Gör någonting annat

Detta alternativ låter oss hantera partitioneringen av hårddisken manuellt. Vi kan välja att skapa flera partitioner och välja fritt hur olika delar av filsystemet skall monteras. Egentligen behövs bara en partition där "/" (roten) monteras. Däremot rekommenderas att vi även skapar an separat partition för SWAP. Storleken på SWAP-partitionen bör vara minst lika stor som storleken på arbetsminnet. Utan SWAP-partition får vi en försämrad prestanda. Vi kan även välja att skapa en separat liten boot-partition som används när datorn startar (bootar). Oavsett om vi väljer en boot-partition eller bara en partition för hela systemet så måste den partition som vi ska boota ifrån vara en primär partition. Det filsystem som rekommenderas är ext4 (Linux stöder till skillnad från Windows en rad olika typer av filsystem). ext2, ext3 och ext4 är de vanligaste filsystemen för Linux medan Windows använder NTFS och i vissa fall FAT32. Linux har som sagt fullt stöd för de allra flesta filsystemen inklusive NTFS. I nästa steg startar diskpartitioneraren. Beroende på ifall vi har en ledig/tom partition eller disk tillgänglig eller ej så presenteras vi av olika alternativ. För att installera Ubuntu så krävs en tom partition på 8 Gbyte (12 Gbyte eller mer rekommenderas).

Sedan är det dags att välja vilken hårddisk vi ska installera Ubuntu på. Oftast har vi bara en att välja på. Vi får också en sammanfattning av vad som kommer att hända

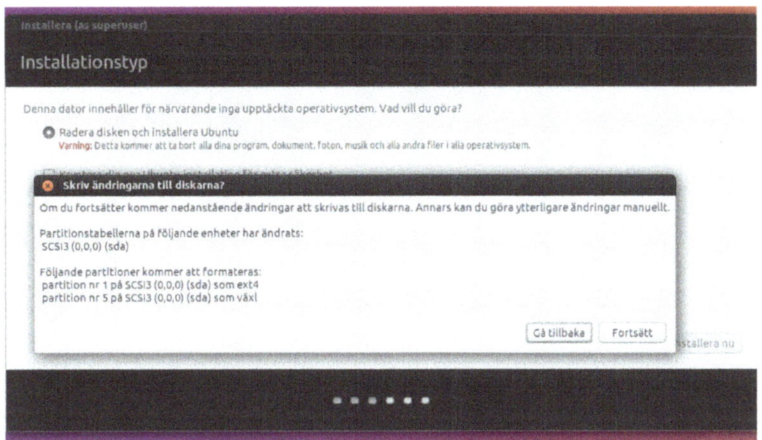

och kan påbörja själva installationen genom att klicka på *Installera nu* (och *Fortsätt*). Det är först nu som installationsprocessen startar på allvar och installerar filer. Fram tills dess så har vi kunnat avbryta installationsfasen och gå tillbaka och ändra alternativ utan konsekvenser. Samtidigt som installationsprocessen påbörjas så får vi möjlighet att konfigurera vissa inställningar såsom tidszon.

Sedan får vi välja tangentbordslayout.

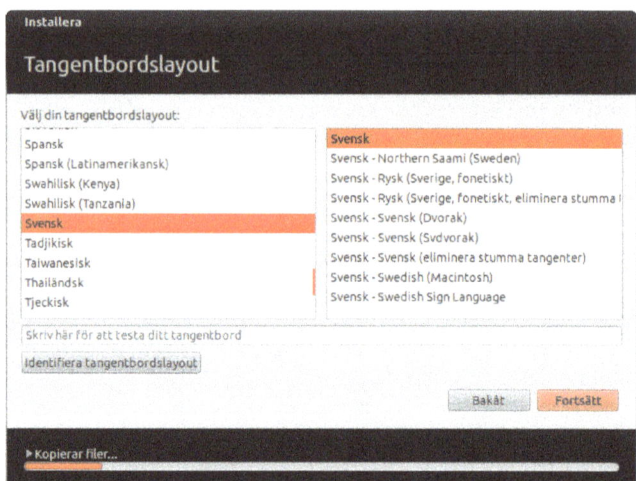

Nästa steg är att ange användarnamn och lösenord samt datornamn (som används i nätverk). Tänk på att lösenord är som tuggummi. Det är bara en åt gången som ska använda det och när det blir för gammalt så byter man det. Många förespråkar

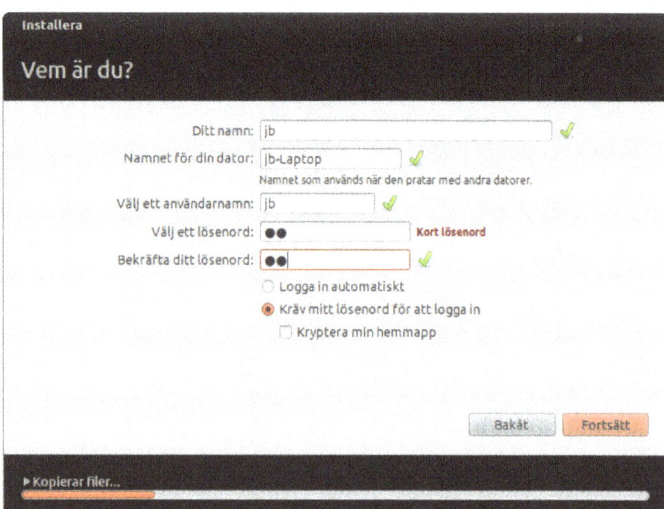

starka (komplexa) lösenord som innehåller såväl specialtecken och siffror som en blandning av versaler och gemener med en längd på minst 8 tecken. Till exempel 6!@kFGut. En enklare variant som är lättare att komma ihåg men som är minst lika säkert är att bygga meningar. Till exempel minhundheterrambofödd2005.

Längst ned finns alternativ för hur användaren loggar in samt ifall man vill att hem-mappen skall krypteras. Rekommenderat är alternativet ”*Kräv mitt lösenord för att logga in*”.

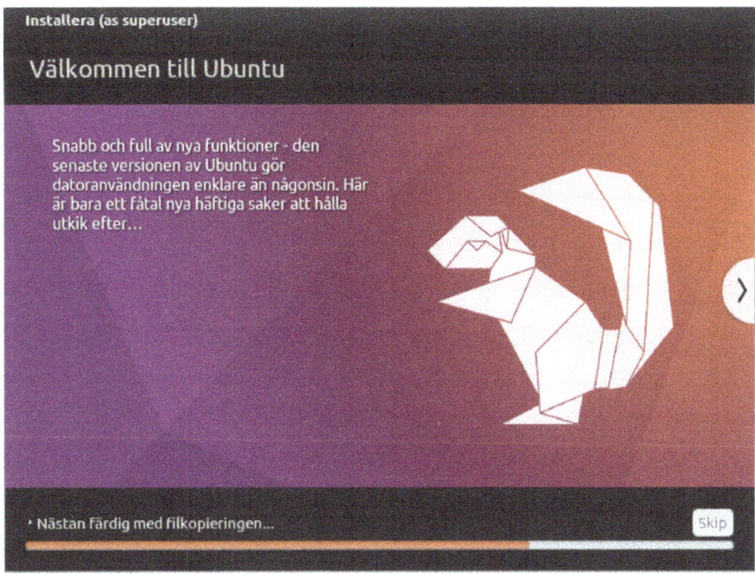

När all konfigurering är klar visas en bildserie som presenterar Ubuntu och nyhe-terna med aktuell version.

Efter att installationen genomförts och vi startat om datorn så möts vi av inlogg-
ningsrutan. Skulle vi ha glömt bort inloggningsnamnet eller lösenordet så är det
enkelt fixat (se *Tips och trix*). Har vi fler än ett operativsystem installerat så möts
vi av bootladdaren GRUBs (Grand Unified Boot Loader) bootmeny när vi startar
datorn där vi kan välja vilket operativsystem som vi vill starta. Även om vi bara har
Ubuntu installerat så kan vi aktivera denna bootmeny genom att hålla nere *Shift*-
tangenten medan systemet bootar när vi startar om datorn.

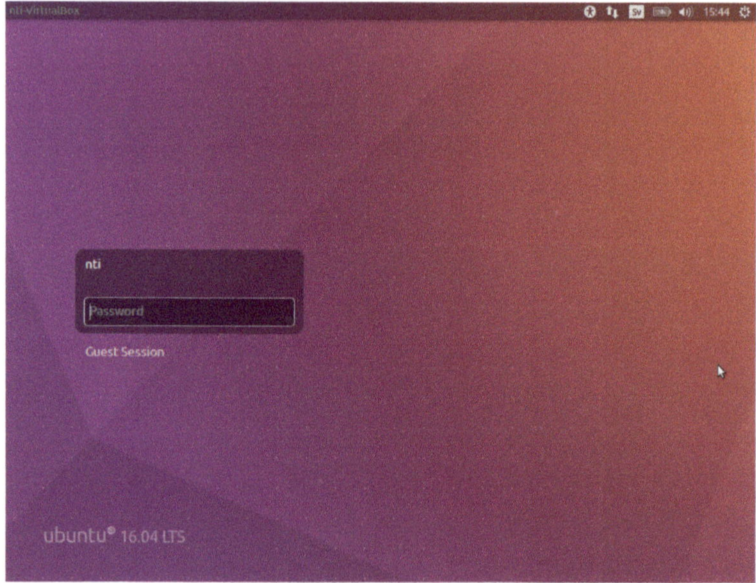

När vi startar om datorn efter installationen så möts vi av följande bild. I version
12.04 och senare så används enbart skrivbordsmiljön *Unity* som standard. I tidigare
versioner av Ubuntu kunde man välja mellan *Unity* och *GNOME* (mer om detta i
nästa kapitel). För att logga in måste vi ange användarnamn och lösenord. Alter-
nativet *Guest Session* innebär att man startar systemet som gäst med begränsade
rättigheter och ändringar som görs sparas ej och påverkar alltså inte systemet. I
menyn uppe tilll höger kan vi ändra tangetbordslayout, aktivera hjälpmedel och
skärmtangentbord samt stänga av datorn.

Begreppslista

64bit	Betecknar något som är kompatibelt med en 64-bitars processor i PC-sammanhang.
Alternate installation	Installationsskiva med fler avancerade installationsalternativ som man kan ta till ifall man har problem med att installera Ubuntu.
Bittorrent	Populär teknik för att dela filer över Internet.
ext4	Ett av flera filsystem som Ubuntu kan använda. Är det föreslagna valet vid installation.
ftp	File Transfer Protocol, protokoll som används för att överföra filer. Stöds av alla webbläsare (Se kapitel *Nätverk* för mer information).
GRUB	Vanligaste bootladdaren för Linux. Ett program vars uppgift är att starta operativsystemet. Motsvarigheten för Windows heter NTLOADER (XP) eller Windows Boot Mana-ger (Windows Vista7/2008).
ISO-fil	En avbildsfil som är en exakt kopia av en CD eller DVD.
md5-summa	En kontrollsumma som genereras för en fil med vilken man enkelt kan se om filen skadats eller ändrats.
NTFS	Filsystemet som Windows använder.
Partition	En logisk uppdelning av en fysisk hårddisk.
SWAP	Annat namn på virtuellt minne. Det vill säga delar av arbetsminnet som lagras på hårddisken för att spara på ordinarie arbetsminne.
Wubi	Programmet som introducerades med Ubuntu 10.04 och som låter oss installera Ubuntu via Windows utan att behöva ändra på partitioner.
x86/i386	Betecknar något som är kompatibelt med en 32-bitars processor i PC-sammanhang.

Övningsuppgifter

1. Till vilka datorer (processorer) passar följande installationsskivor till, vars filnamn innehåller följande ord?

   a) x86

   b) 64bit

2. Var kan man få tag på installationsskivor till Ubuntu.

3. Vad skiljer Ubuntu desktop och Ubuntu server-versionerna åt?

4. Beskriv de olika sätt man kan installera Ubuntu på. Utgå både från en ny dator samt en dator som redan har Windows installerat.

5. Beskriv hur en md5-summa fungerar och varför det används.

6. Hur hanterar ett Linuxsystem virtuellt minne? Hur skiljer detta sig från Windows?

7. Hur aktiveras startmenyn för GRUB?

Diskussionsuppgifter

Diskussionsuppgifterna genomförs lämpligast i små grupper och är av undersökande natur. Det är inte säkert att det finns ett definitivt svar på frågeställningarna. Syftet med uppgifterna är att fördjupa kunskaperna samt stimulera förmågan att aktivt söka och utvärdera information från andra källor (främst Internet).

1. Vad skiljer de olika filsystemen, ext2, ext3 och ext4 åt?

2. Vilka fördelar resp. nackdelar finns med x86- respektive 64bit-versionerna av Ubuntu?

Praktiska laborationer

1. Kontrollera så att du kan hitta och ladda hem lämplig Ubuntuversion för din dator. Om möjligt bränn en installationsskiva.

2. Installera Ubuntu Desktop på din dator.

Använda Ubuntu

Att använda Ubuntu skiljer sig inte så mycket från andra operativsystem som Windows. I detta avsnitt kommer vi att utgå från att man är bekant med operativsystemet Windows samt att man har en viss datorvana.

Det finns dock en viktig skillnad i hur Linux fungerar jämfört med Windows. Linux är till skillnad från Windows ett fleranvändaroperativsystem som är tänkt att användas i nätverk och möjliggör att flera användare kan utnyttja datorns resurser samtidigt (likt Unix).

Grafiska systemet – Skrivbordet

Bootar vi upp Ubuntu och loggar in så möts vi av följande:

Det vi ser efter att vi loggat in är skrivbordet. Härifrån kan vi enkelt hantera och köra grafiska program så som till exempel webbläsare. Skrivbordsmiljön som är standard för Ubuntu heter *Unity*, som är helt nytt från och med version 11.04. Unity kombinerades i tidigare versioner av Ubuntu med *Gnome*, som är en populär skrivbordsmiljö för Unix och Linux. Den är inte helt olik den grafiska miljön som de flesta användarna är vana vid från Windows eller MacOS. Det finns andra populära skrivbordsmiljöer såsom *KDE* och *Xfce* som har sina egna utseenden och fördelar. Dessa går att installera via pakethaneraren ifall man vill prova dem.

GNOME och de andra skrivbordsmiljöerna använder i sin tur *X Window System* även kallad *X11*, *X-Windows* eller kort och gott *X*. X-systemet tillhandahåller de grundläggande funktionerna, såsom att rita ut grafik på skärmen och så vidare som behövs för att bygga ett GUI och används av de flesta Unix-liknande operativsystemen. X-systemet består av en X-server och en X-klient. Detta medför även att man lika gärna kan ansluta till en annan dators X-server för att köra grafiska program via nätverket. X-systemet anses dock av många vara föråldrat och kommer på sikt att ersättas med *Wayland* eller *Mir* som är effektivare och mer resurssnål. *Mir* är bakåtkompatibel med X och standard i Ubuntu 16.04. Version 8 av Unity blev dock ej klart till 16.04 men kan installeras i efterhand. standard är version 7.

Vi förutsätter att de flesta som provar Ubuntu har viss datorvana och nöjer oss därmed att titta på det som skiljer Ubuntu från Windows. Vad gäller det grafiska gränssnittet så kommer vi enbart att fokusera på standardinställningarna med Unity. Vill man köra klassiska GNOME så rekommenderas en den första utgåvan av Ubuntuboken (ISBN 978-91-977260-7-8).

Panelen Programstartaren

Längst till vänster visas panelen *Programstartaren*. Den kallas även för *The Launcher* på engelska. Programstartaren ger användaren snabb åtkomst till de program som används ofta. Man kan enkelt lägga till program och starta program från panelen Programstartaren. Det går enkelt att justera storleken på Programstartaren via *Systeminställningar - Utseende*. Där under fliken beteende kan vi även välja att dölja Programstartaren automatiskt. Programstartaren dyker då upp när man för muspekaren till skärmens vänstra kant.

Det går även att använda tangentbordet för att snabbt komma åt panelen. Genom att trycka på *super*-knappen visas Programstartaren. *Super*-knappen är knappen mellan *Ctrl* och *Alt* och kallas ofta för Windows-knappen. Håller man super-knappen nedtryckt en liten stund så kommer det att dyka upp nummer ovanpå ikonerna på Startprogram. Det dycker även upp en hjälpsam översikt av nyttiga tangentkombinationer. Så för att snabbstarta *Firefox* är det bara till att trycka super-knappen + 2.

Överst på launcher finns **Hemknappen**, som pryds med Ubuntu-symbolen. Klickar vi på *hemknappen* så startas **Dash**. Istället för att klicka går det lika bra att trycka en gång på super-knappen. *Dash* är en sökfunktion för program såväl som filer som är otroligt smidig. 

Under *Hemknappen* finns färgade genvägar för att snabbt starta några av de vanligaste programmen. Vi kan till exempel snabbt starta filbläddraren för att titta i vår hemmapp eller starta webbläsaren *Firefox* mm. Alla program som är igång visas i Programstartaren. Programstartaren fungerar både som en startmeny och som ett aktivitesfält som indikerar startade program.

När ett program är startad så indikeras detta med en liten pil till vänster om ikonen för programmet i Startprogram. Är programmet öppet och fokuserat, alltså inte minimerat utan programmets fönster är markerat, så markeras detta med en likadan pil fast på höger sida om ikonen. Vi kan enkelt fästa ett program till *launcher* eller ta bort ett program genom att högerklicka på ikonen och välja alternativet *Lås upp från Programstartaren* i menyn. Ifall ett program är startat och vi vill starta en ny instans av samma  program så kan vi göra detta via samma meny. Det går även att avsluta programmet via menyn.

I den översta panelen visas namnet för det startade programmet och för vi muspekaren upp till panelen så visas en programmeny som hör till det aktuella programmet.

Till vänster i *startprogram* under de färgade ikonerna finns i version 12.04 ikonen *Arbetsytexäxlare* som används för att växla mellan arbetsytorna. I 16.04 är arbetsytor ej aktiverat från början. Detta görs enkelt  via *Systeminställningar - Utseende - Beteende*. Klicka i *Aktivera arbetsytor.* Arbetsytor är mycket smidigt och har funnits till Linux länge samt även introducerats i Windows 10.

Högerklickar vi på hemknappen så hittar vi *Unity lenses* eller ***filter***. Väljer vi något av dessa alternativ så filtreras  sökningen i Dash beroende på vad det är vi letar efter.

Längst ner i *startprogram* hittar vi papperskorgen.

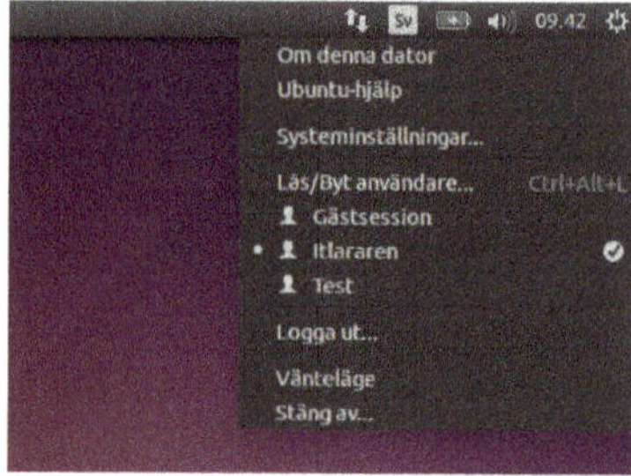

Längst upp till höger i övre panelen ser man vilken användare som är inloggad. Klickar man på "användarikonen" näst längst till höger så kan man snabbväxla mellan användare. Har man inte skapat några andra användare än den som skapades vid installation så kan man bara växla till gästsession. Klickar vi på strömknappen kan man välja att logga ut aktuell användare, låsa skärmen eller stänga av datorn. Till vänster om "strömknappen" ser man dagens datum och tid som enkelt går att konfigurera. Likaså finns ikoner för nätverk och batteristatus (ifall man har en bärbar dator) likt statusfältet i Windows. Finns det uppdateringar att hämta eller andra systemmmeddelanden så syns även de här. Det finns också ikoner för att hantera ljudvolym samt snabbmeddelande och mejl. Viktigast av allt är kanske ***Systeminställningar*** som startar en kontrollpanel varifrån man enkelt kan göra systeminställningar (likt kontrollpanelen i Windows), mer om den senare. Denna återfinns även på Programstartaren.

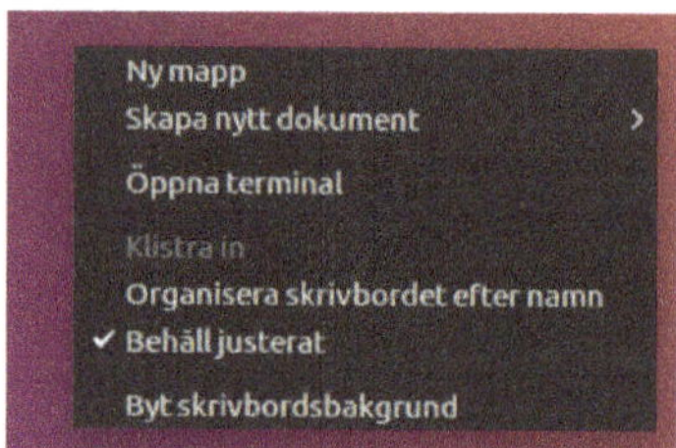

Högerklicka man på själva skrivbordsytan så kan man enkelt skapa ny mapp, skapa nytt dokument, sortera på skrivbordet, öppna terminal samt byta skrivbordsbakgrund.

Fönster

Från och med version 10.04 så har standardknapparna för att stänga, minimera samt maximera ett fönster ändrats något mot vad man är van vid från Windows. Numera är de placerade längst till vänster i övre kanten (likt MacOS).

Snabbtangenter i Unity & Gnome

Det finns en hel del snabbtangenter i Unity som är bra att känna till. Har man väl lärt sig dem så arbetar man mycket snabbare och effektivare. Många av snabbtangenterna känner vi igen från Windows vilket naturligtvis underlättar. En lista på snabbtangenter dyker upp då vi håller nere super-knappen. En hel del kombinationer fungerar även i GNOME.

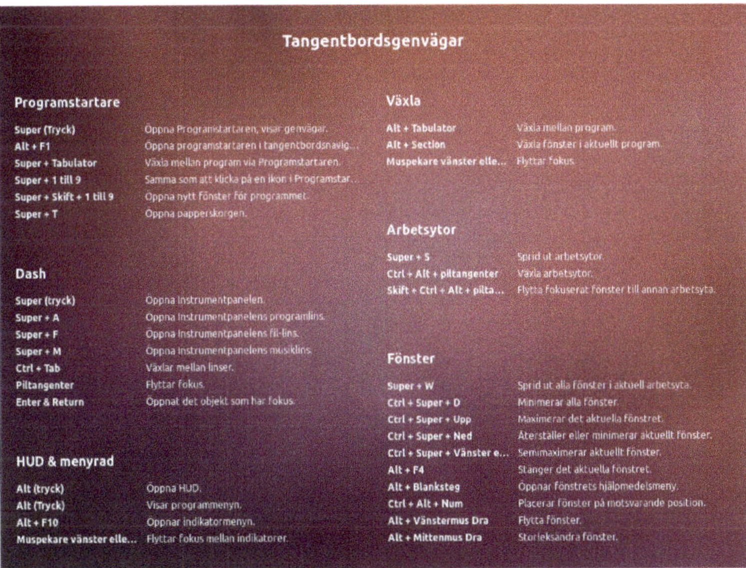

Tangentbordsgenvägar

Programstartare

Super (Tryck)	Öppna Programstartaren, visar genvägar.
Alt + F1	Öppna programstartaren i tangentbordsnavig...
Super + Tabulator	Växla mellan program via Programstartaren.
Super + 1 till 9	Samma som att klicka på en ikon i Programstar...
Super + Skift + 1 till 9	Öppna nytt fönster för programmet.
Super + T	Öppna papperskorgen.

Dash

Super (tryck)	Öppna Instrumentpanelen.
Super + A	Öppna Instrumentpanelens programlins.
Super + F	Öppna Instrumentpanelens fil-lins.
Super + M	Öppna Instrumentpanelens musiklins.
Ctrl + Tab	Växlar mellan linser.
Piltangenter	Flyttar fokus.
Enter & Return	Öppnat det objekt som har fokus.

HUD & menyrad

Alt (tryck)	Öppna HUD.
Alt (Tryck)	Visar programmenyn.
Alt + F10	Öppnar indikatormenyn.
Muspekare vänster elle...	Flyttar fokus mellan indikatorer.

Växla

Alt + Tabulator	Växla mellan program.
Alt + Section	Växla fönster i aktuellt program.
Muspekare vänster elle...	Flyttar fokus.

Arbetsytor

Super + S	Sprid ut arbetsytor.
Ctrl + Alt + piltangenter	Växla arbetsytor.
Skift + Ctrl + Alt + pilta...	Flytta fokuserat fönster till annan arbetsyta.

Fönster

Super + W	Sprid ut alla fönster i aktuell arbetsyta.
Ctrl + Super + D	Minimerar alla fönster.
Ctrl + Super + Upp	Maximerar det aktuella fönstret.
Ctrl + Super + Ned	Återställer eller minimerar aktuellt fönster.
Ctrl + Super + Vänster e...	Semimaximerar aktuellt fönster.
Alt + F4	Stänger det aktuella fönstret.
Alt + Blanksteg	Öppnar fönstrets hjälpmedelsmeny.
Ctrl + Alt + Num	Placerar fönster på motsvarande position.
Alt + Vänstermus Dra	Flytta fönster.
Alt + Mittenmus Dra	Storleksändra fönster.

CTRL+DELETE	Stänger ner X-systemet. Denna kombination avaktiverades i 9.04.
CTRL+ALT+F1–F8	Skiftar mellan de virtuella konsolerna (eller terminalerna). Vanligtvis i Linux så används 7 eller 8 stycken virtuella terminaler där den 7:e/8:e terminalen används av X-systemet. Det fungerar bra att skifta mellan dessa utan att X-systemet påverkas.

Snabbguide till medföljande program

Vi kommer här bara att nämna de medföljande programmen och beskriva vad de används till. Intresserade läsare hittar lätt mer detaljerad information på Internet.

Vi börjar med programmen som är fäst vid startprogram från början. Överst hittar vi en ikon som öppnar vår hemmapp med filbläddraren *Nautilus*. Nästa ikon startar webbläsaren *Firefox*. Därefter följer tre program som alla tillhör officesviten *LibreOffice. Writer, Calc* och *Impress* som är ordbehandlingsprogram, kalkylprogram och presentationsprogram. Dessa fungerar på liknande sätt som *Microsoft Office* och kan utan problem öppna samma filformat som *Microsoft Office* använder sig av. *LibreOffice* är en avknoppning av officesviten *OpenOffice*. Nästa ikon är till *Programvara för Ubuntu*, med detta program kan vi enkelt söka bland och installera alla tusentals program som finns till Ubuntu. Nästa ikon är en Amazon ikon som visar Ubuntus nära samarbete med företaget Amazon. För de som ej känner till det så är Amazon ett av världens största e-handelsföretag. För att ta bort ikonen så räcker det att högerklicka på den och välja detta. Alla sökningar som görs via Dash letar enbart på den lokala datorn. I tidigare versioner av Ubuntu så sökte man även på Internet via Dash. Detta går enkelt att aktivera igen. Längst ner hittar vi ikonen till systeminställningar.

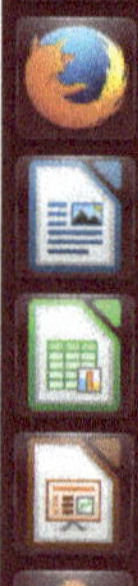

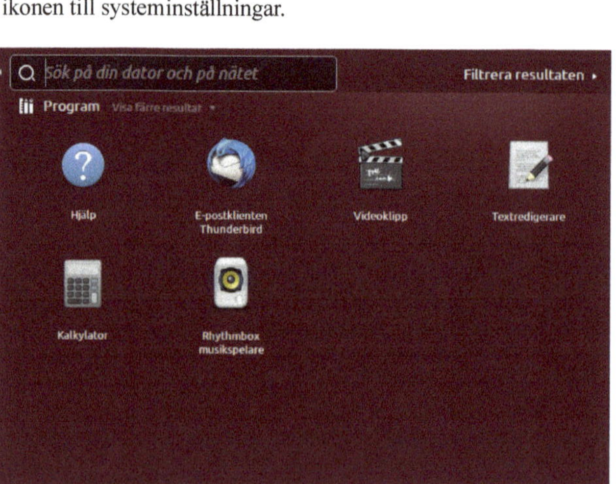

Var hittar vi resten av programmen? Det finns ju inga traditionella menyer. Svaret är med hjälp av *Dash*.

För att hitta alla program kan vi antigen starta Dash genom att högerklicka på hem-
knappen och välja program. Eller starta Dash och sedan välja program längst ned i
rutan. *Program* är egentligen bara ett filter till programmet *Dash* som används för
att enkelt söka bland program och dokument. Längst upp i sökrutan kan vi mata in
namnet eller delar av namnet på det pro-
gram vi letar efter. Sökfunktionen reagerar
även på vissa nyckelord och föreslår lämp-
ligt program. Detta fungerar dock bäst för
engelska ord. Skriver vi t.ex. *document* så
föreslås *LibreOffice Writer*. Standard så
visas tre menyer. Senast använda program,
installerade program samt även program
som finns tillgängliga att hämta. Från bör-
jan visas alla program (eller ett urval av
alla). Detta kan vi enkelt ändra i menyn
längst upp till höger. Det finns flera olika
kategorier att välja mellan och från början
så är vissa kategorier tomma.

Vi kommer nu att titta lite på de viktigaste
kategorierna. Vi börjar med kategorin *Till-
behör.*

Programmet **Arkivhanterare** är program för att öppna och skapa komprimerade
filarkiv såsom zip-filer och tar.gz-filer (mer om detta i kapitlet *Hantera Program*).

Hjälp är den inbyggda hjälpen till operativsystemet. Denna kan enkelt aktiveras
med snabbtangenten **F1**.

Kalkylatorn är ett program som klarar av att utföra de vanligaste uträkningarna.

Diskar används för att hantera lagringsenheter och vi kan via detta formatera och
partitionera hårddiskar.

Programmet **Skärmbild** används för att ta en skärmbild. Fungerar precis som tangenten **PRT SC** men har lite fler alternativ. Bland annat kan man välja att få en fördröjd skärmbild.

Typsnittsvisare visar alla installerade typsnitt.

Programmet **Terminal** startar kommandotolken via vilken vi kan köra olika kommandon och administrera systemet på ett effektivt och kraftfullt sätt som vi kommer att behandla betydligt mer detaljerat i kapitlet om *Terminalen*.

Under kategorin *Spel* så hittar vi de spel som är installerade.

Under kategorin *Grafik* hittar vi programmen *Bildvisare, Dokumentvisare, Enkel Bildinläsning, Fotohanteraren Shotwell, ImageMagick* och *LibreOffice Draw*.

Programmen **Bildvisare** och **Dokumentvisare** är små enkla program för att visa de vanligaste typerna av bilder och dokument, bl.a. PDF-filer.

Programmet **Enkel Bildinläsning** används till att kommunicera med scanners och liknande hårdvara för att läsa in bilder. Ett mer avancerat program som följde med tidigare versioner av Ubuntu heter XSane. XSane finns tillgängligt via programcentralen för Ubuntu och rekommenderas för de som vill ha mer alternativ vid inläsning av bilder.

Med programmet **Fotohanteraren Shotwell** kan vi enkelt importera, redigera och hålla ordning på våra bilder. Fungerar som ett personligt fotoalbum.

LibreOffice Draw är ett ritprogram för vektorgrafik och diagram som liknar programmet *Microsoft Visio* och tidigare versioner av *CorelDraw*.

Under kategorin *Internet* hittar vi programmen *BitTorrent-klienten Transmission, Webbläsare, E-postklienten Thunderbird, Remmina, Klient för fjärrskrivbord, Skrivbordsdelning,* och webbläsaren *Firefox*.

Transmission är en BitTorrent-klient som används för att ladda hem saker via Bit-Torrent.

Programmet *Thunderbird* är en e-postklient liknande Microsoft Outlook som används till att läsa och skriva mejl samt även för organisation och planering. Programmet innehåller bland annat en almanacka, kontaktlista och kom-ihåg-lista.

Empathy är en meddelandeklient för snabbmeddelanden och medföljer ej version 16.04 från början men går bra att installera via Programvara för Ubuntu.

Programmet *Remmina* är ett verktyg för att fjärradministrera en annan dator. Programmet är en klient som kan ansluta till en eller flera andra datorer med en VNC-server igång så att man kan fjärrstyra den/dem grafiskt. Kan även ansluta till en Windows-dator som aktiverat fjärrskrivbordet eller en Windows-terminalserver.

Browser är en förenklad webbläsare som bygger på webkit. Används bl.a. till att visa hjälpsidorna.

Med *Skrivbordsdelning* kan vi låta andra få tillgång till vårt skrivbord och fjärrstyra det via nätverket.

Webbläsaren *Firefox* behöver nog ingen närmare presentation.

Under *Media* hittar vi programmen *Videoklipp, Musikspelaren Rhythmbox, och Webbkamerabåset Cheese.* Programmet *Videoklipp (Totem)* är standardspelaren för video. Ett alternativ är *VLC Media Player* som är en populär mediespelare. *Cheese* är ett enkelt program för att ta bilder och spela in film från en webbkamera. *Rhythmbox* är standardprogrammet för att spela musik och organisera sitt musikbibliotek likt programmet *iTunes*. Programmet *Brasero* används för att bränna CD- och DVD-skivor och är ej installerat från början i version 16.04.

Under *Kontor* hittar vi programmen *Dokumentvisare* samt alla program som tillhör *LibreOffice, Calc, Draw, Impress,* och *Writer.*

Programmet *Calc* är ett kalkylprogram som liknar Microsoft Excel. *Writer* likna

Microsoft Word. *Impress* liknar Microsoft PowerPoint.

Snabbguide till platser (GNOME)

Markerar vi skrivbordet så hittar vi i menyn längst upp en flik som heter *Gå*. Under *Gå* finner vi snabbgenvägar till många personliga mappar och nätverksenheter. Överst finns en genväg till vår användares **Hem** som fungerar som Mina dokument i Windows. Klickar vi där så startar filbläddraren och listar innehållet i vår användares hemmapp.

Programmet filbläddraren fungerar som utforskaren i Windows. Snabbgenvägarna till **Skrivbord, Dokument**, **Musik**, **Bilder, Video** och **Hämtningar** startar alla filbläddraren som listar innehållet i dessa mappar. Alla dessa mappar är användarspecifika mappar som återfinns i användarens hemmakatalog.

Dator är precis som *Den här datorn* i Windows. Där kan man lista enheterna som datorn har samt filsystemet. Har vi en CD/DVD-enhet med en skiva i så dyker den upp i menyn under **Dator.** Här finns också eventuella diskettenheter. Genvägen **Nätverk** låter oss snabbt bläddra bland lokala nätverksplatser (som till exempel det lokala Windowsnätverket om ett sådant finns) och bokmärkta nätverksplatser.

Genvägen **Anslut till server** hittar vi under fliken *Arkiv* och låter oss enkelt ansluta till en nätverksresurs. Denna kan vi även välja att lägga till bland bokmärken för snabb åtkomst i framtiden. Alla bokmärken hamnar under **Gå**.

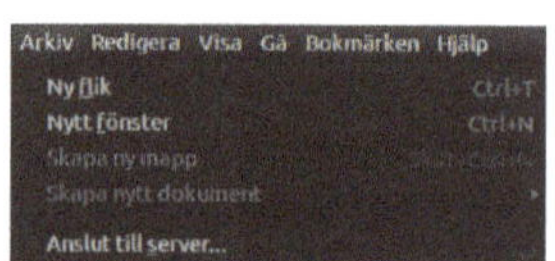

Hur man vill organisera sina bokmärken kan man konfigurera som man vill. Väljer vi att ansluta till en server så finns det flera olika typer av resurser/servrar som vi kan ansluta till. Det kan vara SSH, FTP, Windows-utdelning, HTTP eller Anpassad plats.

För att ansluta räcker det med att mata in den information som krävs och klicka på anslut. För att spara anslutningen som ett

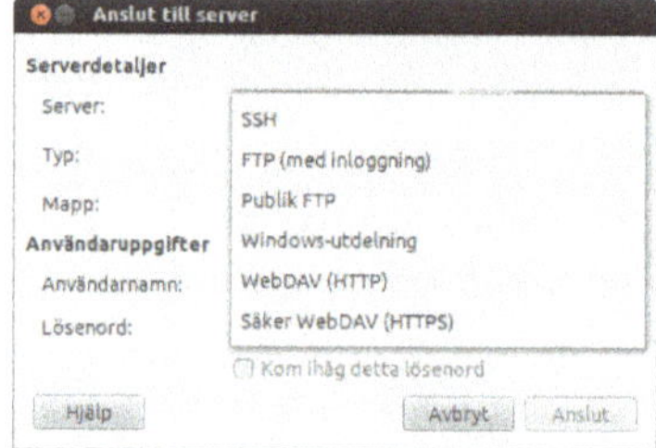

bokmärke behöver vi kryssa i att vi vill göra detta samt döpa vårt bokmärke till något lämpligt namn.

Systemmappar och filsystemet

I Linux används vissa systemmappar som är viktiga att känna till. Det ser i princip likadant ut för alla Linuxdistributioner men några små variationer förekommer. Öppnar vi filbläddraren och tittar på vårt filsystem så ser vi följande (med dolda filer):

På bilden så listar vi roten på filsystemet som betecknas med /. De som är vana vid Windows slås av avsaknaden av enhetsbeteckningar. Detta beror på att alla filer och mappar återfinns under roten även om de ligger på olika fysiska enheter som CD-rom-enheter eller olika hårddiskar. Det betyder att en mapp kan vara en hel enhet vars innehåll är monterat i filsystemet. Att montera en enhets innehåll som en mapp går även att göra i Windows men det är mindre vanligt att man gör detta (normalt får varje enhet en egen enhetsbeteckning).

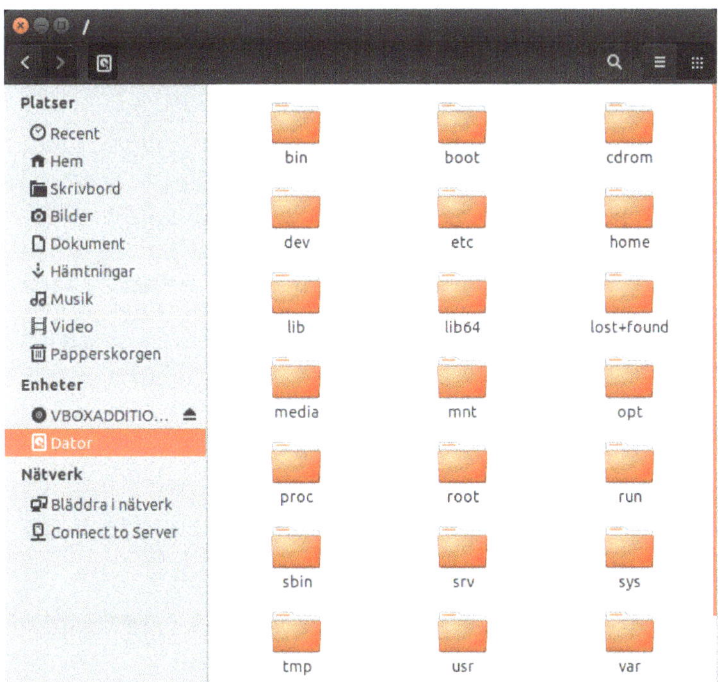

/bin (binaries) innehåller viktiga binära körbara filer (kommandon) som alla användare kan använda.

/boot innehåller filer som används av bootladdaren för att starta systemet. Bland annat själva Linuxkärnan.

/cdrom är egentligen en länk (genväg) till mappen /media/cdrom

/dev (devices) här finns alla enheter representerade som filer. Det kan vara hårddiskar, skrivare, kommunikationsportar, CDROM-enheter, nätverkskort, ljudenheter med mera. Allt som finns i /dev skapas dynamiskt när systemet bootar.

/etc i denna mapp finns massa konfigurationsfiler till systemet och många program. Konfigurationsfilerna är sparade i textformat vilket gör det enkelt att editera och ändra inställningar.

/home denna mapp innehåller alla användares hemmakataloger. Motsvarigheten i Windows skulle vara "Documents and settings"-mappen. Varje gång man skapar en ny användare så skapas automatiskt en mapp under /home med samma namn som användarens inloggningsnamn.

/lib (libraries) här återfinns biblioteksfiler som används av olika program samt när man utvecklar program. En biblioteksfil innehåller rutiner och kod för att utföra ett visst moment som sedan flera program kan använda sig av. Fungerar som .dll-filer i Windows.

/lost+found i denna mapp hittar vi filer (eller delar av filer) som systemet inte riktigt vet var de ska vara. Det kan till exempel vara så att man har problem med en hårddisk eller att strömmen går medan datorn är igång och att systemet då utför en diskkontroll nästa gång man startar. Filer som är trasiga eller fragment av filer som hittas då läggs i denna mapp.

/media i denna mapp monteras flyttbara medier såsom CD/ DVD –enheter.

/mnt denna mapp används för att montera temporära filsystem.

/opt optional application packages. Ofta tredjepartsprogram som hamnar här.

/proc systemmapp som innehåller viktiga filer till systemet.

/root hemmakatalog för root-användaren (administratören, se kapitlet *Användarhantering*).

/run mapp som används av program för att spara diverse data som behövs när de körs och som av olika anledningar är olämpligt att lagra i /tmp. Denna mapp har tillkommit på senare tid och finns i många stora distributioner.

/sbin (system binaries) innehåller program och kommandon som används för att administrera systemet och som normala använda ej får använda. Bara användare med administrativa rättigheter (super-users) får använda dessa program.

/srv systemmapp som är tänkt att innehålla data som används av tjänster som vårt system tillhandahåller.

/sys mapp som innehåller viktiga systemfiler.

/tmp (temp) här sparas temporära filer.

/usr här hittar vi de flesta program och verktyg som alla användare har tillgång till. De flesta program och spel som vi installerar hamnar här.

/var (variable) här sparas filer som variera i storlek som till exempel loggfiler och spoolfiler. Begreppet spoolfiler (spool, spooling) är ett gammalt begrepp som handlar om att överföra data och spara det temporärt så att ett annat program kan använda det senare. Vanligaste typen av spoolfiler är skrivarkön. Under /var/log hittar vi systemloggar som kan ge värdefull information vid felsökning.

Viktigt

I Linux så avgränsas sökvägar med **/** (slash) och inte med **** (backslash) som i Windows. Exempel på sökväg i Linux: **/etc/apt**

Exempel på sökväg i Windows: **C:\WINDOWS\System32**

/bin/
Viktiga körbara filer såsom kommandon
/boot/
Innehåller filer som används för att starta systemet (såsom bootladdare och kärnan)
/cdrom/
Systemmapp som används för att montera CD/DVD-skivor
/dev/
Enhetsfiler
/etc/
Innehåller alla konfigurationsfiler
/home/
Alla användares hemmappar
/home/user1/
/home/user2/
/lib/
Delade biblioteksfiler och kärnmoduler
/media/
I denna mapp monteras flyttbara medier
/mnt/
I denna mapp monteras temporära filsystem
/proc/
Viktiga systemfiler såsom processtatus sparat i textformat
/root/
Hemmapp för root-användaren
/sbin/
Kommandon som används för att administrera systemet
/srv/
Innehåller data som tillhandahålls av vårt system via olika tjänster
/tmp/
Innehåller temporära filer
/usr/
Flesta program som alla användare har tillgång till finns här
/usr/bin/
/usr/local/
/usr/games
/var/
Här sparas filer som varierar i storlek såsom loggfiler och skrivarkö
Root-mapp för hela filsystems hierarkin
/
Filsystems hierarkin

Snabbguide till Systeminställningar

Via *Programstartaren - Systeminställningar* hittar vi verktyg för att konfigurera och administrera Ubuntu. Det går även att starta systeminställningar genom att trycka på strömknappen längst upp till höger.

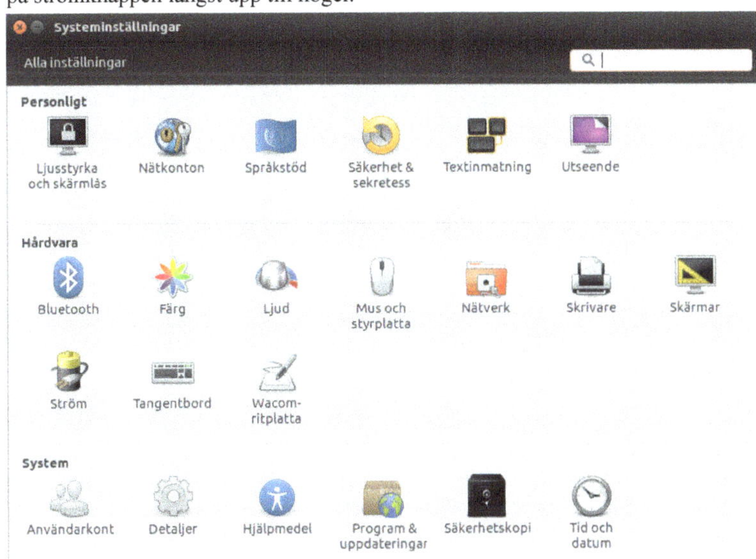

Kontrollpanelens verktyg är indelade i tre olika grupper: *Personligt, Hårdvara, och System*. Vissa av verktygen kommer vi att behandla mer utförligt i kommande kapitel och avsnitt. En del verktyg kommer vi inte att ta upp alls utan lämnar åt den nyfikne att utforska själv. Vi koncentrerar oss här på de vertyg som är av intresse och som inte behandlas senare.

I gruppen **Personligt** hittar vi inställningar som är direkt kopplade till vår användare. Under *Utseende* hittar vi massor av inställningar för utseendet i Ubuntu. Detta behandlas mer i kommande avsnitt. Vi kan med *Språkstöd* byta språk i Ubuntu. Under *Säkerhet & Sekretess* kan vi välja om och hur data över användarens aktivitet skall sparas. Det går till exempel att rensa alla spår efter användarens aktiviteter varje timme. Med *Nätkonton* kan vi enkelt lägga till och hantera konton till diverse populära nättjänster såsom Facebook, Flickr, Google, Twitter mm.

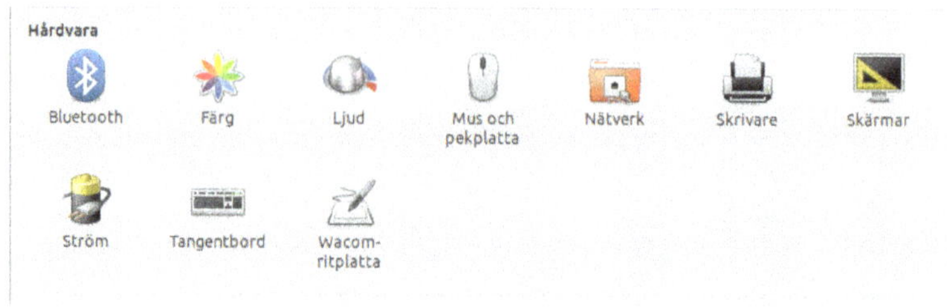

I gruppen **Hårdvara** hittar via alla inställningar releterade till hårvara. Under *Mus och pekplatta* görs alla inställningar och finjusteringar för musen. Under *Skärmar* kan vi ställa in upplösningen för skärmen. *Ström* låter oss konfigurera hur länge datorn ska vara igång innan väntläge aktiveras samt andra energibesparingsinställningar. Mer inställningar finns om man använder en bärbar dator. Programmet *Ytterligare drivrutiner* återfinns ej här men finns under program, där kan vi hantera och konfigurera tredjeparts- och proprietära drivrutiner. Under *Skrivare* kan vi hantera skrivare (bland annat dela ut och ansluta till nätverksskrivare). Under *Nätverk* kan vi konfigurera diverse nätverksinställningar (mer om detta i kapitlet *Nätverk*). Under *Färg* kan vi kalibrera skärmen så att den återger korrekt bild. Under *Ljud* hittar vi alla inställningar för ljud och kan t.ex. reglera ljudvolymen olika för olika program som spelar upp ljud. Med *Bluetooth* kan vi hantera Bluetooth-enheter och via *Wacom ritplatta* kan vi konfigurera vår ritplatta (ifall vi äger en sådan).

I Gruppen **System** finns många grafiska verktyg för att administrera och konfigurera systemet. Alla ändringar man gör här påverkar hela systemet och kräver därför att man verifierar sig med lösenord. All administrering kan man även göra via terminalen vilket vi kommer att titta närmare på i kommande kapitel och avsnitt. Vi kommer här bara att skapa en översikt över de grafiska verktygen som finns.

Användarkonton låter oss hantera och lägga till användare . Mer om detta i kapitlet om användarehantering. Under *Detaljer* kan vi bland annat välja vilket program som skall användas som standard för olika saker. *Landscape-tjänsten* används av administratörer för att på ett enkelt sätt kunna hantera och administrera flera datorer i ett nätverk. Klickar vi här så blir tillfrågade om vi vill installera Landscape-klienten som är programmet som används för detta. Under *Hjälpmedel* hittar vi inställningar som underlättar för de med funktionsnedsättning av synen. *Backups* används för att konfigurera automatisk säkerhetskopiering av viktiga mappar, främst hemmappen. Detta kan schemaläggas samt göras mot en molntjänst eller annan lämplig lagrinsmedia. Under *Tid och Datum* konfigureras tid och tidszoner.

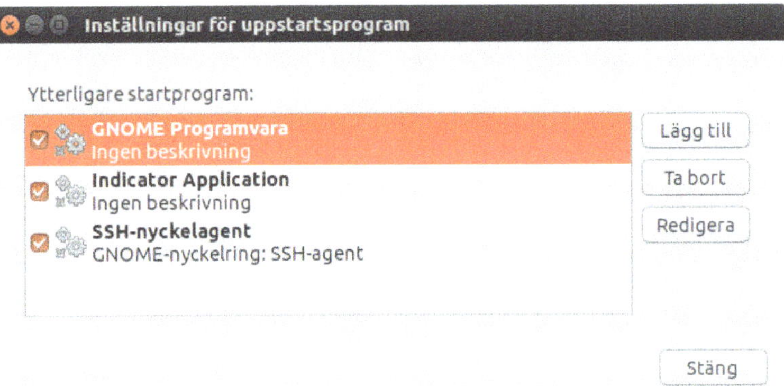

Alla inställningar återfinns ej under Systeminställningar. För att komma åt *inställningar för uppstartsprogram* så hitttar vi programmet *Uppstartsprogram* om vi söker via Dash. Här kan vi lägga till, ta bort eller redigera program som startar vid uppstart och då vi loggar in.

Startar vi inställningar för uppstartsprogram ser vi inte så många tjänster. En tjänst är ett program som ligger och kör i bakgrunden utan att man lägger märke till det. Ofta så slutar namnet på en tjänst med d (som i daemon). Ett exempel på tjänst är syslogd som hanterar systemets loggar.

För att se lite mer kan vi köra kommadot **sudo sed -i 's/NoDisplay=true/ NoDisplay=false/g' /etc/xdg/autostart/*.desktop** i terminalen.

Ändra utseende på ditt Ubuntu

Det finns många verktyg och program som kan installeras för att ändra utseendet på Ubuntu och göra skrivbordet mer personligt. Eftersom Unity fortfarande är relativt nytt så saknar en del användare vissa funktioner som finns om man kör GNOME. I kapitlet *Tips och Trix* visas hur man installerar GNOME och väljer vilken skrivbordsmiljö man vill ha när man loggar in. Av den anledningen så tas även en del GNOME-specifika inställningar upp.

Byta bakgrundsbild

Genom att högerklicka på skrivbordet kan vi enkelt välja att byta skrivbordsbakgrund. Direkt efter installation finns det enbart ett fåtal bakgrundsbilder att välja mellan. Man kan även välja att inte ha någon bakgrundsbild utan istället ha en solid färg eller en tonad bakgrund. Man kan även lägga till en valfri bild som skrivbordsbakgrund. En bra hemsida för bakgrundsbilder och annat är *http://art. gnome.org* som innehåller massor av bra material för att ändra utseendet på skrivbordet.

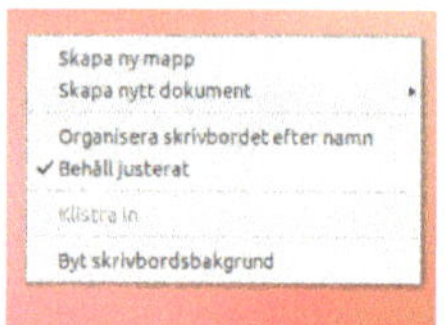

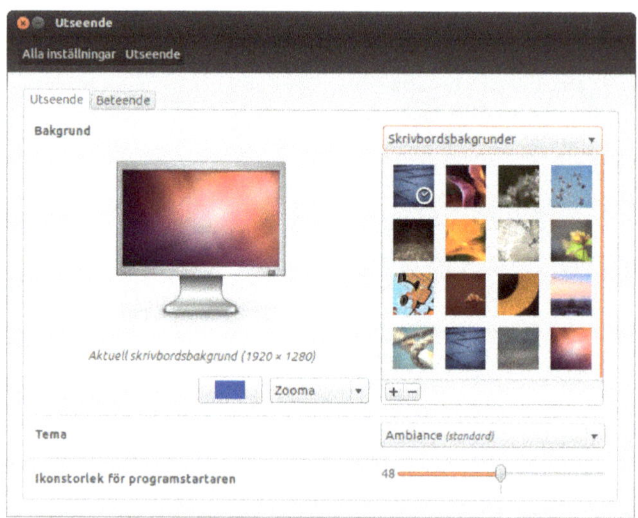

Till höger finns en länk till bakgrundsbilder (*Backgrounds*). Det går att sortera bilderna efter olika upplösningar. Det bästa är om man kan hitta en bild som passar den upplösningen som vi använder oss av. Annars går det att anpassa bilder som är för stora eller för små.

Ändra skärmupplösning

Under *Systeminställningar – Hårdvara – Skärmar* går det att ändra skärmens upplösning. Vilka upplösningar som går att välja mellan beror helt på vilken skärm vi har. Plattskärmar (av typen LCD och TFT) har en fast upplösning som är den optimala. Går det ej att välja den optimala upplösningen så beror det på att Ubuntu ej kan identifiera skärmen och då behöver vi konfigurera inställningarna för maskinvaran (se mer i kapitlet om *Hårdvara*). I normala fall behöver vi inte ändra skärmupplösningen.

Ändra skärmsläckare

I skrivande stund så finns det inget enkelt sätt att aktivera eller konfigurera skärmsläckare i Ubuntu 16.04. I tidigare versioner har man enkelt kunnat göra detta via *Systeminställningar – Personligt.* Antagligen så dyker ett grafiskt verktyg för att hantera detta upp i nästa version av Ubuntu eller finns tillgängligt via programcentralen inom en snar framtid.

För de som gärna vill ha en skärmsläckare så kan man göra följande:

Starta terminalen och skriv följande kommando: `sudo apt-get purge gnome-screensaver`. Detta kommando tar bort programpaketet som innehåller skärmsläckare för GNOME. Terminalkommandon beskrivs mer i nästa kapitel och installation av program beskrivs i kapitlet *Hantera program*.

Därefter ange vi följande kommando: `sudo apt-get install xscreensaver xscreensaver-data-extra xscreensaver-gl-extra` som installerar programpaketen för xscreensaver.

Efter installationen så hittar vi konfigurationsprogrammet ifall vi söker på "screensaver" via Dash. Via detta kan vi sedan enkelt göra våra inställningar. Vill vi att skärmsläckaren ska köras varje gång datorn startar så måste vi lägga till ett *Uppstartsprogram* (sök på uppstartsprogram via Dash). Uppstartsprogrammet kan heta vad som men måste innehålla kommandot `xscreensaver -nosplash`

Ändra placering och utseende för panelerna

Detta stycke gäller endast om man kör GNOME *(utan Unity)*. Genom att högerklicka på någon av panelerna och välja egenskaper så går det att ändra panelernas placering, utseende och funktion. Vi kan välja orientering för panelen (överkant, vänster och så vidare). För att detta ska fungera så måste vi dock högerklicka på panelen och välja *Tillåt panel att förflyttas* annars är dess position låst. Det går även bra att dra-och-släppa (vänsterklicka på panelen och hålla musknappen nedtryckt samtidigt som man drar/förflyttar muspekaren) panelen till önskad position. Vi kan även ändra storlek för panelen samt välja ifall vi vill att panelen skall döljas automatiskt när vi inte använder den. Det går även att visa knappar för att dölja panelen. Detta ger mer plats åt skrivbordet. Under fliken *Bakgrund* kan vi ändra utseendet för panelen. Det går att ändra färg och till och med att välja bakgrundsbild för panelen.

Ändra tema

Detta stycke gäller endast om man kör GNOME *(utan Unity)*. Det finns ett antal skrivbordsteman att välja mellan. Inställningar för dessa hittar man under *Systeminställningar – Personligt – Utseende*. Finns även i Unity men med färre inställningar att välja på.

Genom att byta tema ändras flera inställningar för skrivbordet, panelen, fönstren med mera. Det går att finjustera inställningarna genom att klicka på *Anpassa*. Då kan vi välja utseende för kontroller, färger, fönsterram, ikoner och muspekare. Vilka inställningar vi kan göra under respektive kategori avgörs av de teman vi har installerade. Genom att *installera* fler teman så ökar de olika alternativen när vi ska anpassa ett tema. Genom att klicka på Installera så kan vi välja att installera ett tema som vi laddat hem från till exempel *http://art.gnome.org* som nämnts tidigare. Det går även att dra-och-släppa ett tema från hemsidan

direkt till fönstret för *inställningar för utseende* vilket går lite snabbare.

Lägga till ikoner till skrivbordet

Detta stycke gäller endast om man kör GNOME *(utan Unity)*. Kör vi *GNOME* så är det enkelt att skapa egna genvägar (*programstartare*) på skrivbordet. Det är bara att högerklicka på en ikon i menyn så kan vi välja om vi vill lägga till ikonen som programstartare på skrivbordet. Vill vi så kan vi även välja att lägga till en hel meny eller en mapp på skrivbordet.

Vi kan också skapa en programstartare genom att högerklicka på skrivbordet och välja *Skapa programstartare*. Vi får då upp ett fönster där där vi kan välja vilken typ (*Program, Program i terminal* eller *Plats*) av programstartare det skall vara. Sedan måste vi namnge vår programstartare samt ange vilket kommando (program) som skall köras. I detta läge underlättar det ifall vi vet vad programmen heter på engelska. Detta ser man enklast ifall man startar ett program och väljer alternativet *Om* i hjälpmenyn. För att skapa en programstartare till Terminalen skriver man t.ex. *terminal*. För filbläddraren skriver man *nautilus*.

Hantera ikoner på skrivbordet

Detta stycke gäller endast om man kör GNOME *(utan Unity)*. Vi kan enkelt flytta ikonerna på skrivbordet genom att dra-och-släppa dem till önskad position. Genom att markera en ikon och trycka på knappen *Delete* så tar vi enkelt bort en ikon. Som standard är skrivbordet och dess ikoner justerat i ett osynligt rutnät. För att kunna dra-och-släppa ikonerna precis vart vi vill så får vi högerklicka på skrivbordet och avmarkera. *Behåll justerat*-alternativet. Högerklickar vi på en ikon kan vi välja *Sträck ut ikon* och sedan dra ut ikonen till önskad storlek. Man kan till exempel öka storleken för de ikoner som används mest.

Personliga inställningar & sociala nät-verk

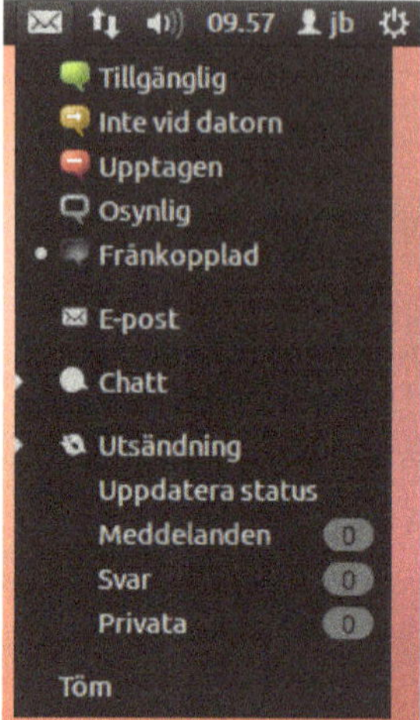

Längst upp till höger i menyn hittar vi ett medde-landefönster där vi snabbt och enkelt kan hantera all kommunikation via e-post, chatt och sociala medier.

Klickar vi på *E-post* så startas e-postklienten *Thunderbird* och vi kan konfigurera ett e-postkonto. När vi gjort detta kan vi enkelt läsa och hantera vår e-post vi denna meny.

Chatt hanteras av programmet *Empathy* som har stöd för flera olika typer av snabbmeddelanden, bl a MSN, ICQ, Google Talk, Facebook chatt och IRC.

Detta gäller enbart ifall vi aktiverat och konfigurerat något konto via Empathy, Nätkonton eller E-postklienten.

Konfigurera inloggningsskärm

Detta stycke gäller endast om man kör GNOME *(utan Unity).* I kapitlet *Tips och Trix* går vi igenom hur man ändrar bakgrundsbilden för inloggningsskärmen i Unity.

Kör vi GNOME så hittar vi under *Systeminställningar – Administration – Inloggningskärm* inställningar för hur inloggningsprocessen ska ske. Vi kan även välja vilken skrivbordsinställning vi vill ha som standardsession.

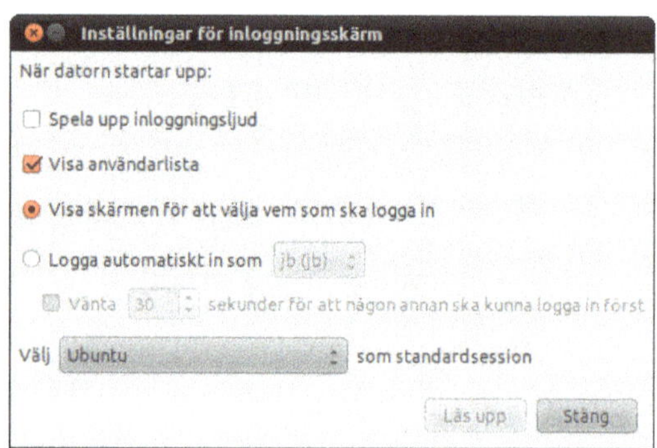

Användare av tidigare versioner av Ubuntu märker att det ej längre går att välja olika teman för inloggningsskärmen på ett enkelt sätt. För att göra detta behöver man installera ett extra program.

Hur man gör detta beskrivs i kapitlet *Tips och Trix*.

Aktivera visuella effekter

Detta stycke gäller endast om man kör GNOME *(utan Unity).* På senare tid har utvecklarna av skrivbordsmiljöerna tagit fast på möjligheten att använda datorns grafikkort för att skapa snygga och häftiga effekter i det grafiska gränssnittet. De allra flesta grafikkorten idag stödjer 3d-acceleration vilket normalt används i 3D-spel. Nu finns det även möjlighet att utnyttja 3d-accelerationen i grafikkorten i fönsterhanteraren via programvaran Compiz Fusion. Compiz är förinstallerat och används av Unity men verktyg för att konfigurera och ändra inställningar saknas.

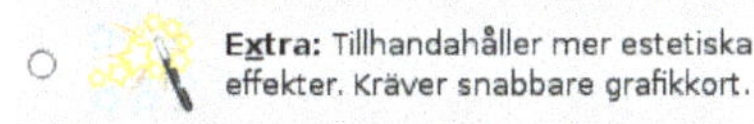

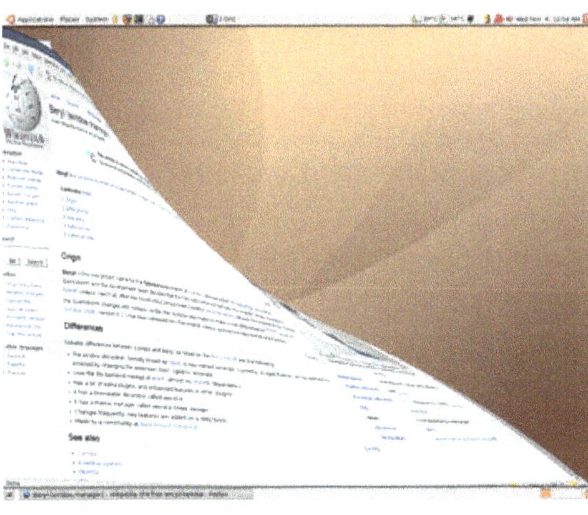

De Visuella effekterna aktiveras enkelt i *GNOME* klassiskt läge via *System – Inställningar – Utseende* under fliken *Visuella effekter*.

Kör vi **Unity** så finns det inget enkelt sätt att aktivera dessa skrivbordseffekter utan programmet *CompizConfig Settings Manager (ccsm)* och tillhörande plugin. Hur detta går till beskrivs i kapitlet *Tips & Trix*.

Viktigt: En del program fungerar inte som de skall med de visuella effekterna aktiverade vilket innebär att man kan bli tvungen att avaktivera dem ibland.

Startprocessen

Vad händer egentligen från det att man slår på datorn till dess att Ubuntu startat och vi kan logga in på systemet?

Först startar *POST (Power on self test)* som kontrollerar hårdvaran i datorn. *POST* är en del av *BIOS (Basic Input Output System)* som hanterar och identifierar hårdvaran i datorn och låter oss göra en grundläggande konfiguration av hårdvaran. *BIOS* ligger lagrat i en krets på moderkortet och har alltså inget med operativsystemet att göra. *Kör man UEFI-BIOS med en GPT-disk så är följande en sanning med modifikation.*

När testet av hårdvaran genomförts så letar *BIOS* efter bootbara enheter. I *BIOS* kan man bland annat välja bootordning. Standard brukar vara att boota från CD/DVD-enheten först (ifall den innehåller en bootbar skiva såsom Ubuntus installationsskiva) och sedan från hårddisken eller någon annan enhet. Hittar *BIOS* en bootbar hårddisk så läses *MBR (Master Boot Record)* in.

MBR är den första sektorn på hårddisken som bland annat innehåller kod till *bootladdaren* (bootloader). Bootladdaren som Ubuntu använder heter *GRUB (Grand Unified Boot Loader)*. Det finns flera olika bootladdare till Linux. *GRUB* är en av de populäraste bootladdarna till Linux som klarar av att ladda flera olika operativsystem (inklusive Windows). När bootladdaren startat så laddar den i sin tur operativsystemets kärna som sedan tar över själva starten av operativsystemet. Denna process kallas *booting/boot up* som är kort för *bootstrapping*.

```
            GNU GRUB  version 1.99-21ubuntu3

 Ubuntu, med Linux 3.2.0-24-generic-pae
 Ubuntu, med Linux 3.2.0-24-generic-pae (återställningsläge)
 Previous Linux versions
 Memory test (memtest86+)
 Memory test (memtest86+, serial console 115200)
```

Ovan ser vi GRUBs startmeny där vi kan välja olika startalternativ.

Har vi fler olika operativsystem så kan vi välja mellan dem i denna meny. Har vi bara Ubuntu installerat så har vi tre alternativ och för att aktivera menyn måste vi då hålla ner **Shift-tangenten** precis när datorn börjar boota. I tidigare versioner av GRUB så är det tangenten `Esc` som gäller.

Översta alternativet är normal start (Ubuntu med kärnan 3.2.0-21) det andra alternativet är **Återställningsläge (Recovery Mode)** som startar ett command line interface (CLI) där bara ett fåtal tjänster startas och vi blir inloggade som *root* (administratör) för att kunna utföra reparationer till systemet. **Memtest86+** startar ett program som kontrollerar datorns arbetsminne (samma verktyg som finns tillgängligt via Ubuntus installationsskiva). Skulle vi ha uppgraderat kärnan eller installerat en ny kärna så ser vi förutom senaste kärnan även tidigare kärnor bland startalternativen i GRUBs meny. Detta möjliggör alltså att boota med en äldre kärna om vi så vill. Hur man ändrar alternativen och till och med utseendet för GRUBs meny hittar du i kapitlet *Tips och trix*.

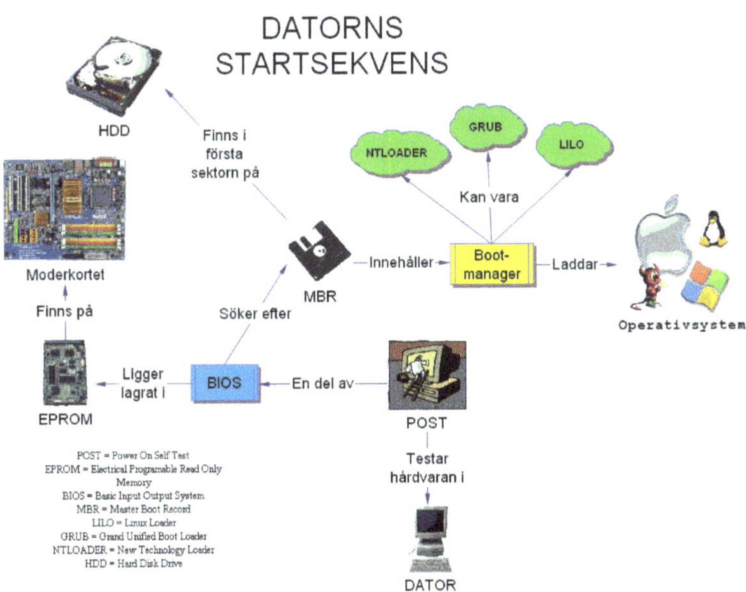

Upstart och körnivåer

Hur det går till när Ubuntu startar efter att bootladdaren lämnat över kontrollen till kärnan är inte helt lätt att hålla reda på eftersom det är många tjänster och program som 
skall startas innan systemet är igång. Många Linuxdistributioner använde ett system som heter *SysV* (eller *SysVinit*) för att starta. Ubuntu och så gott som alla distibutioner bytte sedan till ett system som heter *Upstart* och som ersätter init-tjänsten. Sedan Ubuntu 15.10 så använder Ubuntu likt flera andra distributioner *Systemd* numera. *Systemd* är dock kompatibel med *SysV* och tjänsten som körs som process (mer om processer och processhantering i kapitlet om *Hantera program*) nummer ett och initierar systemet heter fortfarande *init*.

Eftersom flera tjänster och program i Ubuntu fortfarande använder *SysV* så ska vi titta lite närmare på hur det fungerar. *SysV* bygger på ett antal kataloger under `/etc` som i sin tur innehåller länkar (som genvägar kan man säga mer om detta i kapitlet *Terminalen*) till script och tjänster som startar och avslutar program när systemet startar. Alla init-script hittar vi i mappen `/etc/init.d`. Skript och tjänster som använder Systemd hanteras med kommandot `systemctl start/stop/status namn`.

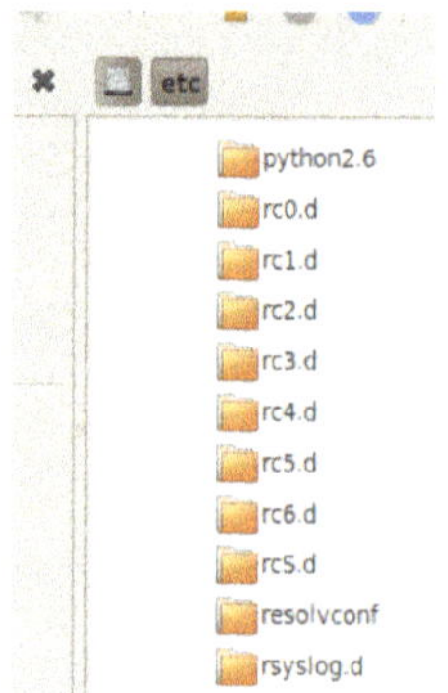

De första scripten som körs efter uppstart är de som finns i mappen `/etc/rcS.d`, därefter körs scripten som motsvarar vår körordning eller körnivå (runlevel). Det finns 7 olika körnivåer som alla har varsin katalog knuten till sig. `/etc/rc#.d` – där # är ett nummer mellan 0 och 6. Sist körs scripten i `/etc/rc.local`.

Vad innebär de olika körnivåerna?

Det skiljer sig lite mellan de olika distributionerna. Om vi börjar titta på traditionella körnivåer för Linux:

0 – **Halt** används när datorn stängs av

1 – **Single-user mode**, används för systemunderhåll (inget nätverk, bara root-användaren)

2 – **Multi-user mode utan nätverk**, textbaserat läge som tillåter alla användare att logga in.

3 – **Multi-user mode med nätverk**. Som nivå 2 fast med nätverk.

4 – Används ej

5 – **X11**, det grafiska gränssnittet startar (som körnivå 3 plus ett grafiskt system, är standardnivå)

6 – **Reboot**, används vid omstart av datorn

Debian och Debianbaserade distributioner som Ubuntu gör ingen skillnad mellan körnivåerna 2–5. Utan de används på följande sätt:

0 – **Halt** används när datorn stängs av

1 – **Single-user mode**, används för systemunderhåll (inget nätverk, bara root-användaren)

2-5 **Full multi-user mode** med inloggning, nätverk och grafiskt system om det är installerat.

6 – **Reboot**, används vid omstart av datorn

Man kan ta reda på vilken körnivå som används med kommandot `runlevel` i terminalen. Man kan även när som helst (om man har rättigheter till det) ändra körnivå med kommandot `init`.

Exempel: kommandot `init 6` gör så att datorn startar om. För att starta om eller stänga av datorn används normalt kommandot `shutdown` eller `reboot`. Se kapitlet *Terminalen* för mer information om hur terminalen och kommandon fungerar.

Tjänster och script

Tar vi en närmare titt i mappen `/etc/init.d` så hittar vi alla tjänster och script som används av systemet.

Här finns till exempel tjänsten cron som används för att schemalägga kommandon och program och tjänsten cups som hanterar skrivare.

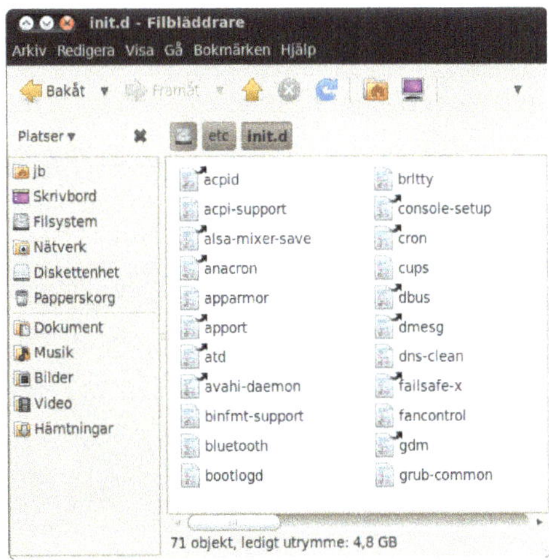

Under *Program – Uppstartsprogram* så startar vi det grafiska verktyget som enkelt låter oss välja vilka tjänster som skall startas. Här syns dock inte alla tjänster som finns (Programtips: installera *BUM, Boot-UP Manager*).

Tittar vi lite närmare på innehållet i mappen `/etc/rc6.d` så hittar vi en massa symboliska länkar (fungerar som genvägar i Windows) till tjänsterna och scripten som finns i `/etc/init.d`. Alla länkar heter detsamma som tjänsten den är länkad till förutom tilläggen **K##** eller **S##** i början av filnamnet (där ## = siffror).

K – Står för **K**ill och betyder att tjänsten stängs ner (dödas).

S – Står för **S**tart och betyder att tjänsten startas.

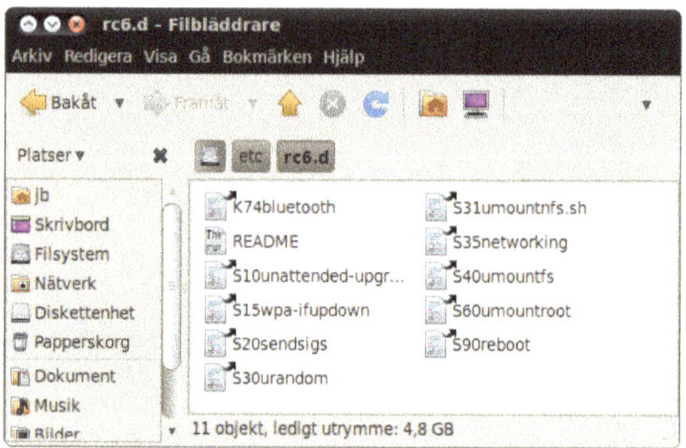

Det tvåsiffriga talet anger i vilken turordning som tjänsterna startas och stängs ner. För att ändra vilka tjänster som skall startas eller stängas ner så döper man helt enkelt om namnet på dessa genvägar för den aktuella körnivån som man vill påverka. Eller så kan använda det grafiska verktyget för detta som nämnts tidigare. Det finns även ett textbaserat program för att hantera tjänsterna som dock ej är installerat från början. Programmet heter **Sysvconfig** och är smidigt ifall man till exempel saknar ett grafiskt gränssnitt (sysv-rc-conf).

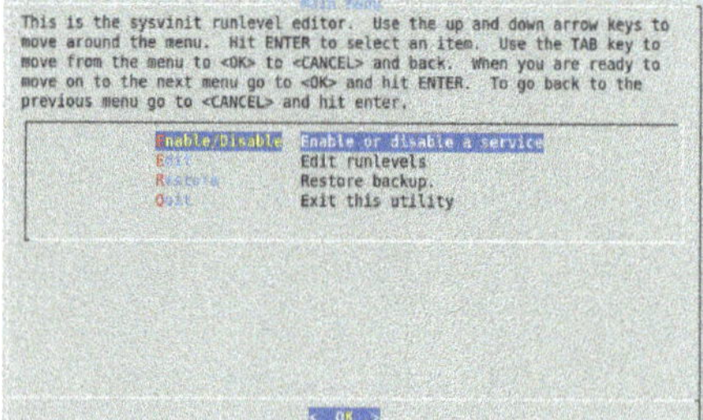

För fler sätt att hantera tjänster, se kapitlet *Hantera program – hantera tjänster*.

Begreppslista

3D-acceleration	Benämning på förmågan att utnyttja grafikkortets funktioner för att hantera och snabba upp 3D-grafik vilket oftast innebär en visuell förbättring.
BIOS	Inbyggd mjukvara för att göra grundläggande konfiguration och hantering av hårdvara. Används även om nyare UEFI.
Dash	Sökfunktionen i Unity.
GNOME	Populär skrivbordsmiljö. Ersatt med Unity i Ubuntu.
Hemmapp	Användarens hemmapp fungerar på liknande sätt som i Windows. Här är det tänkt att användaren skall spara alla sina filer. Innehåller bland annat en mapp för skrivbordet och olika dokument.
Körnivåer	Olika "lägen" som operativsystemet kan befinna sig i.
Startprogram	Startmenyn (*launcher*) till vänster som används i Unity. Även kallad "dock".
MBR	Master Boot Record. Första sektorn på hårddisken som innehåller partitionsinformation samt delar av bootladdaren.
Memtest86+	Program för att testa internminnet i datorn.
POST	Power On Self Test. Genomför en grundläggande kontroll av datorns hårdvara I samband med start.
Recovery mode	Startalternativ för Ubuntu där vi kan felsöka och reparera systemet.
Script	En körbar textfil som innehåller kommandon.
Startare	Detsamma som en genväg i Windows.
SysV/init	Program för att starta och initiera tjänster.
Tjänst / daemon	Ett program som körs i bakgrunden utan att göra så mycket väsen av sig.
Upstart	Programmet som hanterar hur operativsystemet ska starta.
Unity	Grafiskt skal till GNOME.
Wayland/Mir	Tänkt som en ersättare till det äldre X-systemet.
X11	Grunden i det grafiska systemet.

Övningsuppgifter

1. Beskriv vad följande systemmappar innehåller

    a) `/etc`

    b) `/bin`

    c) `/home`

    d) `/sbin`

    e) `/dev`

    f) `/var`

2. Beskriv hur det grafiska systemet fungerar i Linux.

3. Ange vilket program som du använder i Ubuntu för att göra följande:

    a) Redigera en jpg-bild

    b) Öppna ett word-dokument.

    c) Surfa på webben

    d) Chatta via MSN

    e) Konfigurera och använda e-post

4. Ange tre olika skrivbordsmiljöer.

5. I vilken mapp finns alla tjänster?

6. Vad är en tjänst?

7. Vilka olika körnivåer finns det och vad används de till?

8. Beskriv datorns startsekvens från det att man slår igång den till dess att man loggat in i Ubuntu.

9. Beskriv kortfattat hur man gör för att ändra viktiga systeminställningar.

10. Ange sökvägen för din användares skrivbord.

Diskussionsuppgifter

Diskussionsuppgifterna genomförs lämpligast i små grupper och är av undersökande natur. Det är inte säkert att det finns ett definitivt svar på frågeställningarna. Syftet med uppgifterna är att fördjupa kunskaperna samt stimulera förmågan att aktivt söka och utvärdera information från andra källor (främst Internet).

1. Vad skiljer Unity från GNOME? Varför föredrar vissa GNOME framför Unity och vice versa ?

2. Vilka fördelar finns med Wayland/Mir?

Praktiska laborationer

1. Prova att ändra inställningar för Programstartaren.

2. Prova att ändra Tema och utseende på ditt Ubuntu till något som du tycker passar bra.

3. Kontrollera så du vet hur man startar terminalen.

4. Starta *Empathy* och prova att ansluta till någon tjänst för snabbmeddelanden.

5. Utforska de olika systemmapparna.

6. Ta reda på vilken körnivå som systemet befinner sig i just nu.

7. Lägg till ett nytt program till Programstartaren.

8. Starta Firefox och surfa in på www.google.se utan att använda musen.

Terminalen

Terminalen i Linux är ett viktigt och mycket kraftfullt verktyg och påminner en del om kommandotolken i Windows. Skillnaden är att i Linux kan vi konfigurera och använda vårt system fullt ut i terminalen, via vårt *CLI (Command Line Interface)*. Vi behöver alltså inte något *GUI* om vi till exempel tänker använda vår dator som server. Är man bekant med de kommandon som används i kommandotolken så kommer man ganska snabbt igång med att använda terminalen i Linux. För att få en djupare förståelse av operativsystemet krävs att man kan hantera  terminalen. Tänker man använda Linux som operativsystem i serversammanhang eller felsöka och reparera ett trasigt system så förutsätter det att man kan hantera terminalen.

Ordet *terminal* är ett gammalt begrepp som egentligen kommer från tiden då man kopplade samman flera terminaler med en stordator. En *terminal* är kort och gott en skärm och tangentbord som är kopplat till en dator. I Linux används kortformen *tty (teletyping)*. Det finns även något som kallas för *virtuell terminal* eller *terminalfönster* som används då man använder en grafisk miljö och är ett fönster som ser ut och fungerar precis som en terminal. En virtuell terminal betecknas *pty (pseudo terminal)* i Linux.

I terminalen körs ett program som låter oss använda operativsystemet och datorns resurser via kommandon och program. Ett sådant program kallas även *skal (shell)* eller *kommandotolk*. Typiskt för Linux är att det finns flera små program som är utformade att utföra en specifik uppgift, dessa kallar vi kommandon, istället för stora program som kan göra flera saker. Det *skal* som Ubuntu och de flesta Linuxdistributioner använder som standard heter *bash (bourne again shell)*. Det går att byta och installera andra skal om man så vill. 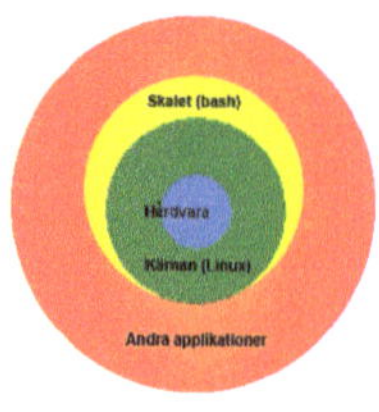

Terminalen hittar vi under *Program – Tillbehör – Terminal* eller så kan vi växla till någon av textterminalerna med **CTRL+ALT+F1-7**. Befinner man sig i en textterminal används enbart tangentkombinationen **ALT+F1-7** för att växla mellan de olika terminalerna.

Har vi startat terminalfönstret via det grafiska gränssnittet ser vi följande:

Vi möts av något som liknar *jb@jb-laptop:~$* och en blinkande markör. Längst till vänster innan @-tecknet ser vi vilken användare som är inloggad. Efter @-tecknet ser vi datorns namn. Efter :-tecknet ser vi i vilken mapp vi befinner oss i. Sist men inte minst ser vi $-tecknet som markerar kommandoprompten där vi kan börja skriva våra kommandon. $-tecknet visar även att det är en "normal" användare som är inloggad. Hade root-användaren varit inloggad hade detta indikerats med ett #-tecken. Vi ser alltså att användaren *jb* är inloggad på datorn *jb-laptop* och befinner sig i mappen ~. Tecknet ~ är ett specialtecken som betyder den aktuella användarens hemmakatalog. Vi befinner oss alltså i mappen `/home/jb`.

Kommandosyntax

För att *bash* ska förstå vad vi menar så måste vi skriva våra kommandon på ett korrekt sätt. Vi måste följa en grammatik (*syntax*).

```
kommando -flaggor argument
```

Först skriver vi namnet på kommandot/programmet som vi vill använda oss av. De flesta kommandon har ett antal flaggor som man kan lägga till för att få kommandot att fungera på ett visst sätt. Därefter kräver vissa (inte alla) kommandon en eller två argument. Kommandoraden avslutas och körs genom att trycka på tangenten **ENTER** även känd som **RETURN** eller **RETURTANGENT** på svenska.

Miljövariabler

Vill vi köra ett program som ligger i aktuell mapp så kan vi inte (som i Windows) skriva namnet på programmet för att exekvera det. När vi skriver ett kommando och trycker på **RETUR** så letar *bash* efter kommandot i en i förväg bestämd sökväg (**PATH**) som är en del av miljövariablerna. För att lista miljövariablerna så kan man använda kommandot **env**. Kommandot env visar alla *miljövariabler* (Environment). För att bara skriva ut sökvägen för kommandon (**PATH**) så kan vi skriva **echo** **$PATH** i terminalen (mer om kommandot **echo** senare).

För att köra ett program i som ligger i aktuell katalog måste vi skriva **./programnamn** för att exekvera programmet. Med punkten visar vi att det är i aktuell katalog som det vi vill exekvera finns.

Absoluta och relativa sökvägar

Det finns två sätt att ange sökvägar till filer och mappar. En absolut sökväg utgår från *roten*, det vill säga **/** och sedan skrivs hela sökvägen. En relativ sökväg utgår från den aktuella mappen som vi befinner oss i.

Exempel

Det finns en mapp i **/etc** som heter **network**. Låt oss säga att vi befinner oss i mappen **/etc** (aktuell mapp är alltså **/etc**) och vi vill med kommandot **cd** (change directory, mer om detta kommando senare) göra underkatalogen **network** till aktuell katalog. Då kan vi skriva på två sätt:

cd /etc/network   exempel på absolut sökväg

cd network   exempel på relativ sökväg

Fördelen med absoluta sökvägar är att det alltid fungerar. Det kvittar vilken mapp som är den aktuella mappen medan relativa sökvägar alltid utgår från aktuell mapp.

Specialtecken

Det finns en del specialtecken som man måste känna till när man arbetar i terminalen. Alla specialtecken fungerar med alla kommandon i terminalen.

. (punkt) Detta tecken betecknar den aktuella mappen och betyder helt enkelt "här".

.. (dubbelpunkt) Betyder mappen ovanför den aktuella mappen i mappträdet även kallad föräldrarmapp (parent directory). Är aktuell mapp **/etc/network** så betyder alltså **..** mappen **/etc**

*** (asterix)** Även kallad stjärna är det vanligaste *jokertecknet* som användare av kommadotolken i Windows säkert är bekanta med. Tecknet betyder "allt" eller "matcha allt" och representerar ett obestämt antal tecken (inklusive 0 stycken). För att illustrera använder vi kommandot **ls** (list) som används för att lista innehållet i en eller flera mappar, tillsammans med *. På bilden ser vi att aktuell mapp är **/etc**. Kommandot **ls loc*** listar i detta fall alla filer vars namn börjar med bokstäverna **loc**.

? (frågetecken) Är precis som ***** ett jokertecken men till skillnad från ***** så betyder frågetecknet ett specifikt tecken. Kommandot **ls sd?** listar alltså alla filer vars namn börjar med **sd** och vars namn bara är tre tecken långt.

~(tilde) Som nämnts tidigare betyder alltså detta tecken användarens hemmakatalog. Heter aktuell användare *jb* så gör alltså kommandot **cd ~** samma sak som kommandot **cd /home/jb**.

\ (bakstreck) Används före speciella tecken så som mellanslag för att förhindra att *bash* försöker tolka dessa speciella tecken. Används oftast då man har sökvägar med mappar vars namn innehåller mellanslag. I exemplet syns en mapp som heter **hej hej** (med mellanslag i namnet). För att göra denna mapp till aktuell mapp så måste man alltså skriva **cd hej\ hej det går även bra att använda citationstecken (dubbla eller enkla)** så cd **'hej hej'** hade också fungerat.

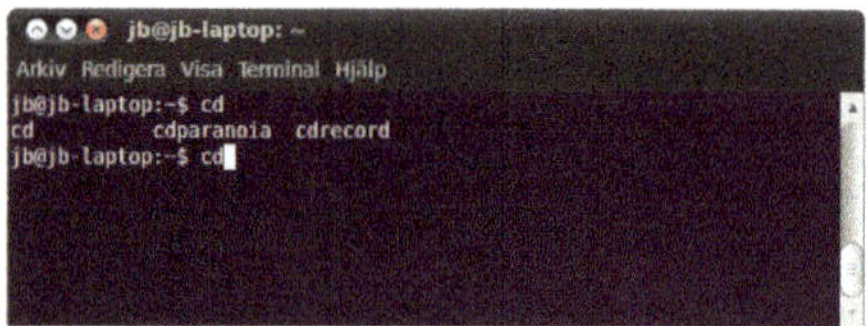

Nyttiga tangentbordskombinationer

En av de mest användbara funktionerna är *tabkompletteringen*. Det fungerar som så att man kan skriva de första bokstäverna till namnet på ett kommando och sedan trycka på tangenten **TAB**. Då kommer alla kommandon som börjar med dessa bokstäver att visas. Som bilden visar har man skrivit cd och sedan tryck på **TAB**. Då ser vi att det finns fyra kommandon som börjar med cd. *Tabkomplettering* fungerar även när man anger sökvägar vilket är mycket praktiskt då man slipper skriva en massa krångliga sökvägar. För att snabbt skriva **cd /ect/network** så kan man skriva **cd /e** *tab* **n** *tab* klart!

CTRL+D	Snabbtangent för att logga ut från en terminal (virtuella terminaler avslutas) kallas även EOF (End of file) och används i lite olika sammanhang.
CTRL+C	Används för att avbryta ett kommando som arbetar.
HOME	Flyttar markören till början av raden.
CTRL+A	Samma som tangenten home.
END	Flyttar markören till slutet av raden.

Kommandohistorik

Alla kommandon som skrivs i *bash* sparas. Det går enkelt att bläddra mellan tidigare kommandorader med hjälp av *uppåtpil-* och *nedåtpiltangenterna* för att sedan utföra dem genom att trycka på **RETURTANGENTEN**. Denna funktion spar en massa tid ifall man vill upprepa ett kommando.

Med kommandot `history` listas alla tidigare givna kommandon. Varje kommandorad har en nummer framför sig. För att köra ett tidigare kommando kan man skriva `!n` där **n** motsvarar det nummer som står framför de tidigare kommandoraderna. Detta är användbart om man vill upprepa ett kommando som man skrev för länge sedan. Man kan även skriva `!!` vilket utför det senaste kommandot. De flesta föredrar dock *uppåtpil* och **RETURTANGENTEN**. Man kan även skriva `!cd` och då kommer senaste kommandot att köras som innehåller `cd` i kommandoraden.

Alla tidigare kommandon sparas i användarens hemmakatalog i filen *.bash_history*

CTRL+R , denna tangentkombination används för att söka i historiken bland de kommandon som använts tidigare. För att söka skriver man helt enkelt sökordet man letar efter. Genom att trycka på **CTRL+R** upprepade gånger så kan man bläddra bland sökträffarna. För att utföra önskad kommandorad är det bara att tryck **RETURTANGENTEN** eller så kan man editera kommandoraden genom att trycka på någon av *piltangenterna*.

Grundläggande kommandon

Det finns ett hundratal kommandon och program som man kan använda sig av i terminalen. Vi kommer i detta kapitel att behandla de vanligaste och viktigaste kommandona. I kommande kapitel kommer vissa kommandon att förklaras mer utförligt.

cd (change directory) Används till att byta aktuell mapp. Det går som vi nämnt tidigare bra att använda relativa eller absoluta sökvägar samt specialtecken. Se bild för exempel.

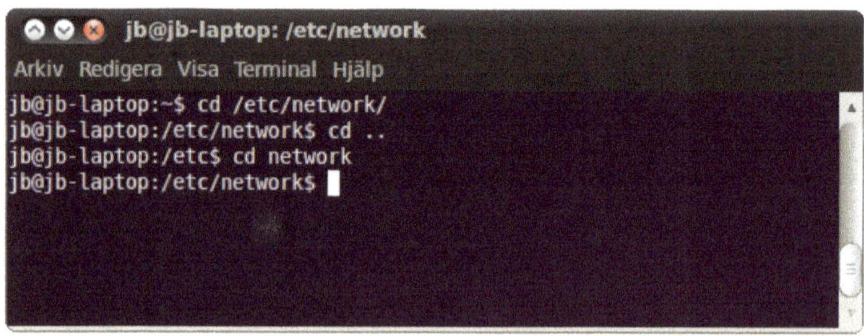

ls (list) Listar innehållet i en mapp. Syntaxen är **ls –flaggor argument**, där argumentet kan vara en textsträng vilket betyder att bara de filer som matchar textsträngen visas. Argumentet kan också vara sökvägen för en mapp vilket leder till att innehållet för den mappen visas och inte aktuell mapp som är vanligast. Använder vi terminalen i den grafiska miljön så ser vi att mappar och olika typer av filer färgas olika för att underlätta. Det finns en mängd till **ls** flaggor som är användbara:

-l Mer detaljerad listning vilket listar rättigheter, ägare, filstorlek och ändrings-
datum.

```
jb@jb-laptop: ~
Arkiv  Redigera  Visa  Terminal  Hjälp
jb@jb-laptop:~$ ls -l
totalt 40
drwxr-xr-x 2 jb jb 4096 2010-03-19 19:37 Bilder
drwxr-xr-x 2 jb jb 4096 2010-03-19 19:37 Dokument
-rw-r--r-- 1 jb jb  179 2010-03-19 19:22 examples.desktop
drwxr-xr-x 2 jb jb 4096 2010-03-23 10:27 hej hej
drwxr-xr-x 2 jb jb 4096 2010-03-19 19:37 Hämtningar
drwxr-xr-x 2 jb jb 4096 2010-03-19 19:37 Mallar
drwxr-xr-x 2 jb jb 4096 2010-03-19 19:37 Musik
drwxr-xr-x 2 jb jb 4096 2010-03-19 19:37 Publikt
drwxr-xr-x 2 jb jb 4096 2010-03-23 09:33 Skrivbord
drwxr-xr-x 2 jb jb 4096 2010-03-19 19:37 Video
jb@jb-laptop:~$
```

Tittar vi på all den information vi får från vänster till höger så längst till vänster
ser vi vilken typ av filer och mappar som listas. **d** betyder mapp, **l** betyder länk
och **–** betyder fil. Efter detta ser vi rättigheterna **rwxr-xr-x** vilket beskrivs mer i
kapitlet *Användarhantering*. Därefter ser vi en siffra som anger antalet hårda länkar
vilket beskrivs mer senare i detta kapitel. Efter detta ser vi ägare och ägargrupp
(mer om detta i kapitlet *Användarhantering*). Därefter ser vi filstorleken i bytes.
Sist ser vi datum och tid för när filen ändrades sist.

-a Listar alla filer och mappar inklusive dolda. ***Dolda filer och mappar börjar
med . (punkt) i fil/mapp-namnet.***

-d Listar enbart mappar.

-F med denna växel kan man lägga till specialtecken för att bara lista vissa typer av
filer. Till exempel kan man använda * (asterix) för att bara lista körbara filer.

-R denna växel finns till flera kommandon och betyder ***rekursivt*** vilket i detta
sammanhang betyder att även innehållet i alla undermappar till den mappen vars
innehåll listas.

-t listar innehållet efter datum och tid. Senast datum och tid först.

--colors Använder olika färger för att särskilja olika filtyper. Användbart ifall man använder en terminal utanför den grafiska miljön. Vanligt färgschema kan se ut som på bilden.

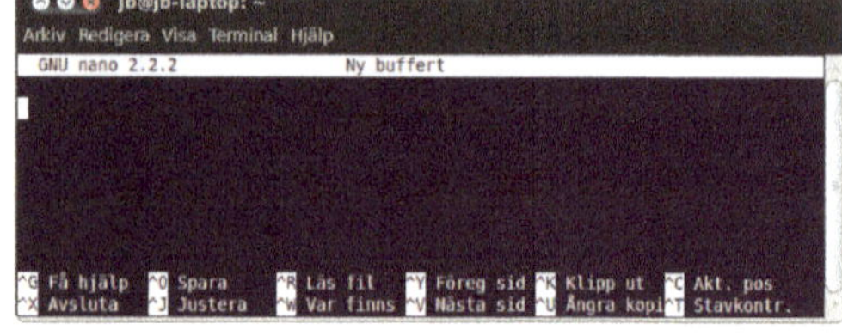

pwd (print working directory) Skriver ut aktuell mapp.

tty Skriver ut vilken terminal som används.

exit Avslutar terminalen.

sudo (**su**peruser **do**) Används istället för att vara inloggad som *root*-användaren när man vill utföra något som kräver *root*-rättigheter (administratörsrättigheter). I samband med installation så skapas en *root*-användare men inget lösenord sätts, vilket i princip betyder att *root*-användarkontot är inaktiverat. Istället används kommandot **sudo** för att tillfälligt få *root*-rättigheter när man kör ett kommando. Den normala användaren som man skapar då man installerar Ubuntu är systemadministratör och har rätt att använda detta kommando. I filen **/etc/sudoers** kan vi ange och ändra vilka användare som skall få använda **sudo**.

Editera textfiler

Eftersom all konfiguration av systemet, tjänster, program med mera. görs genom att ändra i konfigurationsfiler (som vanligtvis finns i **/etc**) så är det viktigt att kunna editera dessa på ett enkelt sätt. Det finns flera program som man kan använda. Ett vanligt och enkelt program är **nano**. Andra populära program är **vi** och **emacs**. Dessa är kraftfulla men inte lika lätt att komma igång med. Använder vi ett grafiskt system så finns även **gedit** (GNOME edit) som är ett bra alternativ. Vi kommer enbart att titta på **nano**. Nano är alltså ett enkelt program för att redigera textfiler.

Nano startas genom kommandot **nano**. För att öppna en fil direkt skriver man **nano   filnamn**. Startar vi nano ser vi följande (se bild). Programmet fungerar som vilken textredigerare som helst.

Söka hjälp

I detta avsnitt beskrivs de kommandon vi kan använda för att få hjälp om kommandon och systemet.

--help Detta är egentligen inte ett kommando utan en flagga som fungerar till de flesta kommandon och ger den inbyggda hjälpen till ett kommando. Denna tenderar att vara något kortfattad vilket gör den lämplig att börja med ifall man behöver hjälp. Flaggorna **-h -?** Och **--h** kan man prova ifall **--help** ej fungerar.

man (manual) Detta kommando visar information från systemets manualsidor. Manualsidorna är indelade i 9 olika kategorier.

1. Kommandon

2. Systemanrop

3. Funktioner

4. Enhetsfiler (oftast under **/dev**)

5. Filformat (till exempel konfigurationsfiler som **/etc/sudoers**)

6. Spel

7. Diverse

8. Systemadministratörskommandon

9. Linuxkärnan

Vanligaste användningen är **man kommando** som till exempel **man ls** eller man konfigurationsfil som till exempel **man /etc/sudoers**. En manualsida med ett visst namn kan faktiskt existera under flera av dessa kategorier. Syntaxen för att visa manualsidan i en viss kategori ser ut på följande sätt: **man siffra sträng**, till exempel **man 7 time**.

På bilden ser vi resultatet av **man ls** , alltså manualsidan för kommandot **ls**. Lite var stans ser vi **ls(1)** som visar att det är manualsidan i sektion 1 som vi tittar på. För att skrolla i manualsidan används *uppåtpil-* och *nedåtpiltangenten*.

För att avsluta manual-visaren används tangenten Q.

```
jb@jb-laptop: ~
Arkiv  Redigera  Visa  Terminal  Hjälp
LS(1)                          User Commands                          LS(1)

NAME
       ls - list directory contents

SYNOPSIS
       ls [OPTION]... [FILE]...

DESCRIPTION
       List   information   about   the   FILEs   (the current directory by default).
       Sort entries alphabetically if none of -cftuvSUX nor --sort.

       Mandatory arguments to long options are mandatory for short options too.

       -a, --all
              do not ignore entries starting with .

Manual page ls(1) line 1
```

help Detta kommando visar hjälp om kommandon som är inbyggda i bash. Visar alltså inte hjälp om alla kommandon. Genom att bara ge kommandot **help** så listas de kommandon som vi kan använda med **help**. För att få hjälp om **pwd** skriver vi **help pwd**.

info Visar en mer detaljerad manual med hyperlänkar. Fungerar endast med vissa kommandon.

whatis Visar en väldigt kort beskrivning (på en rad) om ett kommando. Använder sig av en whatis-databas som kan skapas med kommandot **makewhatis** ifall den inte redan finns. Det kommandot kräver dock administratörsrättigheter.

```
jb@jb-laptop: ~
Arkiv  Redigera  Visa  Terminal  Hjälp
jb@jb-laptop:~$ whatis ls
ls (1)                  - list directory contents
jb@jb-laptop:~$
```

Filhantering

I detta avsnitt kommer de vanligaste kommandona för filhantering att beskrivas. Alltså de kommandon man behöver kunna för att kopiera, flytta, skapa, ta bort och byta namn på filer och mappar.

cp (copy) Används för att kopiera filer och mappar. Används på följande sätt: **cp –flagga källa destination**. I första exemplet kopieras en textfil, *hej2.txt* till samma mapp med ett nytt namn, *hej3.txt*. I nästa exempel så kombineras jokertecknet * med kommandot för att på så sätt kopiera alla filer med txt-ändelsen till användarens **hemmapp** som anges med absolut sökväg. Man kunde göra detta lite "elegantare" genom att bara ange ~som destination, vilket hade gett samma resultat. I exemplet kopieras sedan två textfiler, *hej2.txt* och *hej3.txt* till användarens skrivbord. Det går alltså bra att ange flera källfiler. De kopieras dock till samma destination.

 I sista exemplet används flaggan **–R** som används för att kopiera kataloger samt dess innehåll (rekursivt). Mappen test (och dess innehåll) kopieras till **. .** alltså ett steg "upp" i mappstrukturen.

mv (move) Detta kommando används för att flytta filer och mappar samt även döpa om mappar och filer.

I exemplet ser vi hur man genom att flytta en fil kan döpa om den.

Kommandot fungerar i övrigt precis som kommandot **cp**. Man kan även passa på att döpa om filen man flyttar: **mv fil /home/user/nyttnamn**.

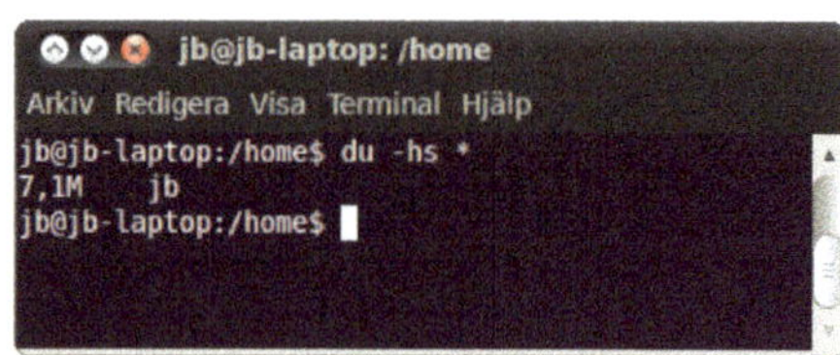

mkdir (make directory) Används för att skapa mappar. Skriver vi **mkdir mapp1** så skapas alltså mappen *mapp1* i den aktuella mappen. Det går att skapa en hel mappstruktur också med flaggan **-p**. Skriver vi:

mkdir -p /test/nymapp/hej så skapas alla mappar i sökvägen som inte finns sedan tidigare.

rmdir (remove directory) Används för att ta bort mappar. Skriver vi **rm mapp1** så tas alltså mappen *mapp1* bort men enbart om den är tom. Vill vi ta bort en mapp samt dess innehåll använd flaggan **-R** som tar bort all data rekursivt.

rm (remove) Används för att radera filer. Skriver vi **rm *.txt** raderas alltså alla filer med .txt-ändelsen i den aktuella mappen. Likt **rmdir** så kan flaggan **-R** användas för att ta bort en mapp och dess innehåll.

du (disk usage) Används för att ta reda på storleken på innehållet i mappar samt på filer. Användbara växlar är **-h** (human) som visar resultatet på ett mer lättolkat vis samt **-s** (summarize) som summerar informationen. På så sätt kan vi enkelt ta reda på hur mycket plats varje mapp tar på disken vilket är användbart. I exemplet ser vi att användaren jbs hemmamapp tar upp 7,1 megabyte på disken.

file Nyttigt litet kommando som används för att bestämma filtyp för en fil. Eftersom filändelser inte används i samma utsträckning i Linux som i Windows så kan det vara bra att som i exemplet kunna ta reda på att filen test är en textfil.

touch Detta kommando kommer inte att beskrivas utförligt här men det är bra att känna till att det finns. Kommandot används för att uppdatera/ändra datumet för en fil så att det ser ut som om det ändrats/skapats vid en annan tidpunkt. Kan även användas för att skapa nya tomma filer.

Länkar i Linux

Länkar i Linux fungerar ungefär som genvägar i Windows. Det finns dock två olika typer av länkar vilket är en stor skillnad mellan Windows och Linux. För att skapa länkar används kommandot **ln** (link). Man skriver **ln originalfil länkfil** för att skapa en länk.

Symboliska länkar (eller mjuka länkar)

Denna typ av länkar fungerar precis som genvägar i Windows. En symbolisk länk är alltså en liten fil som pekar på en annan fil. Tar man bort filen som en symbolisk länk pekar på så blir länken trasig och fungerar inte längre. Tar man bort en symbolisk länk så försvinner inte filen som länken pekade på. En symbolisk länk kan peka på en fil på ett annat filsystem.

För att skapa en symbolisk länk används flaggan **–s**. Man skriver alltså **ln –s originalfil länkfil** för att skapa en symbolisk länk.

Listar vi innehållet i en mapp (i detta fall **/**) så ser vi att filen **vmlinuz** är en symbolisk länk till filen **/boot/vmlinuz-2.6.32-16-generic**. Detta indikeras dels med färgen på filen samt **->** efter namnet.

Hårda länkar

Hårda länkar är lite annorlunda och kan kännas främmande för Windows-användare. Man brukar säga att en hård länk är en pekare till en fil. En hård länk ser ut precis som filen den pekar på. Ligger en fil på vår hårddisk så tar den ett visst diskutrymme. Skapar vi flera hårda länkar till en fil så ser det ut som om den finns på flera ställen i filsystemet, precis som om vi kopierat den flera gånger, men filen tar fortfarande bara upp det ursprungliga diskutrymmet.

Skapar vi flera hårda länkar till en fil så tas inte filen bort från disken förrän vi tagit bort alla hårda länkar.

En hård länk är det som skapas med kommandot **ln** ifall vi inte anger något annat. Skriver vi:

ln originalfil länkfil så skapas alltså en hård länk.

I exemplet så skapar vi en hård länk till filen *temp.txt* som vi kallar *hlink*. Listar vi innehållet i mappen detaljerat med kommandot **ls −l** så ser vi att siffran framför ägaren ökar från 1 till 2. Denna siffra visar alltså antalet hårda länkar till filer och mappar. Det är ingen skillnad på originalfilen och den hårda länken. Tas originalfilen *temp.txt* bort så finns fortfarande filen *hlink* kvar med identiskt innehåll. Antalet hårda länkar minskar då från 2 till 1.

```
jb@jb-laptop: ~/Dokument
Arkiv  Redigera  Visa  Terminal  Hjälp
jb@jb-laptop:~/Dokument$ ls -l
totalt 4
-rw-r--r-- 1 jb jb 4 2010-03-23 11:16 temp.txt
jb@jb-laptop:~/Dokument$ ln temp.txt hlink
jb@jb-laptop:~/Dokument$ ls -l
totalt 8
-rw-r--r-- 2 jb jb 4 2010-03-23 11:16 hlink
-rw-r--r-- 2 jb jb 4 2010-03-23 11:16 temp.txt
jb@jb-laptop:~/Dokument$
```

Söka efter filer

Söka efter filer kan göras på lite olika sätt.

find Detta kommando används för att leta efter filer på hårddisken. Kommandot har många flaggor som låter oss välja hur vi vill söka. Vi kan förutom att söka på filnamn även söka efter vissa typer av filer, filer med en viss storlek, filer som ägs av en viss användare och filer som skapats under en viss period. Det går även att kombinera detta så det går till exempel att söka igenom disken efter alla filer som ägs av användaren jb och som skapats den senaste veckan samt är större än 20 megabytes.

I exemplet används flaggan **-name** för att söka igenom aktuell mapp och alla undermappar (standard) efter alla filer och mappar som passar in på **'*.txt'** alltså alla filer vars namn slutar med .txt-ändelsen. Observera apostroferna som används. Flaggan **-name** söker på exakta namnet och gör skillnad på stora och små bokstäver. Flaggan **-iname** gör inte skillnad på stora och små bokstäver och hade vi använt oss av den hade vi sett filer som till exempel slutat med **.TxT**, **.TXT** och så vidare.

Med flaggan **-exec** kan vi välja att utföra något kommando på de filer som motsvarar vårt sökkriterier. Vi kan till exempel välja att flytta alla filer vi hittar till en mapp.

locate Detta kommando används också för att söka efter filer i systemet. Skillnaden är att sökningen inte sker i filsystemet i realtid utan i en databas. Det medför att sökningen går betydligt snabbare att utföra. Kommandot gör ingen exakt matchning av vårt sökargument utan visar allt som innehåller det ord vi söker efter. För att uppdatera databasen som **locate** använder används kommandot **updatedb**.

I exemplet ser vi att en sökning efter filer och mappar som innehåller order *hej* inte ger något resultat. Efter att vi uppdaterat databasen och gör om samma sökning så hittar vi flera filer som innehåller ordet *hej*.

whereis Söker endast efter körbara filer, källkod och manualsidor. Sökningen matchar bara exakta träffar. Praktiskt kommando om man vill ta reda på var ett program ligger.

```
jb@jb-laptop: ~
Arkiv  Redigera  Visa  Terminal  Hjälp
jb@jb-laptop:~$ whereis ls
ls: /bin/ls /usr/share/man/man1/ls.1.gz
jb@jb-laptop:~$
```

I exemplet ser vi var kommandot **ls** och dess manualsida finns.

Hantera systemet

I detta avsnitt presenteras några kommandon som används för att hantera systemet samt få lite översikt på vad som händer. I kapitlet *Hantera program* beskrivs processhantering och minnes- och processorövervakning mer utförligt.

who eller **w** Används för att se vilka användare som är inloggade på systemet och när de loggade in samt vad de gör för tillfället.

```
jb@jb-laptop: ~
Arkiv  Redigera  Visa  Terminal  Hjälp
jb@jb-laptop:~$ who
jb       tty8         2010-03-19 20:46 (:0)
jb       pts/0        2010-03-23 10:18 (:0.0)
jb@jb-laptop:~$ w
 11:30:54 up 10:17,  2 users,  load average: 0,05, 0,05, 0,01
USER     TTY      FROM             LOGIN@   IDLE   JCPU   PCPU WHAT
jb       tty8     :0               Fri20    3days  11:45  0.70s gnome-session
jb       pts/0    :0.0             10:18    0.00s  1.96s  0.07s w
jb@jb-laptop:~$
```

I exemplet ser vi skillnaden mellan kommandona.

df (disk free) Visar information om filsystemet på datorn. Se nedanstående exempel.

```
jb@jb-laptop: ~
Arkiv  Redigera  Visa  Terminal  Hjälp
jb@jb-laptop:~$ df -h
Filsystem           Storlek Anvnt Tillg Anv% Monterat på
/dev/sda1           7,5G    2,4G  4,9G  33% /
none                182M    232K  182M  1% /dev
none                186M    252K  186M  1% /dev/shm
none                186M    108K  186M  1% /var/run
none                186M    0     186M  0% /var/lock
none                186M    0     186M  0% /lib/init/rw
jb@jb-laptop:~$
```

shutdown Detta kommando används för att stänga av och starta om datorn. Genom att skriva shutdown now stängs systemet omedelbart ned utan att bryta strömmen och ändrar körläget till single user mode.

-h Denna flagga stänger ner datorn (halt) .

-r Denna flagga startar om datorn (reboot).

Istället för alternativet **now** kan man ange en tid då datorn skall startas om/stängas ner. Det går även att skicka ett meddelande till alla användare som är inloggade i samband med detta. Skriver vi **shutdown -h 21:00 "Klockan nio stängs systemet ner"** så stängs alltså datorn av klockan 21:00 och alla användare som är inloggade får meddelandet "Klockan nio stängs systemet ner".

halt Gör detsamma som **shutdown -h**.

reboot Gör detsamma som **shutdown -r**.

date Med detta kommando kan vi se dagens datum och klockslag samt ändra detta.

uname Med detta kommando kan vi få reda på en massa information om systemet. Det finns många flaggor som kan vara intressanta:

-a visar all information i ordning

-s skriver ut namnet på kärnan som används

-n visar datorns nätverksnamn

-r visar versionsnumret för kärnan

-m visar maskin (hårdvaru-) typen

-p visar processortypen

-o visar operativsystemet

at Används för att schemalägga en enstaka händelse. Kör alltså ett kommando/ program vid ett specifikt tillfälle. Vi skriver helt enkelt kommandot följt av önskad tidpunkt och sedan **RETURTANGENTEN**. Sedan är det bara att skriva in de kommandon som ska köras och när man är klar trycker man på **CTRL+D** *(End Of File)*. Exempel: **at 21:00** sedan matar vi bara in de kommandon som vi vill ska köras. Det går även att skriva **at now + 30 minutes** för att schemalägga något om 30 minuter (timmar och sekunder kan man också ange).

crontab Detta kommando används för att schemalägga kommandon och program som man vill ska vara återkommande händelser. Till exempel om man vill att ett kommando ska köras varje minut, timme, dag, vecka eller en gång i månaden. Schemaläggningen hanteras av tjänsten **cron** som läser en konfigurationsfil *(crontab)*. Varje användare har en egen *crontab*. I filen **/etc/crontab** hittar vi *crontab*-filen för hela systemet. I denna fil kan vi ange vilken användare som skall utföra det schemalagda kommandot (till skillnad från de användarspecifika *crontab*-filerna).

För att editera denna konfigurationsfil och skapa en återkommande händelse så används kommandot **crontab -e**. Det finns ett par olika kolumner:

Minut, tillåtet värde 0–59 eller *

Timme, tillåtet värde 0–23 eller *

Dag i månaden, tillåtet värde 1–31 eller *

Månad, tillåtet värde 1–12, månadens engelska namn eller *

Dag i veckan, tillåtet värde 0–7 (söndag = 0 & 7), engelsk förkortning för dagen

(tre bokstäver *mon*, *tue* och så vidare) eller *

Jokertecknet * kan i detta sammanhang tolkas som "när som helst".

I exemplet har vi kört kommandot **crontab -e** för att editera användarens *crontab*-fil och lagt till två schemalagda "jobb". 30 minuter efter varje timme så körs kommandot **updatedb**. Klockan 12:00 varje måndag så körs ett backupskript (påhittat).

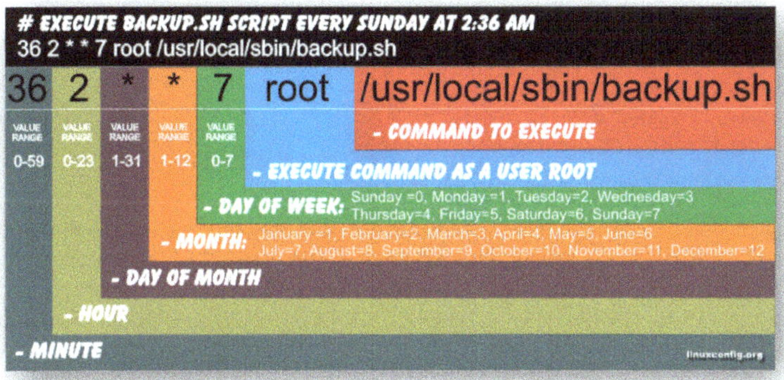

Ovanstående bild är hämtad från linuxconfig.org och illustrerar konfigureringen av filen **/etc/crontab**.

För att lista schemalagda händelser för aktuell användare används **crontab -l** (list).

anacron Detta är en speciell variant av cron som är lämplig för datorer som inte alltid är igång (det vill säga de flesta datorer förutom servrar). **Anacron** fungerar som cron fast med mindre precision. Schemalägger vi något med **anacron** så körs de jobb som borde ha körts när datorn varit avstängd så fort som datorn startas nästa gång.

Till skillnad från **crontab** så används inget kommando utan filen **/etc/ana-crontab** editeras manuellt. Fyra värden måste fyllas i:

Period, antal dagar som skall gå mellan två körningar av kommandot.

Väntetid, antal extra minuter som anacron väntar innan kommandot körs (används för att förhindra att alla missade jobb körs igång samtidigt när datorn startar).

Jobb-identifierare, godtyckligt namn som identifierar arbetet.

Kommando, det kommando som skall köras.

Exempel: 1 15 uppdateradb updatedb, Betyder alltså att varje dag, 15 minuter efter att **anacron** startas så körs jobbet kallat *uppdateradb* som är kommandot **updatedb**.

Diverse kommandon

echo Detta kommando "ekar" det som skrivs. Används ofta i skript-filer för att skriva ut meddelande. Ett tips är att sätta echo framför en kommandorad för att se vad som skulle ha hänt.

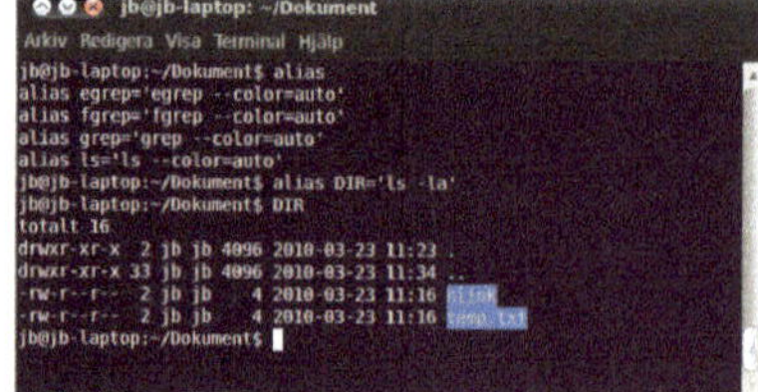

alias Används för att skapa alias för olika kommandon. Med detta kommando kan vi "skapa" nya kommandon och ändra på hur befintliga kommandon fungerar. Allt vi gör med kommandot sker bara tillfälligt men vill vi göra permanenta ändringar så kan vi editera filen **~/.bashrc**. För att ta bort ett alias så kan vi använda kommandot **unalias**.

I exemplet ser vi att kommandot **alias** utan parametrar visar vilka **alias** som finns (vi ser att kommandot **ls** egentligen är ett alias för **ls --color=auto**). Sedan skapar vi alias **DIR** som är detsamma som kommandot **ls -l**.

cat Smidigt litet kommando som kan användas för att sätta ihop textfiler eller skriva ut dem i terminalen. Kommandot **cat hej.txt** skriver ut innehållet i textfilen *hej.txt* i terminalen. Kommandot **cat fil1 fil2 > helafilen** sätter samman *fil1* och *fil2* till filen helafilen. Tecknet **>** beskrivs mer i avsnittet om ***pipes*** i detta kapitel.

-b numrerar alla rader som ej är tomma

-n numrerar alla rader

grep Detta kommando används för att visa de rader som innehåller en angiven textsträng. Används ofta för att sortera ut rader/data som man är intresserad av tillsammans med andra kommandon (se ***pipes***). Men kan även användas till att söka igenom en textfil. I exemplet söker vi igenom filen **/etc/passwd** efter rader som innehåller texten *jb*.

more och **less** Två kommandon som visar text. Kommandot less är en uppdaterad version av kommandot more. Kommandot **more fil.txt** visar innehållet i filen *fil.txt* och låter oss bläddra igenom texten. Använd tangenten *mellanslag* för att bläddra hela "sidor" åt gången och **RETURTANGENTEN** för att bläddra enstaka rader åt gången. Tangenten

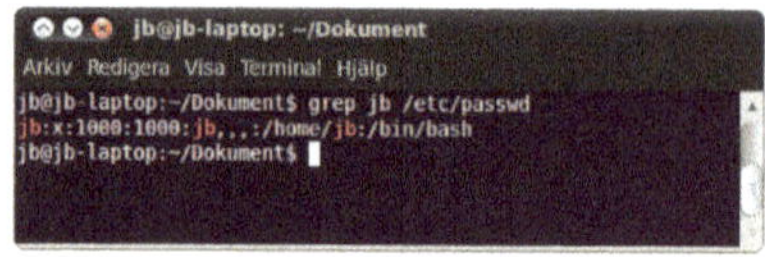

Q avslutar programmet.

Pipes

Pipes eller rör på svenska används för att dirigera vidare utdata från kommandon. I normala fall så ger vi ett kommando i terminalen via tangentbordet (input). De flesta kommandon genererar sedan någon form av utdata (output) till terminalen som vi sedan ser. Med *pipes* kan vi dirigera om dessa utdata till bland annat ett annat kommando eller spara som en textfil. På så sätt kan man kombinera flera kommandon och bygga avancerade "kedjor" av kommandon för att göra precis det vi vill.

För att skicka vidare utdata till ett annat kommando används tecknet | och för att spara ner utdata i en fil används tecknet **>**. Observera att det finns fler specialtecken som kan användas för att åstadkomma fler saker men vi nöjer oss med att ta upp dessa två fall här.

Vanliga scenarier när vi har nytta av *pipes*:

- För mycket utdata på skärmen. Vi vill kunna bläddra och titta igenom utdata på ett smidigare sätt. Då kan vi skicka utdata vidare till kommandot **more**. Exempelvis: **cat /etc/passwd | more** skriver ut innehållet i filen **/etc/passwd** men skickar texten till kommandot **more** så att vi enklare kan bläddra igenom och titta på texten.

- Vi vill bara sortera ut vissa rader i utdatan för att sortera bort allt onödigt. Då är det vanligt att man skickar vidare utdatan till kommandot **grep**. Exempel: **ls -l | grep config** listar innehållet i aktuell mapp och skickar vidare resultatet till kommandot **grep** som sorterar ut och bara visar de rader som innehåller strängen *config*.

- Vi vill spara resultatet av ett kommando i en fil. Exempel **cat fil1 fil2 > helafilen**, detta exempel har vi nämnt tidigare. Vi visar *fil1* och sedan *fil2* men istället för att skicka utdata till terminalen så skickas den vidare till filen *helafilen* vilket leder till att *fil1* och *fil2* slås samman och sparas som filen *helafilen*.

Sammanfattning av alla kommandon

Här följer en kort sammanfattning av alla kommandon. *Observera att fler mycket viktiga kommandon introduceras i kommande kapitel (kommandon för att hantera program, processer, användare, hårdvara, nätverk och rättigheter).*

Grundläggande kommandon

`cd`	Byter aktuell mapp
`ls`	Listar innehållet i mappar
`pwd`	Visar aktuell mapp
`exit`	Avslutar/stänger terminalen info
`sudo`	Kör kommando som *super user*
`nano`	Texteditor
`tty`	Visar namnet på terminalen

Söka hjälp

`man`	Visar manualsidorna
`--help`	Kortfattad hjälp om kommando
`help`	Hjälp om inbyggda kommandon
`info`	Mer detaljerad manual
`whatis`	Kort beskrivning av kommandon
`makewhatis`	Skapar whatis-databasen

Filhantering

`cp`	Kopierar filer och mappar
`mv`	Flyttar filer och mappar
`mkdir`	Skapa mapp
`rmdir`	Radera mapp
`rm`	Radera filer och mapp
`du`	Visar diskanvändning
`file`	Bestämmer filtyp för en fil

Länkar i Linux

`ln`	Skapar hårda &symboliska länkar

Söka efter filer

`find`	Söker i filsystemet
`locate`	Söker i databasen
`updatedb`	Uppdaterar databasen
`whereis`	Söker bland körbara filer

Hantera systemet

`who` eller `w`	Visar inloggade användare
`df`	Visar info om filsystemet
`shutdown`	Stänger ner systemet
`halt`	Stänger av datorn
`reboot`	Startar om datorn
`date`	Visar och ändrar tiden
`uname`	Visar information om systemet
`at`	Schemalägger enstaka händelser
`crontab`	Schemalägger återkommande jobb
`anacron`	Schemalägger återkommande jobb

Diverse kommandon

`echo`	Ekar text i terminalen
`alias`	Skapa alias för kommandon
`unalias`	Tar bort alias
`cat`	Visar och slår ihop textfiler
`grep`	Visar rader som matchar en sträng
`more`	Visar text
`less`	Visar text (precis som more)

Begreppslista

Absolut sökväg	Sökväg som utgår från roten /
Bash	Den vanligaste kommandotolken för Linuxsystem.
CLI	Command Line Interface. Textbaserat gränssnitt.
GUI	Graphical User Interface. Grafiskt gränssnitt.
Jokertecken	Kallas även wildcards och används främst för att utföra ett kommando på flera filer eller en viss typ av filer.
Path	Sökväg. I terminalsammanhang förekommer även miljövariabeln $PATH som är de sökvägar som kommandotolken använder för att hitta körbara kommandon och filer.
Relativ sökväg	Sökväg som utgår från aktuell mapp.
Syntax	Regler för språklig formulering.
Terminal	Definieras kort och gott som en skärm med tangentbord.

Övningsuppgifter

1. Vilket kommando använder du i terminalen för att

   a) Lista filer och mappar

   b) Navigera (förflytta dig) i filsystemet

   c) Förflytta dig ett steg "upp" i filstrukturen

   d) Lista dolda filer

   e) Editera textfiler

   f) Kopiera filer

   g) Skapa mapp

   h) Ta bort filer

   i) Söka hjälp bland manualsidorna

   j) Få kortfattad hjälp om ett kommando

   k) Söka efter filer

2. Vad är skillnaden mellan kommandona **find** och **locate**?

3. Hur skapar man en dold fil?

4. Vad betyder följande specialtecken?

   a) *

   b) . .

   c) ~

   d) .

5. Vad är skillnaden på absoluta och relativa sökvägar?

6. Vad skiljer filsystemet i Linux från hur det fungerar i Windows?

7. Förklara hur "pipes" fungerar och vad man kan använda detta till.

Diskussionsuppgifter

Diskussionsuppgifterna genomförs lämpligast i små grupper och är av undersökande natur. Det är inte säkert att det finns ett definitivt svar på frågeställningarna. Syftet med uppgifterna är att fördjupa kunskaperna samt stimulera förmågan att aktivt söka och utvärdera information från andra källor (främst Internet).

1. Vilka fördelar finns med terminalkommandon och textbaserade gränssnitt?

Praktiska laborationer

1. Byt aktuell mapp till `/etc` och sedan till din hemmakatalog

2. Kontrollera så att du vet hur man listar innehållet i en mapp (detaljerat och med dolda filer)

3. Testa följande (i ordning, tips):

```
pwd
ls
cd /
ls
ls -l      (växeln -l står för long, alltså mer detaljerat)
ls -la     (växeln -a betyder all, alltså även dolda filer)
cd /home
ls -l
pwd
cd ..
ls -l
```

4. Nu ska du bli bekant med det som kallas **TAB**-komplettering. **TAB**-komplettering är mycket smidigt när man arbetar i terminalen och spar mycket tid. **TAB**-komplettering innebär att när man trycker på **TAB**-tangenten så försöker bash att komplettera det du skrivit vilket är perfekt om man ej kommer ihåg vad ett kommando heter (kanske bara första bokstäverna) eller om man skall köra ett kommando på en fil som har ett långt och komplicerat namn. Prova följande:

```
cd /

cd e       (tryck sedan på TAB o inte RETUR, tabba'a tills du får  etc)

cd /

cd ho      (tryck sedan på TAB (för home), sedan / och första bokstaven  på din användare
            och sedan TAB igen)
```

5. Tänk dig att du har glömt kommandot **pwd**. Prova att skriv **p** i terminalen och tryck på **TAB**. Du får nu upp alla kommandon som börjar på p (det kan vara många). Eventuellt får du skriva **pw** och sedan **TAB** för att *hitta* kommandot.

6. Bash för även historik över de kommandon du gett och du kan bläddra mellan dessa med piltangenterna (upp och ner).
Kontrollera så att du vet hur det fungerar.

7. Sök upp filen passwd på hårddisken. Var ligger den?

8. Vad gör kommandot **w**? (Tips använd hjälpfunktionerna i terminalen)

9. Vilka har skrivit kommandot **who**?

10. Beskriv hur du döper om filer i terminalen.

11. Kontrollera så att du vet hur man skapar och editerar textfiler med **nano**.

12. Skapa mappen test1 i din användares hemmakatalog.

    Skapa mapparna hej1 och hej2 i mappen test1

    Skapa tre textfiler i mappen test1 som du döper till text1.txt, text2.txt och text3.txt

    Kopiera filen text1.txt till mappen test1/hej1

    Kopiera alla textfiler till mappen test1/hej2

    Ta bort mappen test1 och alla underkataloger och filer med ett kommando.

13. Skapa en fil (till exempel med **nano**)

    Skapa en hård länk till filen du nyss skapade i samma mapp

    Lista innehållet i mappen

    Editera länken du skapade och lägg till lite text

    Öppna nu "originalfilen" och se vad som hänt

14. Lista alla enheter i **/dev** som börjar med bokstäverna sda och spara listan i en textfil i din hemmakatalog som du döper till satahdds.txt

15. Skriv ut innehållet i filen **/etc/passwd** (med kommandot **cat**) men plocka bara ut rader som innehåller ditt användarnamn.
Skriv ner vad du får fram (eller spara i en textfil).

Hantera program

I detta kapitel ska vi titta lite på hur man hanterar program. Eftersom det finns olika format och distribueringssätt plus att olika distributioner har lite olika lösningar för att hantera program gör att det finns många olika sätt att hantera program på. Vi ska gå igenom de vanligaste sätten att installera och hantera program på, både grafiskt och i terminalen.

Format

Det finns två olika format på program. **Källkod** och **binärkod**. När man programmerar ett program så skriver man det i textformat där man talar om för datorn vad som skall göras. Denna text kallas **källkod**. Har man tillgång till källkoden kan man se hur ett program är uppbyggt och själv göra ändringar. Till de flesta programmen i Linux samt operativsystemet i sig (till skillnad från Windows och de flesta Windows-programmen) har man tillgång till källkoden (**open source**). Det finns flera populära programspråk som används när man skriver program, som till exempel *Java, C, C++, C#* med mera. Linuxkärnan och de flesta programmen är skrivna i programmeringsspråket *C/C++*.

För att ett program ska kunna köras i en dator så måste det omvandlas till **binärkod** (maskinkod). Att omvandla källkod till binärkod kallas för att **kompilera**. Då används ett program som kallas **kompilator** för att översätta **källkoden** till **binärkod**. Oftast används **GCC** (*GNU Compiler Collection*) som stödjer de vanligaste programmeringsspråken. Fördelen med program i **binärkod** är att det är enkelt att installera eftersom man slipper kompilera. Det finns dock fördelar med att själv kompilera sin programvara. Programmen blir direkt anpassade till den maskinvara man har vilket innebär bättre prestanda och mindre risk för fel.

Distribueringssätt

För att lättare distribuera och hantera program så har de flesta stora distributionerna valt att "klumpa samman" programmen i något som kallas **programpaket**. Detta för att enklare kunna installera och uppdatera program. För Debian-baserade distributioner så som Ubuntu används **deb**-paket. **Deb**-paket är det absolut bästa att använda ifall vi använder Ubuntu och används för att distribuera och hantera program i **binärformat**.

Distributioner som baseras på Red Hat / Fedora använder paketformatet *rpm* (**RPM Package Manager**). *Rpm*-paket är bäst att använda ifall vi använder en distribution baserad på Red Hat. Används likt *deb*-paket till binärformat.

Snap är en ny typ av programpaket som introducerades med  Ubuntu 16.04 och är specifikt för Ubuntu. *Snap*-paket har filändelsen *.snap* och innehåller alla beroenden vilket resulterar i en enkel installation som ej påverkar systemet direkt. Snap-program är även säkrare då de är "*sandboxed*" vilket betyder att de körs i en egen liten virtuell *bubbla* som kallas för sandlåda.

När det gäller distribueringen av program i *källkodsformat* så är källkodsfilerna ofta komprimerade som en *tar.gz*-fil vilket kan liknas vid en zip-fil. Det förekommer också att källkodsfilerna komprimeras till en *bz2*-fil (ett annat komprimeringsformat som komprimerar textfiler mer effektivt). Till distributioner som baseras på Red Hat finns även *srpm*-paket som fungerar som *rpm*-paket fast för källkod istället för till binärkod.

Installera program

I detta avsnitt visas de olika sätt som vi kan installera program på. Såväl grafiskt som i terminalen. Enklaste och bästa sättet att installera ett program är via *pakethanteraren* i Ubuntu. Från start är *Programvara för Ubuntu* installerat. En pakethanterare är ett program som enkelt låter oss hantera (installera, avinstallera och uppgradera) och automatiskt ladda hem programpaketen (i form av deb-paket). Med en enkel knapptryckning så kan vi uppgradera vårt system och alla installerade program vilket kan upplevas som underbart för någon som använt Windows mycket och vet vad det innebär att hålla alla installerade program uppdaterade manuellt.

När man installerar ett programpaket så kan det vara så att programmet man vill installera kräver att något annat program eller programkomponent finns installerat för att programmet skall fungera som det skall. Detta kallas för *mjukvaruberoende* eller *dependencies*. Vill vi till exempel installera ett ordbehandlingsprogram så kräver ordbehandlingsprogrammet kanske att en programvara för att hantera skrivare finns installerat för att man skall kunna skriva ut från ordbehandlingsprogrammet. Alla sådana *mjukvaruberoenden* löser pakethanteraren automatiskt åt oss genom att identifiera alla beroenden som krävs, och laddar hem och installerar dem.

Det finns två programhanterarprogram i Ubuntu, eller rättare sagt program som använder pakethanteraren. I terminalen finns *apt* (*Advanced packaging Tool*) som är själva pakethanteraren. I den grafiska miljön finns *Programvara för Ubuntu*. Det går även att installera *Synaptic package manager* som är ett grafiskt "skal" till *apt* och mer avancerat. Detta program följde med som standard i tidigare versioner av Ubuntu. Pakethanteraren söker bland ***programkällorna*** efter programpaket vid installation. ***Programkällorna*** är oftast en eller flera webbservrar som speglar alla programpaket som finns tillgängliga via Ubuntus programarkiv och kräver alltså uppkoppling mot Internet för att fungera. En ***programkälla*** kan även vara en CD/DVD (som installationsskivan för Ubuntu) eller någon annan plats som vi som användare kan lägga till själva. Mer om ***programkällorna*** i avsnittet *Hantera programkällor* i detta kapitel.

Tänk på att det krävs administrativa rättigheter för att installera program. Det går heller inte att köra flera program samtidigt som använder pakethanteraren. Försöker man med detta så får man ett felmeddelande.

Programvara för Ubuntu

I *Programstartaren* hittar vi *Programvara för Ubuntu*. Detta program låter oss enkelt och smidigt installera program via ***programkällorna*** (se avsnittet *Hantera programkällor* i detta kapitel). 

Vi kan bläddra bland alla program eller bland de kategorier som programmen är indelade i. Markerar vi ett program så får vi upp en massa nyttig information om programmet. Alla program är även betygsatta efter popularitet. Om vi vill kan vi även sortera programmen efter popularitet. Längst upp finns en användbar sökruta där vi kan söka efter program. 

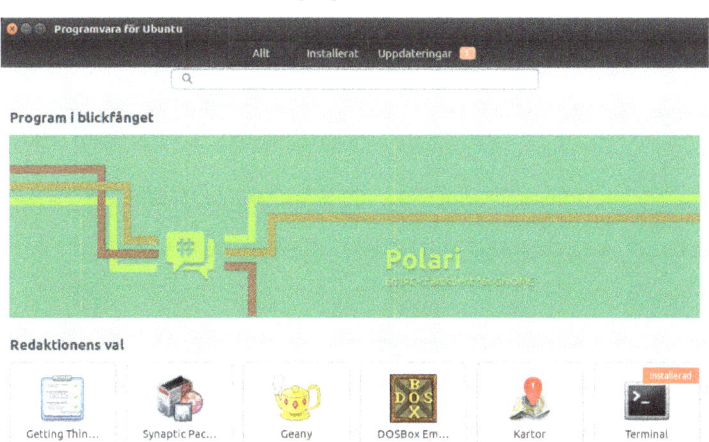

Sökfunktionen fungerar både på namn, delar av namn och beskrivning. Söker vi på ordet *dvd* så får vi upp de flesta program som har med dvd att göra.

Vi kan även välja vilka program som vi vill bläddra och söka bland. De kategorier som finns *Tillhandahålls av Ubuntu* (det är dock inte alla programpaket som finns som listas, se *Synaptic* för mer information), *Canonical-partners* och *Till försäljning*. Se *hantera källor* för mer information.

För att installera och avinstallera program letar man upp önskat program och markerar programmet. Genom att klicka på pilen får vi mer information om ett program och kan markera det för installation eller avinstallation (om det redan är installerat).

Program i blickfånget

Installera stöd för Flash, Windows Media, Java med mera

För de flesta användare så kan det tyckas lustigt att till exempel webbläsaren *Firefox* inte har stöd för *Flash* från början eller att *Filmuppspelaren* inte kan spela DVD-filmer och att musikspelaren inte kan hantera mp3-filer direkt efter installation. Anledningen till detta är att dessa format är "stängda" format (icke Opensource) vars licenser inte tillåter att stödet installeras i samband med installationen av Ubuntu eller att installation av stödet inte är tillåtet i vissa länder.

Lösningen är dock väldigt enkel. Vi installerar programpaketet *Ubuntu restricted extras* (Begränsade extraprogram för Ubuntu) som löser de flesta problem som vi kan tänkas ha med olika format genom att installera stöd för dessa samt installerar de vanligaste insticksprogrammen till *Firefox*. **Detta kan vi även göra redan i samband med installationen av Ubuntu**. Vill vi inte ha en sådant "allt-i-ett-paketlösning" så går det bra att installera stöden och insticksprogrammen separat via terminalen eller via programmen (*Firefox* har till exempel verktyg för att hantera insticksprogram och *Rhythmbox* påbörjar installationen för mp3-stöd ifall vi försöker öppna en mp3-fil via programmet).

Viktigt: För att spela regionskodade DVD-filmer behövs programpaketet *libdvdcss2* som numera finns utan att behöva läggga till programkällor från tredje part. Har vi installerat paketet *Ubuntu restricted extras* så ska detta ordna sig automatiskt. Annars kan man installera stöd med kommandot `sudo apt-get install libdvdread4` och därefter `sudo /usr/share/doc/libdvdread4/install-css.sh`. Efter detta kommer program som VLC mediaspelare att fungera direkt. Andra program kan behöv kompileras om (enligt officiella hjälpen). Har man trots detta problem att spela upp DVD-filmer så kan det bero på att DVD-enheten har fel regionskod. Detta går att ändra med verktyget *regionset* som installeras via universe repositories och körs sedan med kommandot `sudo regionset` i terminalen.

1. Starta *Programvara för Ubuntu* och installera *Ubuntu Software Center* (går även bra med *Synaptic Package Manager*. Starta Ubuntu Software Center.

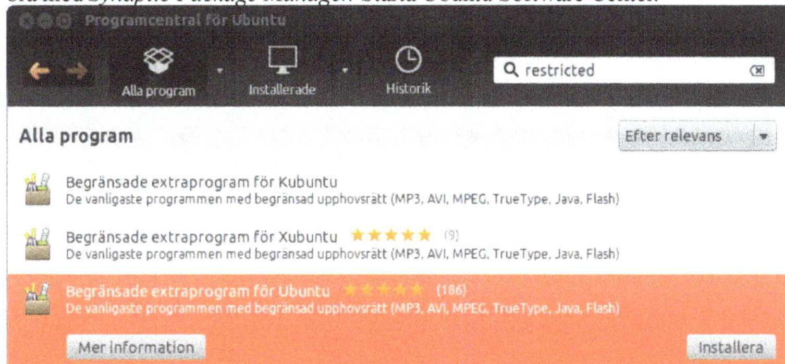

2. Sök efter *restricted*.

3. Välj *Begränsade extraprogram för Ubuntu (Ubuntu restricted exras)* och klicka på *installera*.

4. För att få mer information, klicka på knappen *Mer information*.

5. En dialogruta kommer upp där vi måste autentisera oss för att påbörja installationen. Skriv in lösenordet för användaren.

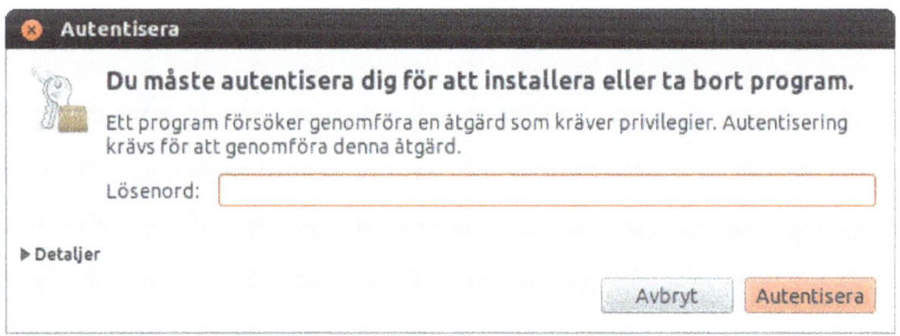

6. Klicka på *Autentisera*.

Alternativt startar vi *Terminalen* och kör kommandot **sudo apt-get install ubuntu-restricted-extras**

Pakethanteraren Synaptic

Pakethanteraren Synaptic (Synaptic package manager) är en mer avancerad variant av *Programvara för Ubuntu* som fanns förinstallerad i tidigare versioner av Ubuntu. Programmet installeras enkelt via *Programvara* och återfinns sedan på Programstartaren.

Synaptic låter oss bläddra bland alla tillgängliga programpaket (ca 30 000). Till skillnad från *Programvara för Ubuntu* så kan vi även välja mellan flera versioner av samma programpaket, samt göra mer avancerade val. I menyn finns flera val och inställningar man kan göra men vi nöjer oss med att titta på de vanligaste funktionerna i *Synaptic*.

Längst till vänster kan vi sortera programpaketen lite efter vad det är för typ av program (till exempel *Spel* eller *Ordbehandling*), samt varifrån de kommer (vilka **programkällor** som används). Längst ner till vänster kan vi välja hur vi vill bläddra och sortera alla programpaket. Standard är *Sektioner* vilket ger de kategorier vi kan välja mellan till vänster. Vi kan välja *Status* för att bara bläddra mellan till exempel installerade eller icke installerade programpaket. Under Ursprung kan vi välja att bara bläddra bland program från en viss *programkälla*.

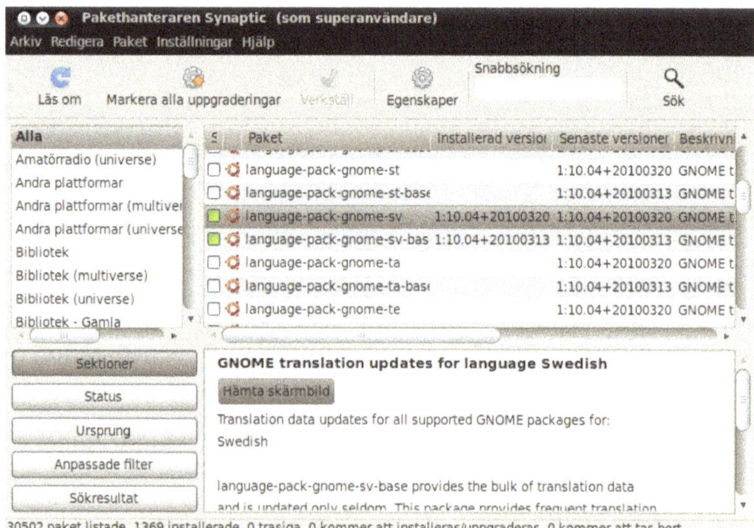

Markerar vi ett programpaket (i detta fall *language-pack-gnome-sv*) så ser vi under listan med paket lite information om programpaketet. Vi ser i detta fall att paketet har att göra med den svenska översättningen av GNOME. Vi ser bredvid paketnamnet vilken version som vi har installerad samt senaste versionen som finns tillgänglig. Den lilla Ubuntu-ikonen till vänster om paketnamnet indikerar att paketet stöds och underhålls av Ubuntu. Kryssrutan till vänster om namnet indikerar att paketet är installerat samt att det finns en uppdatering tillgänglig.

Klickar vi på rutan kan vi välja att uppgradera, *ta bort* eller *total borttagning* av paketet. Hade paketet varit uppgraderat hade vi även kunnat välja *ominstallation*.

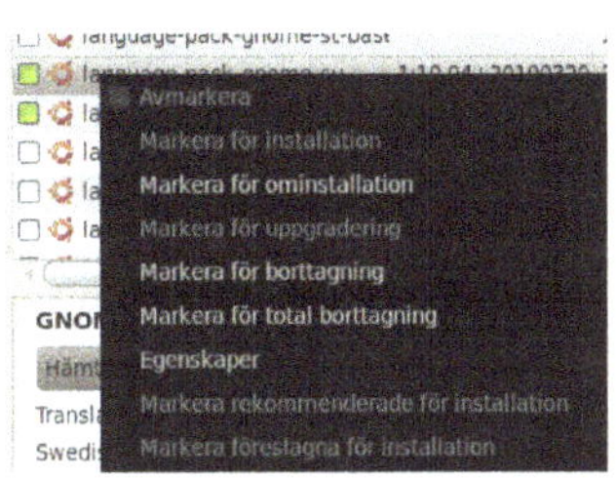

För att installera ett programpaket så gäller det att hitta det program vi vill installera och markera det för *installation*. Precis som i *Programcentral för Ubuntu* så finns det ett kraftfullt sökverktyg längst upp till höger.

För att verkställa alla ändringar (uppdateringar vi valt, paket vi markerat för installation eller program vi vill avinstallera etc) så klickar vi på ikonen *Verkställ*.

Verkställ

För att läsa om programkällorna för att få uppdaterad information om programpaketen så klickar vi på ikonen *Läs om*.

Läs om

Markerar vi ett paket och klickar på ikonen *Egenskaper* så får vi upp massa avancerade alternativ. Vi kan bland annat se vilka **beroenden** som krävs för att programmet skall fungera samt vilka filer som installeras och vart de hamnar på systemet. Vi kan även se mer detaljerad beskrivning av paketet och vilka versioner som finns tillgängliga.

Egenskaper

Installation av mediaspelaren VLC med synaptic

1. Starta pakethanteraren *Synaptic*

2. Sök på *vlc*

3. Markera paketet *vlc* för installation

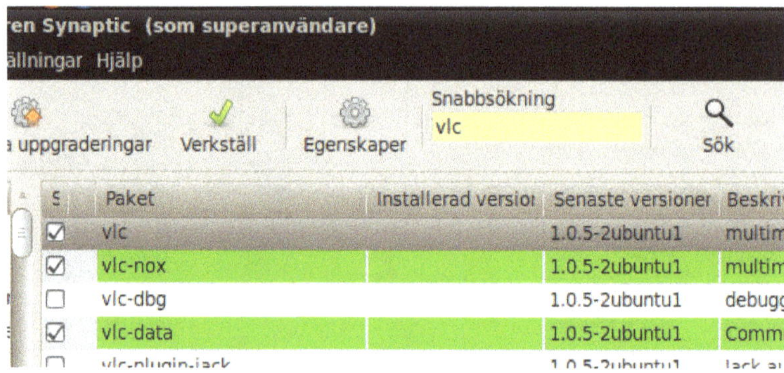

4. Det dyker upp en dialogruta som informerar om vilka **beroenden**/andra paket
   som kommer att installeras. Klicka på *Markera* för installation.

5. Klicka på *Verkställ* i menyn.

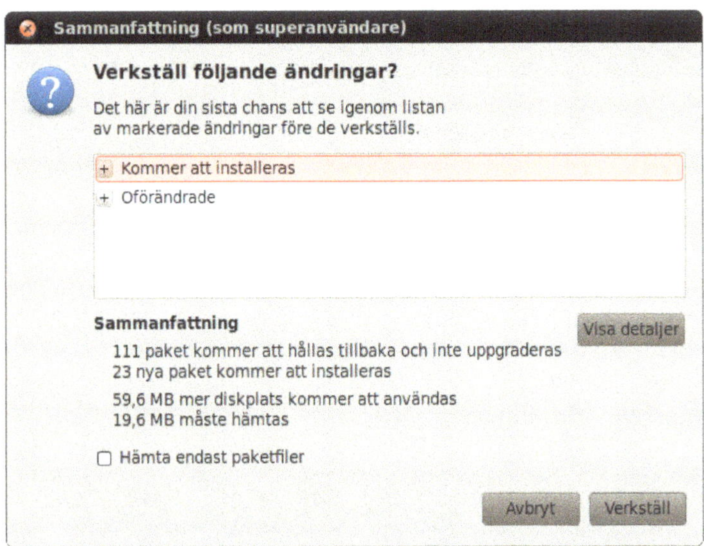

6. Du får nu upp en dialogruta som visar en sammanfattning av vad som kommer att hända. Vi ser antalet paket och hur stort diskutrymme som behövs för att installera programmet vlc. Klickar vi på Visa detaljer ser vi mer utförlig information om alla paket som ska installeras. Vi kan även välja att markera *Hämta enbart paketfilerna* vilket betyder att paketfilerna enbart laddas hem till datorn men installeras ej. För att verkställa installationen, klicka på *Verkställ*

7. Paketfilerna hämtas nu. För att se alla individuella filer som laddas ner kan man klicka på *Visa för individuella filer*

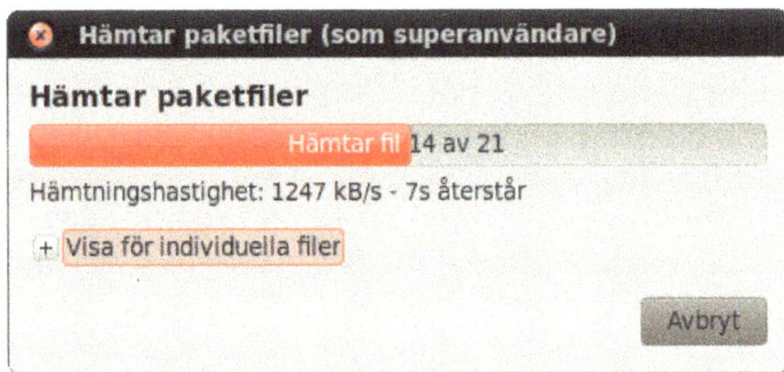

8. När allt är klart ser vi följande dialogruta. Klickar vi på *Detaljer* ser vi installationsförloppet för de olika paketen som installerats.

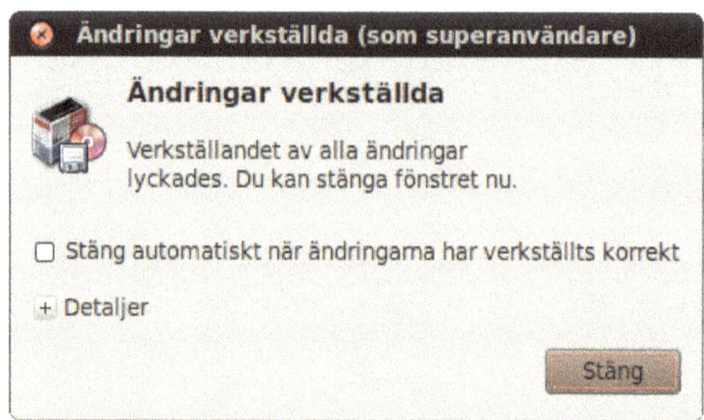

9. Programmet hittar vi sedan under *Program – Media – Mediaspelaren VLC*

Hantera pakethanteraren via terminalen (apt)

För att installera, uppgradera och avinstallera program via terminalen används kommandot **apt-get**. Eftersom installation av program kräver administrativa rättigheter så måste vi även använda kommandot **sudo**. Kommandot **apt-get** har flera kommandon som kan användas.

sudo apt-get update
: Uppdaterar *programkällorna* (hämtar nya paketlistor). Bör alltid göras innan man installerar.

sudo apt-get install paket
: Installerar ett paket. Flera paket kan anges efter vartannat.

sudo apt-get upgrade
: Uppgraderar alla installerade paket.

sudo apt-get remove paket
: Tar bort ett paket.

sudo apt-get remove paket --purge
: Tar bort ett paket och raderar det helt.

sudo apt-get dist-upgrade
: Uppgraderar hela distributionen till ny version (om sådan finns).

I samband med installation finns ett par nyttiga alternativ att känna till.

--reinstall
: Installerar om ett paket.

--fix-broken eller **-f**
: Försöker laga ett system med skadade paket.

--fix-missing eller **-m**
: Ignorerar saknade paket.

apt-cache search sökord
: Utför en sökning i mjukvarukällorna.

Installation av spelet Nethack via terminalen (apt)

1. Starta *Terminalen*

2. Ange kommandot **sudo apt-get install nethack-console**

```
jb@jb-laptop: ~
Arkiv  Redigera  Visa  Terminal  Hjälp
jb@jb-laptop:~$ sudo apt-get install nethack-console
[sudo] password for jb:
Läser paketlistor... Färdig
Bygger beroendeträd
Läser tillståndsinformation... Färdig
Följande ytterligare paket kommer att installeras:
  nethack-common
Följande NYA paket kommer att installeras:
  nethack-common nethack-console
0 att uppgradera, 2 att nyinstallera, 0 att ta bort och 77 att inte uppgradera.
Behöver hämta 1 317kB arkiv.
Efter denna åtgärd kommer ytterligare 3 252kB utrymme användas på disken.
Vill du fortsätta [J/n]? J
```

3. Vi får information om att ytterligare 3252 kilobyte diskutrymme behövs och att 1317 kilobyte kommer att laddas hem. Ange **Ja** för att acceptera.

4. Paketen som behövs kommer nu att laddas hem och installeras.

5. Starta spelet genom att ange kommandot **nethack** i terminalen.

Grafisk installation av ett deb-paket (Ubuntu Tweak)

Som nämnts tidigare är det alltid bäst att installera program via pakethanteraren. Det finns dock program som inte finns att installera via pakethanteraren. Ett exempel på detta är programmet *Ubuntu Tweak* som är ett populärt program som underlättar när man ska konfigurera systemet och skrivbordet.

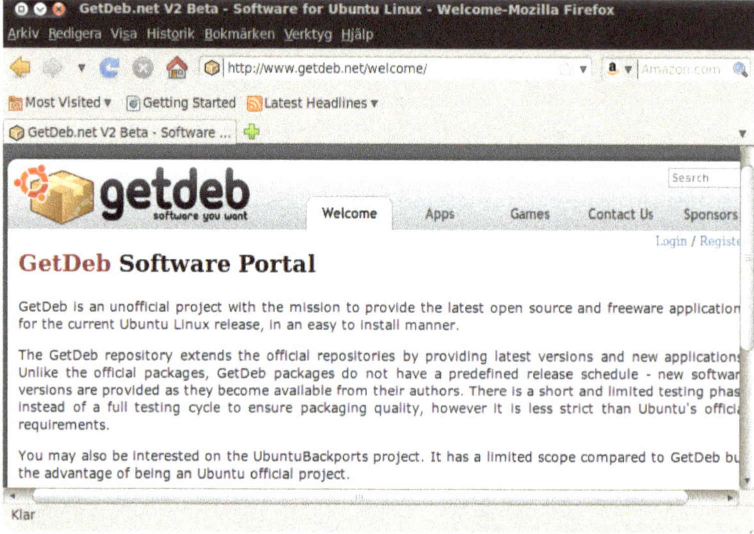

En utmärkt hemsida att söka efter deb-paket är *Getdeb* (*http://www.getdeb.net*) eller *Linux packages search* (*http://pkgs.org*). Vi kan enkelt lägga till hela Getdeb som en ny programkälla, hur detta görs förklaras på hemsidan. Vi besöker den officiella webbplatsen för Ubuntu Tweak (*http://ubuntu-tweak.com*) och väljer att ladda hem programpaketet.

Vi laddar hem programpaketet och sparar det på skrivbordet (det går även att öppna paketet direkt med *Programvara för Ubuntu*).

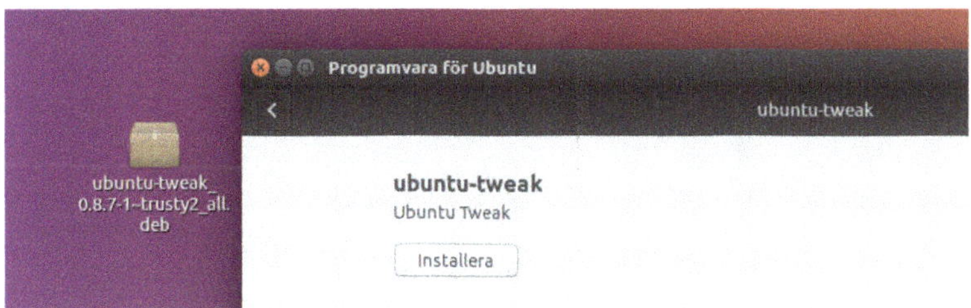

Sedan är det bara att dubbelklicka på deb-filen. För att starta *Programcvaral för Ubuntu*.

Här syns ifall alla beroenden är tillfredsställda (vilket de är). Om inte annat kommer pakethanteraren att ladda hem och installera de paket som krävs (ifall de finns med bland programkällorna). Är paketet beroende av ett annat paket som inte finns att ladda hem via pakethanteraren så måste vi installera detta paket först för att kunna fortsätta med vår installation. För att påbörja installationen, klicka på *Installera*.

Installationen påbörjas och när den är klar ser vi information om det installerade programmet. Sedan är det bara att stänga ner *Program-vara för Ubuntu*.

Programmet hittar vi under *Program – System – Ubuntu Tweak*.

Installera ett deb-paket i terminalen

För att installera ett deb-paket via terminalen används kommandot **dpkg**. Flaggorna **-i** (install) och **-r** (remove) är de vanligaste.

sudo dpkg -i paketnamn   installerar ett paket.

Installation av snap-paket

Syftet med snap-paketformatet är enkel distribution av program till flera plattformar (datorer, plattor och mobiltelefoner mm.). Tyvärr så finns det inget medföljande grafiskt program för att hantera snap-program utan vi blir hänvisade till terminalkommandon. Kommandona **apt-get** och **dpkg** fungerar ej utan vi blir tvungna att använda det nya **snap**-kommandot.

Söka efter tillgängliga snap-paket

För att se en lista med alla tillgängliga snap-paket så används kommandot:

snap find

För att söka efter ett specifikt programpaket så anger man sökordet efter find-kommandot.

snap find sökord

Man kan även skicka vidare outputen till kommandot grep för mer avancerad matchning.

snap find | grep sökord

Installera ett snap-paket

För att installera program krävs användandet av sudo-kommandot.

sudo snap install paketnamn

Efter installationen av kalkylatorapplikationen (exemplet i förra bildden) så startas programmet precis som vanligt då det är ett grafiskt program. **OBS** för att installera och hantera snap-paket krävs snap-paketet ubuntu-core som ska installeras automatiskt första gången man installerar snap-paket. Fungerar detta ej så behöver paketet installeras manuellt med kommandot **sudo snap install ubuntu-core**

Uppdatera snap-paket

I skrivande stund så verkar det inte finnas ett kommando för att automatiskt uppdatera alla snap-paket som är installerade.

```
itlararen@itlararen-VirtualBox: ~
itlararen@itlararen-VirtualBox:~$ sudo snap refresh tic-tac-toe
[\] Download snap "tic-tac-toe" from channel "stable"
error: cannot perform the following tasks:
- Download snap "tic-tac-toe" from channel "stable" (revision 2 of snap "tic-tac-toe" already
  installed)
itlararen@itlararen-VirtualBox:~$
```

Uppdatering av snap-paket görs med kommandot.

sudo snap refresh paketnamn

Lista installerade snap-paket

För att lista alla installerade snap-paket används följande kommando

snap list

```
itlararen@itlararen-VirtualBox: ~
itlararen@itlararen-VirtualBox:~$ snap list
Name          Version              Developer
tic-tac-toe   1.0                  1bsyl
ubuntu-core   16.04+20160419.20-55 canonical
itlararen@itlararen-VirtualBox:~$
```

Vill man göra mer avancerad sökning så kan man skicka vidare resultatet till grep-kommandot.

snal list | grep sökord

Ta bort ett snap-paket

Att ta bort ett paket är enkelt. En av fördelarna med snap-paket är just att det ej ska påverka systemet särskilt mycket. För att ta bort ett paket används kommandot

```
sudo snap remove paketnamn
```

```
itlararen@itlararen-VirtualBox: ~
itlararen@itlararen-VirtualBox:~$ sudo snap remove tic-tac-toe
[sudo] password for itlararen:
[-] Remove snap "tic-tac-toe" from the system
itlararen@itlararen-VirtualBox:~$ 
```

Se ändringar

För att se information om ändringar, såsom installation, borttagning och uppdatering av snap-program så används följande kommnado

```
snap changes
```

```
itlararen@itlararen-VirtualBox: ~
itlararen@itlararen-VirtualBox:~$ sudo snap changes
ID   Status   Spawn                    Ready                    Summary
1    Error    2016-05-12T09:13:37Z     2016-05-12T09:14:00Z     Install "ubuntu-calculator.app" snap
2    Error    2016-05-12T09:14:19Z     2016-05-12T09:14:41Z     Install "ubuntu-calculator.app" snap
3    Error    2016-05-12T09:14:47Z     2016-05-12T09:15:07Z     Install "ubuntu-calculator.app" snap
4    Hold     2016-05-12T09:23:26Z     -                        Refresh "ubuntu-calculator.app" snap
5    Done     2016-05-12T09:24:15Z     2016-05-12T09:24:42Z     Install "ubuntu-core" snap
6    Error    2016-05-12T09:26:57Z     2016-05-12T09:26:57Z     Install "ubuntu-calculator.app" snap
7    Error    2016-05-12T09:27:25Z     2016-05-12T09:27:25Z     Install "ubuntu-clocl-app" snap
8    Done     2016-05-12T09:27:54Z     2016-05-12T09:27:59Z     Install "tic-tac-toe" snap
9    Error    2016-05-12T09:28:15Z     2016-05-12T09:28:15Z     Refresh "tic-tac-toe" snap
10   Done     2016-05-12T09:49:01Z     2016-05-12T09:49:02Z     Remove "tic-tac-toe" snap
itlararen@itlararen-VirtualBox:~$ 
```

Mer information och hjälp

För att få mer information och hjälp om snap-kommandot så kan vi titta i manualen med följande kommando

```
man snap
```

Installera ett program i källkodsformat (spelet Pengupop)

Vi ska nu titta på hur man installerar ett program (i detta fall spelet *Pengupop*) från källkodsformat. Vi börjar med att söka efter *pengupop* på webbplatsen *http://freshmeat.net*.

Längst ner hittar vi en länk till filen *pengupop-2.2.2.tar.gz*. Vi börjar med att ladda hem tar.gz-filen.

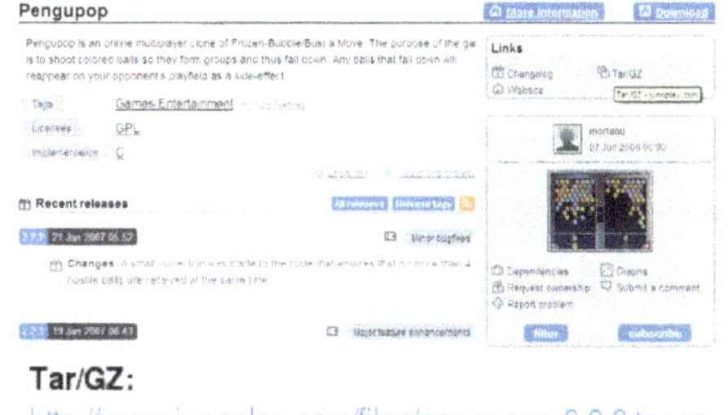

En tar-gz-fil är som nämnts tidigare ett komprimerat arkiv (liknande en zip-fil). Filändelsen .gz kommer från programmet (kommandot) `gzip` som används för att komprimera enstaka filer.

Syntax: `gzip filnamn`

När man kör gzip på en fil så kommer `gzip` att döpa om den till *filnamn.gz* automatiskt för att visa att den är komprimerad. Vill man sedan packa upp filen använder man kommandot `gunzip` på samma sätt. Eftersom `gzip` endast kan hantera enstaka filer så används oftast ett arkiveringsprogram, `tar` (**t**ape **ar**chive), för att "klumpa samman" flera filer till ett arkiv (*tar ball* eller "tjärklump") som vi sedan kan komprimera. Programmet tar är väldigt gammalt och har en något krånglig syntax.

Skapa ett tar-arkiv: `tar –cvf arkivnamn.tar filer/kataloger`

Växeln `–c` (create) används för att skapa ett arkiv. Växeln `–v` (verbose) används för att få information om vad som händer. Växeln `–f` (file) används alltid för att ange att det är filer vi jobbar med. Vi måste själva lägga till ändelsen .tar till vårt arkivnamn. Eftersom kombinationen gzip/tar är så vanlig så kan vi använda `gzip` samtidigt som vi använder `tar` genom att använda växeln *–z (gzip)*. Lägger vi till denna växel i ovanstående exempel så skapas alltså ett tar-arkiv som är komprimerat. En tar.gz-fil med andra ord.

Extrahera ett tar.gz-arkiv: `tar –xvzf arkivnamn`

Växeln `–x` (extract) låter oss extrahera/packa upp arkivet.

Jobbar vi grafiskt så är det betydligt enklare att packa upp filen *pengupop-2.2.2tar.gz* genom att helt enkelt dubbelklicka på filen för att öppna den med programmet *Arkivhanteraren* med vars hjälp vi enkelt kan hantera arkivfiler grafiskt.

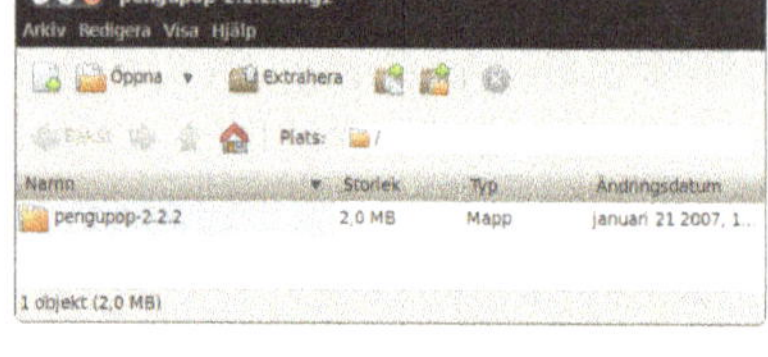

Det är bara att klicka på ikonen *Packa upp* och välja vart vi vill extrahera filerna. Eller använder vi terminalen för att extrahera arkivet.

När vi extraherat filen skapas en mapp som heter *pengupop-2.2.2*. Gör vi den mappen till aktuell mapp och listar innehållet ser vi en del filer.

Mappen innehåller alla källkodsfiler och data som behövs för att vi ska kunna kompilera och installera programmet. I alla källkodsarkiv finns alltid följande filer: *configure* (körbar script-fil), *INSTALL* och *README* (textfiler).

README-filen innehåller information och instruktioner om programmet. *INSTALL*-filen innehåller installationsinformation. Den körbara *configure*-filen kontrollerar att man har de nödvändiga filerna samt skapar filer som behövs vid kompileringen.

```
jb@jb-laptop: ~/Skrivbord/pengupop-2.2.2
Arkiv  Redigera  Visa  Terminal  Hjälp
jb@jb-laptop:~/Skrivbord$ ls -l
totalt 1636
drwxr-xr-x 3 jb jb    4096 2007-01-21 13:53 pengupop-2.2.2
-rw-r--r-- 1 jb jb 1668801 2010-03-24 09:49 pengupop-2.2.2.tar.gz
jb@jb-laptop:~/Skrivbord$ cd pengupop-2.2.2/
jb@jb-laptop:~/Skrivbord/pengupop-2.2.2$ ls
aclocal.m4     configure.in  gameid.c      missing            README
AUTHORS        COPYING       image.c       mkinstalldirs      singleplayer.c
bin2c.c        depcomp       images.bin    NEWS               singleplayer_levels.c
ChangeLog      error.c       INSTALL       osx-mkbundle.sh    snd
common.h       error.h       install-sh    osx-mkdiskimage.sh sound.c
config.guess   font_16.dat   main.c        packet.h           sound.h
config.sub     font_32.dat   Makefile.am   pengupop.desktop
configure      font.c        Makefile.in   pengupop.png
jb@jb-laptop:~/Skrivbord/pengupop-2.2.2$
```

Installation av ett program i källkodsformat görs i följande tre steg:

1. `./configure`   Kör *configure*-filen som förbereder kompileringen och skapar en *Makefile* som kompilatorn använder sig av för att bland annat veta vilka filer som skall kompileras.

2. `make`   Startar kompileringen. När datorn jobbat klart är programmet kompilerat men inte installerat.

3. `make install`   Installerar programmet.

Fortsätter vi med installationen av *pengupop-2.2.2* så måste vi alltså starta terminalen och följa dessa tre steg.

Steg ett utförs utan problem.

När vi kommer till steg två, alltså själva kompileringen så stöter vi på problem. Vi får en massa felmeddelanden som har med *SDL* att göra (se avsnittet om *Installation av package-fil* i detta kapitel). De flesta användarna blir heller inte särskilt mycket klokare av dessa felmeddelanden (ifall man inte är en van programmerare och använt *SDL* innan). Vad vi kan göra är att försöka ta reda på exakt vilka beroenden som fattas. För att göra detta kan vi studera *README*-filen och *INSTALL*-filen. Dessa filer innehåller tyvärr inte så mycket hjälp när det gäller beroendena. Så nu gäller det att agera detektiv. Besöker vi pengupops hemsida *http://www.junoplay. com/pengupop* hittar vi inte mycket information annat än att spelet kräver *SDL 1.2*. Enligt pengupops hemsida är källkoden enbart till för utvecklare så vi kan prova att installera paketet *libsdl1.2-dev* som är till för utvecklare (eller möjligtvis paketet *libsdl1.2-all*).

Tips: Skulle det uppstå problem med att kompilera så saknas antagligen verktygen som behövs för detta. Paketet som behövs heter ***build-essential*** och installeras enkelt med kommandot `sudo apt-get install build-essential` via terminalen.

Har vi rett ut dessa problem med kompilatorn och beroendena så fortlöper installationen utan några problem. Spelet startas med kommandot `pengupop`.

Installera en rpm-fil

En rpm-fil är egentligen skapad för en distribution som bygger på *Red Hat/Fedora*. Eftersom dessa distributioner är väldigt populära så kan det hända att man blir tvungen att installera ett rpm-paket ibland. Detta är dock något som man helst ska undvika. Ska vi installera ett rpm-paket så måste vi först installera ett program som låter oss hantera dessa filer. Detta program heter **alien** och har inget grafiskt gränssnitt.

Installationen av **alien** sker enklast via terminalen, **sudo apt-get install alien**, eller via *Synaptic*. Programmet kan förutom att installera rpm-paket även skapa rpm-paket och översätta mellan olika paketformat.

sudo alien -i programpaket.rpm installerar filen *programpaket.rpm*.

Uppdatera systemet

Att hålla sitt system och alla program uppdaterade är viktigt. Både när det gäller säkerheten men också för att få nya funktioner och buggfixar för programmen som är installerade. Systemet kommer automatiskt att hålla koll på uppdateringar för alla de programpaket som vi har installerade och meddelar när det är dags att installera uppdateringar.

Programmet *Programuppdaterare* startas via *Program – System – Programuppdaterare* eller genom att klicka på ikonen i Programstartaren som indikerar att nya uppdateringar finns tillgängliga.

Via uppdateringshanteraren kan vi enkelt kontrollera ifall det finns nya uppdateringar tillgängliga och installera dessa. Vi kan även klicka på *Beskrivning av uppdatering* för att få mer utförlig information om varje uppdatering och vad som ändrats.

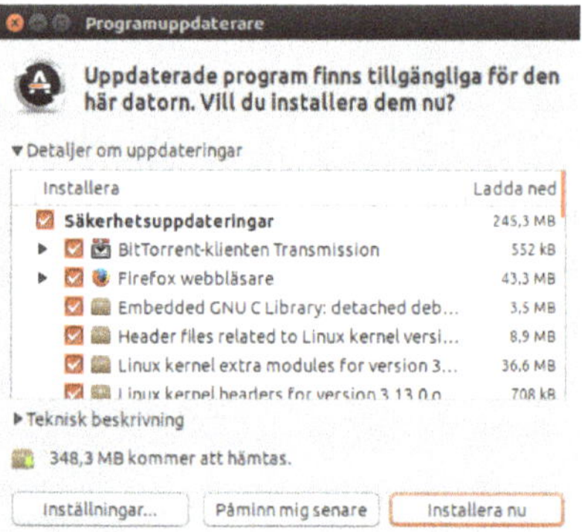

Startar vi *Programvara för Ubuntu* så hittar vi programkällorna i menyn under *Program & Uppdateringar.* Startar vi *Synaptic* så hittar vi dem under *Inställningar - förråd.* Dessa kan vi konfigurera, mer om detta strax, men vi kan även ändra hur uppdateringarna skall hanteras (under fliken *Uppdateringar*). Vi väljer vilka typer av uppdateringar som vi vill ha samt hur ofta som systemet automatiskt ska leta efter nya uppdateringar. Vi kan också välja att uppdateringarna skall installeras automatiskt eller hämtas automatiskt. Som standard notifieras man enbart om tillgängliga uppdateringar. Startar vi *Programuppdateraren* så hittar vi samma inställningar om vi klicker på *Inställningar*.

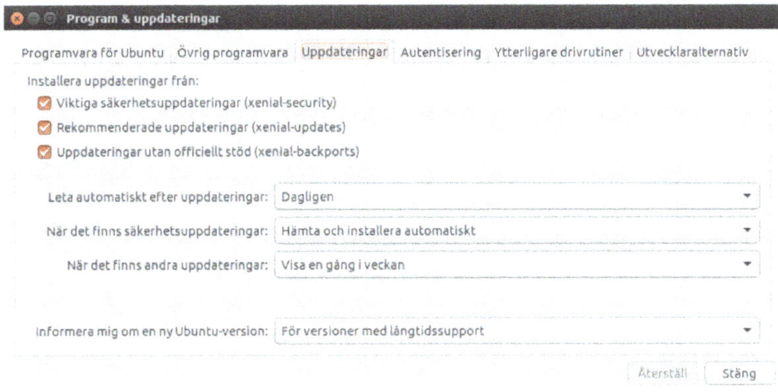

Det går även bra att uppdatera systemet via terminalen.

`sudo apt-get update` Uppdaterar programkällorna och laddar om paketlistorna.

`sudo apt-get upgrade` Uppgraderar alla programpaket.

Hantera programkällor

Startar vi *Programvara för Ubuntu* så hittar vi programkällorna i menyn under *Program & uppdateringar* (menyn längst upp). Startar vi *Synaptic* så hittar vi dem under *Inställningar - förråd*.

Ubuntus program-källor är indelade i fyra olika kategorier, *Main*, *Restricted*, *Universe*, och *Multi-verse*. Strukturen för vilken programvara som ingår i vilken kategori är baserad på den nivå av stöd som programvaruut-vecklarna ger för ett

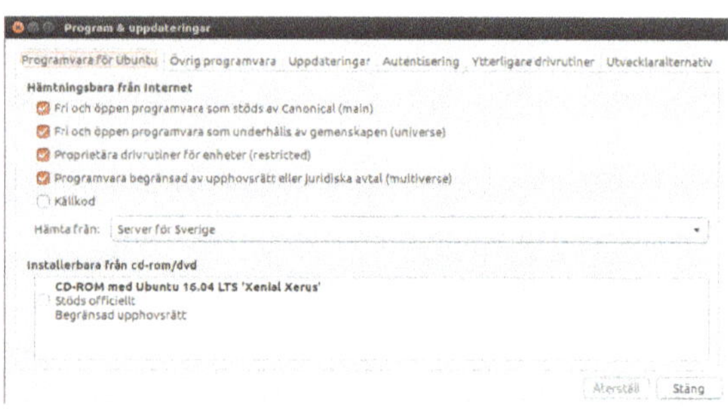

program och den nivå av standard som programmet uppfyller gentemot filosofin bakom fri mjukvara.

Main innehåller öppen källkodsprogramvara som stöds och underhålls av Canoni-cal.

Universe innehåller öppen källkodsprogramvara som underhålls av användarna.

Restricted innehåller properitära drivrutiner för enheter (som till exempel drivruti-ner från *Nvidia*)

Multiverse innehåller programvara som är begränsade av upphovsrätt eller juri-diska avtal (klassat som icke fri mjukvara). Programvaran kan till och med vara otillåten i vissa sammanhang och saknar kanske säkerhetsuppdateringar.

Vi kan fritt välja vilka programkällor som vi vill använda oss av. Ubuntus instal-lationsskiva innehåller programvaror från kategorierna *Main* och *Restricted*. Pro-gramkällorna *Universe* och *Multiverse* finns enbart tillgängliga via Internet.

Vi kan välja att lägga till Ubuntus installationsskiva som en programkälla. Vi kan även välja vilken server som vi ska hämta program ifrån via Internet genom att välja *Annan...* under serverinställningar.

Det finns massor av servrar och de är grupperade efter landet som de finns i. Generellt kan man säga att den server som är närmast geografiskt oftast är den

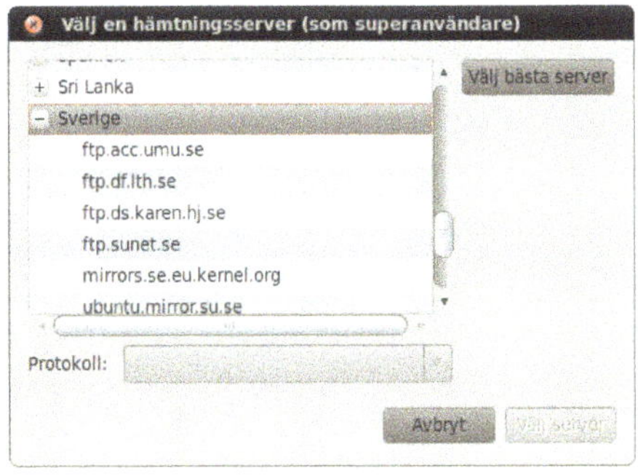

bästa. Alltså den server som vi får bäst hastighet mot. Det behöver dock inte vara så. Klickar vi på *Välj bästa server* så kommer den server som svarar snabbast att väljas.

Lägg till en egen programkälla

Under fliken *Övrig programvara* ser vi alla extra programkällor som inte tillhör de fyra huvudkategorierna utan är sådana som vi lagt till själva. Klickar vi på *Lägg till...* så kan vi lägga till egna programkällor.

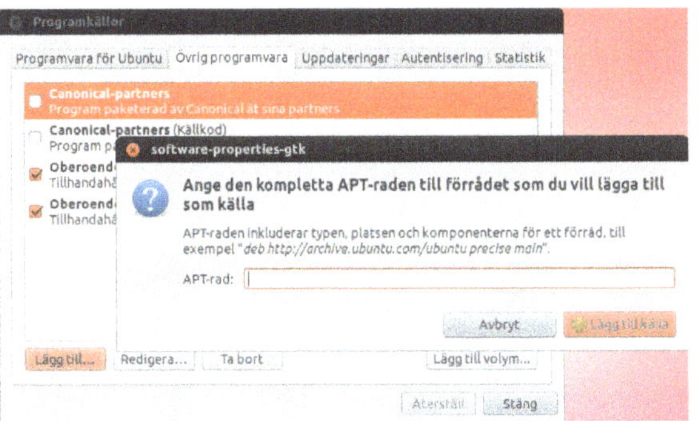

Ett varningens finger bör höjas eftersom programkällor som vi själva väljer att lägga till kanske inte har testats med Ubuntu och kan skada systemet. Oftast är det dock inga problem. Fördelen med att lägga till en programkälla är att pakethanteraren enkelt kan söka efter uppdateringar till program som installerats från en programkälla. Ska vi installera ett program som inte finns tillgängligt via de vanliga programkällorna så är det alltså bäst att lägga till programförrådet som en programkälla (om detta är möjligt) istället för att ladda hem och installera ett deb-paket. Man kan även behöva lägga till extra programkällor för programvara som redan finns tillgänglig via de normala programkällorna ifall man vill ha tillgång till de absolut senaste versionerna av vissa program. Detta för att det ibland tar lite tid innan de som underhåller Ubuntus programförråd har testat senaste versionen av ett program och tillåter versionen in i de normala programförråden.

För att lägga till ett nytt programförråd så måste vi ange APT-raden för det extra förrådet. Det ska finnas tillgängligt från webbplatsen för förrådet eller liknande, och bör se ut som något såhär:

deb http://ftp.debian.org etch main

De flesta programförråd använder en **GPG-nyckel** (*GNU Privacy Guard*) för att digitalt signera filerna som de till- handahåller, vilket gör det enkelt att kontrollera att filerna inte har ändrats sedan de skapades. För att pakethante-  raren ska kunna kontrollera detta behöver du den publika nyckeln som motsvarar signaturerna. Nyckeln ska finnas tillgänglig för hämtning på förrådets webbplats.

När vi hämtat en **GPG-nyckel**, importeras nyckeln genom att välja fliken *Autenti- sering*, klicka på *Importera nyckelfil...* och välj sedan **GPG-nyckeln** som ska im- porteras.

Vi kan även välja att *Ta bort nycklar* samt att *Återställa standardvärden*.

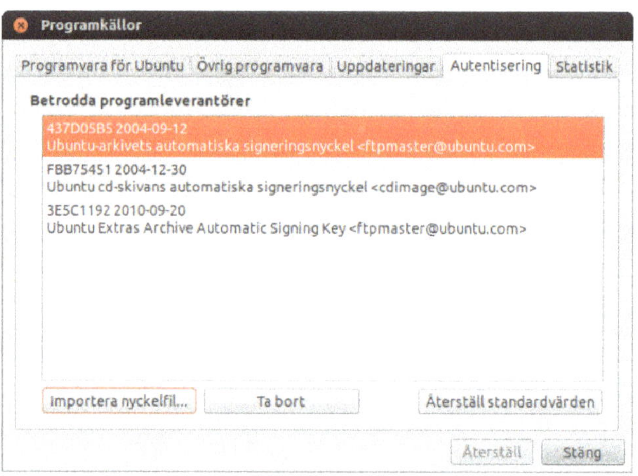

Hantera programkällorna i terminalen

Alla programkällorna ligger lagrade i konfigurationsfilen *sources.list* som man hittar i mappen `/etc/apt`. Genom att editera denna fil kan vi lägga till nya programkällor och hantera befintliga programkällor. Enklast är dock att använda programmet *aptitude* som installeras med **sudo apt-get install aptitude**.

Filen sources.list öppnas enklast med:

```
sudo nano /etc/apt/sources.list
```

i terminalen eller med **gksudo gedit /etc/apt/sources.list** ifall man föredrar ett grafiskt textredigeringsprogram (**gedit**).

Studerar vi filen *sources.list* ser vi att den innehåller en del information i form av kommentarer. Alla rader i filen som inleds med tecknet # är kommentarer och läses inte in av pakethanteraren när denne läser i *sources.list*. De flesta konfigurationsfilerna fungerar på samma sätt vad gäller kommentarer. De tecken som används för att markera kommentarer kan dock variera (bland annat förekommer //).

För mer utförlig information om hur *sources.list*-filen används hittar vi i manualsidorna för denna konfigurationsfil. Dessa läser vi enklast med kommandot:

```
man sources.list.
```

Processhantering

Under *Program – System* hittar vi programmet *Systemövervakare*. Systemövervakaren låter oss övervaka processer och användandet av systemresurser och filsystem. En **process** är ett program eller en del av ett program som körs. Systemövervakaren kan även användas för att modifiera beteendet för vårt system.

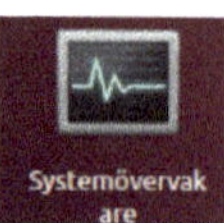

Systemövervakaren är uppdelad i tre sektioner (flikar). *Processer* visar aktiva processer och hur processerna relaterar till varandra. Här ser vi även detaljerad information om individuella processer, och låter oss kontrollera aktiva processer. *Resurser* visar aktuell användning av systemresurser, såsom processorbelastning, minnesanvändning med mera. Under fliken *Filsystem* ser vi alla monterade filsystem tillsammans med tillhörande information.

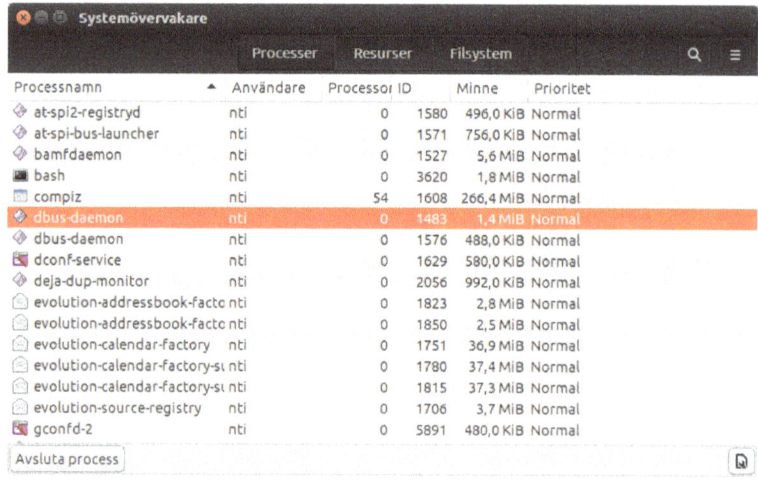

Tar vi en närmare titt under fliken *Processer* så ser vi alla processer som vår användare startat och som körs på datorn.

Längs till vänster ser vi namnen på alla processer. Vill vi sortera efter namn är det bara att klicka på kolumnen *Processnamn*. Söka upp en process gör man enklast genom att markera en process och bara skriva in sökordet för att automatiskt söka i listan.

En process kan ha olika status. Vanligast är statusen *kör* eller *sover*. Att en process *kör* betyder att den är aktiv och arbetar. När en process *sover* så arbetar den inte utan väntar på att aktiveras. Det kan till exempel vara ett program som vi startat men som vi inte använder och som inte håller på med någon uppgift. En process kan även ha statusen *zombie*. En *zombie*process är en död process som inte tar några systemresurser men går heller inte att döda. Korfattat kan man säga att processen som startade *zombie*processen (förälderprocessen) inte vet om att processen dött.

Till höger om *Status* ser vi processoranvändningen i procent. Genom att klicka på kolumnen Processor % kan vi enkelt sortera alla processer efter de som belastar processorn mest.

Prioritet visar *Processprioritet*. Processprioriteten är ett heltal med värden från -20 till 19. Där -20 har högst prioritet och 19 minst prioritet. Normal prioritet ligger på 0.

Nästa kolumn, *ID*, visar processid eller **PID**. Alla processer har ett unikt id-nummer.

Nästa kolumn, *Minne*, visar mängden minne som varje process utnyttjar.

Högerklickar vi på en process får vi upp följande alternativ: *Stoppa process*, stoppar och "pausar" en process. *Fortsätt process*, startar en process som vi stoppat. *Avsluta process*, tvingar en process att avsluta normalt. *Döda process*, tvingar en process att avsluta omedelbart. *Ändra prioritet*, låter oss ändra

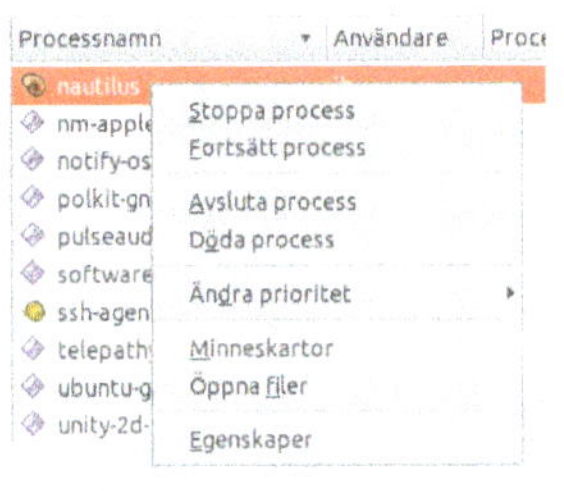

prioriteten på en process. Prioriteten för en process är detsamma som processens **nice**-

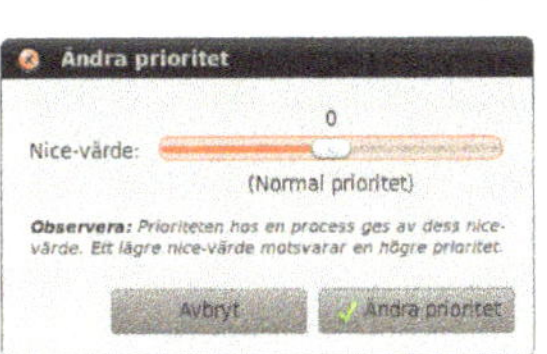

värde. Alternativet *Minneskartor* visar mer detaljerad information om hur processen använder minnet. *Öppna filer* visar de filer som processen har öppnat (och låst). Startar vi en virtuell terminal och letar upp processen för den i listan och väljer *Öppna filer* ser vi att filen `/dev/pts/0` är öppen (se bild).

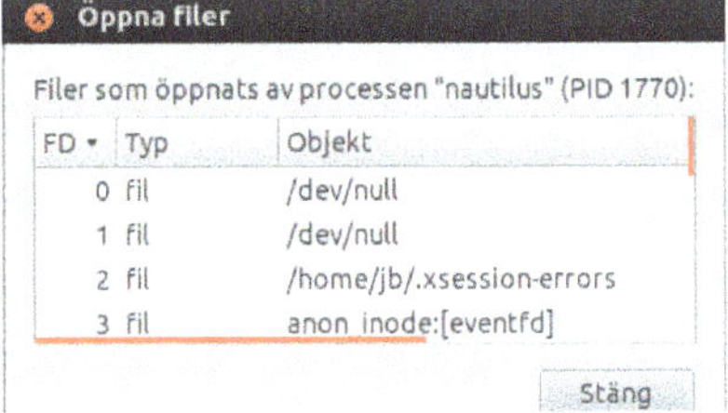

Klickar vi på *Visa (View)* kan vi välja att visa *Alla processer*, *Aktiva processer* eller bara *Mina processer*. Vi kan även välja alternativet *Beroenden* som visar hur alla processer beror av varandra. Även kallat processträdet.

En *förälderprocess* (parent process) är en process som startar en annan process. En process som startas av en annan process kallas även för *child process*. Varje process har ett **PID** (process id nummer) och ett **PPID** (parent process id, eller förälderprocess nummer) som visar vilken process som är dess förälder. Visar vi alla processer och sorterar på process id så ser vi att processen `init` är den process som startats först (PID 1) och som i sin tur startat andra processer vilka i sin tur startat andra processer och så vidare. Att en process i sin tur startar flera processer kallas för en *gaffel* (eller *fork*) i samband med processhantering.

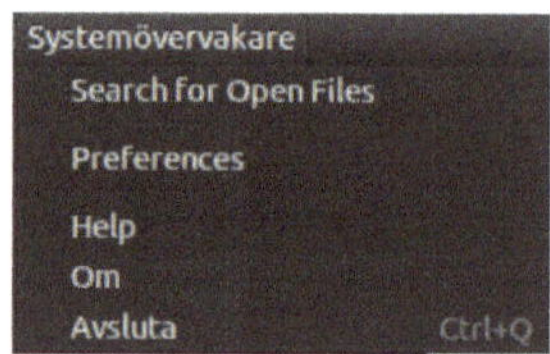

Överst i menyn finns alternativet *Sök efter öppna filer* där vi kan söka upp vilken process som har en viss fil öppen. Detta kan vara användbart om vi vill skriva till en fil som används av en annan process och vi vill ta reda på vilken.

Processhantering i terminalen

Det finns flera kommandon för att hantera processer i terminalen. Vi kommer att titta på de vanligaste och mest användbara.

ps   Listar processer som körs på systemet. Anges kommandot utan någon flagga så visas bara processer som startats av den aktuella användaren. Använd bara flaggor:

-ef   Listar alla processer (**-e**) och detaljerad listning (**-f**).

-aux   Visar alla processer (**-a**) samt utförlig information om dem (**-u**). Flaggan **-x** visar processerna som körs i alla terminaler.

-l   Visar en längre lista information.

--forest   Visar processhierarkin med en trädstruktur.

I exemplet (**ps -ef**) ser vi UID (User ID), PID, PPID med mera och vi kan se hur processerna hänger ihop (tydligare ifall vi använt **--forest**).

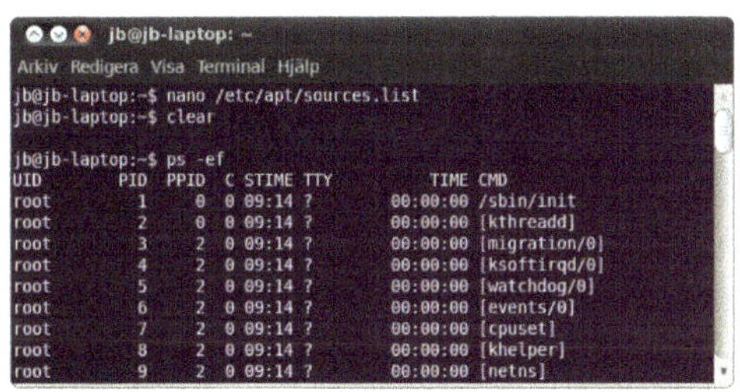

top   Detta kommando är som en textbaserad variant av systemövervakaren som visar de processer som utnyttjar processorn mest i realtid. Vi får även en hel del nyttig information om antalet processer och dess tillstånd.

kill   Detta kommando används för att döda/avsluta processer. För att avsluta en process måste man ange dess *PID*. Alltså **kill pid**.

        -9   Dödar en process omedelbart/tvingande.

killall   Fungerar precis som **kill** men man anger processens namn istället för *PID*.

pkill   Dödar processer genom att ange processnamnet. Namnet behöver till skillnad från **killall** inte vara exakt.

jobs   Visar alla jobb (det vill säga processer igång i den aktuella terminalen).

bg   Används för att lägga en process i bakgrunden så att den inte blockerar skalet som används. Vi kan stoppa en process med **CTRL+Z** för att sedan starta processen i bakgrunden med kommandot **bg**. Ett kommando kan startas direkt i bakgrunden om man anger **&** efter kommandoraden. Till exempel **sleep 50 &**. Startar kommandot **sleep** som är inställt att arbeta i 50 sekunder i bakgrunden (kommandot **sleep** gör ingenting). Vi kan ange både jobbnummer och jobbnamn.

fg   Tar fram en process i förgrunden. Går bra att ange jobbnummer eller jobbnamn.

nice   Används för att starta ett kommando med modifierad prioritet. Anger man inget värde så får processen prioritet 10 (-20 högst prioritet och 19 lägst prioritet).

renice Ändrar prioritet på ett befintligt kommando. Standard är att använda *PID*. Kommandot **renice -19 3456** ger alltså processen med id 3456 prioriteten -19 (max).

Hantera tjänster

Tjänster har beskrivits en del i samband med startprocessen (se kapitlet *Använda Ubuntu*). Som nämnts tidigare så ligger alla skript som används för att starta de olika tjänsterna i mappen **/etc/init.d**. Tjänsterna används ofta för att hantera viktiga delar av systemet som till exempel schemaläggning av arbeten och strömhantering.

Söker vi via Dash hittar vi *Uppstartsprogram* som är det grafiska program som låter oss hantera program som startas.

Vi kan också välja att köra startskripten för tjänsterna direkt i terminalen. Anger vi inget annat än namnet på skriptet så returnerar det information om vilka alternativ som det accepterar.

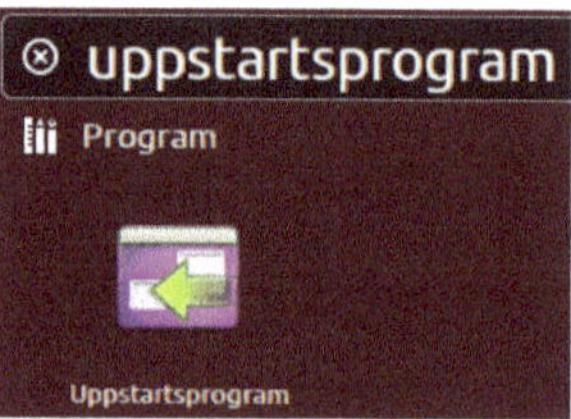

De flesta skripten accepterar argumenten **start**, **stop**, **restart** och **status**. Kommandot **/etc/init.d/skript restart** startar alltså om skriptet *skript*.

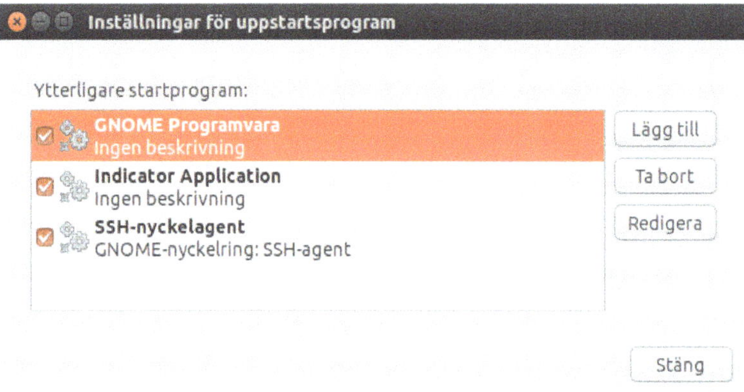

service Med detta kommando kan vi också starta om tjänster. Kommandot kan användas på lite olika sätt.

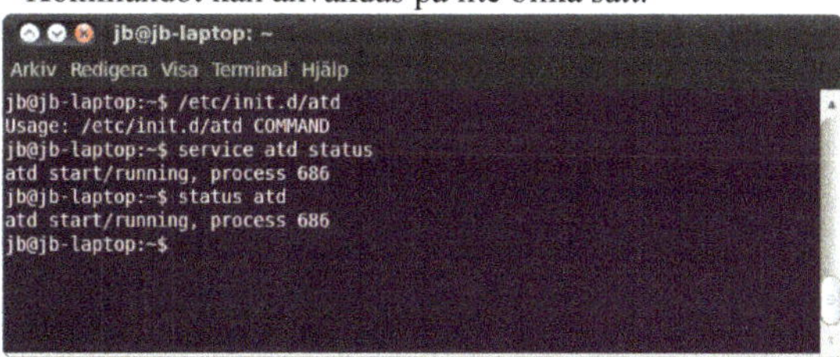

service tjänst start/stop/restart/status är de alternativ som finns. Likaså finns det ett antal flaggor som man kan använda. **service --status-all** visar status för alla tjänster. Flaggan **-R** startar om alla tjänster. Det går även bra att enbart ange **start/stop/restart/status** följt av namnet på tjänsten. **De tjänster som hanteras av systemd och inte init kan/bör hanteras med kommandot** *systemctl*

Windowsprogram i Linux

Det finns ett par olika sätt att lösa problemet med att köra Windowsprogram i Linux. Har man problem med att öppna en fil som är skapad i något Windowsprogram så bör man först kontrollera ifall det finns något Linuxprogram som har stöd för den filtypen. Många .NET-baserade program fungerar via *Mono*-projektet. Är det ett specifikt program eller spel som man vill köra så finns det ett par alternativ.

Codeweavers Crossover

Codeweavers Crossover är en kommersiell programvara som finns till både spel och program och i lite olika versioner beroende på vad man är intresserad av. Codeweavers Crossover stödjer över hundra spel till Windows (bland annat World of Warcraft, Half Life 2, Call of Duty med mera) och stöd för fler spel tillkommer hela tiden. Stödjer även ett hundratal program *http://www.codeweavers.com/*

GameTree Linux

GameTree bygger på gamla Cedega Transgaming är enbart inriktat för att köra olika spel i Linux. Mer information finns på *http://gametreelinux.com*. På hemsidan finns en databas där man kan kontroller vilka spel som fungerar bra. Man måste registrera sig för att få tillgång till tjänsten. I övrigt är det gratis.

Virtualbox

Vill man inte betala något så finns det andra bra gratisalternativ som man kan prova. Vill man prova en virtuell maskin så finns det en utmärkt open source alternativ som heter *Virtualbox* och som ägs av företaget Oracle.

Fördelen med en virtuell maskin är att vi garanterat kan köra alla Windowsprogram. Nackdelen är att det kräver en Windowslicens för det Windows som installeras i den virtuella maskinen samt att en virtuell maskin tar ganska mycket systemresurser i form av processorkraft och internminne när den används. Stöd för 3D-acceleration via Virtualbox har införts på senare tid men prestandan är fortfarande ett problem.

Wine

Den populäraste lösningen är att använda ett program som heter *Wine*. *Wine* är en open source återskapning av Windows som är helt fritt. Mer information hittar man på hemsidan *http://www.winehq.org/* där det även finns en databas över alla program och spel som går att köra via *Wine*. Namnet *Wine* är egentligen en förkortning för *W*ine *i*s *N*ot *a*n *E*mulator. *Wine* fungerar som ett extra lager som lurar Windowsprogrammet att tro att vårt system är en Windowsmaskin. Fördelen med *Wine* är att det är fritt och inte kräver någon installation eller licens för Windows.

Wine finns med i programförrådet och installeras lätt via *Programcentral för Ubuntu*, *Pakethanteraren Synaptic* eller via terminalen (`sudo apt-get install wine`).

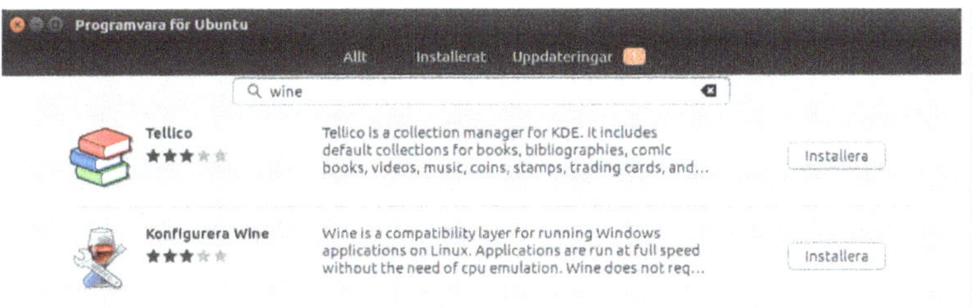

Efter installationen hittar vi programmet när vi söker på *Wine* via *Dash*. Alla exe-filer (Windows programfiler) associeras med programmet från början med *Arkivhanteraren*. Detta kan vi ändra på eller högerklicka på en exe-fil ovh välja att öppna med *Wine*.

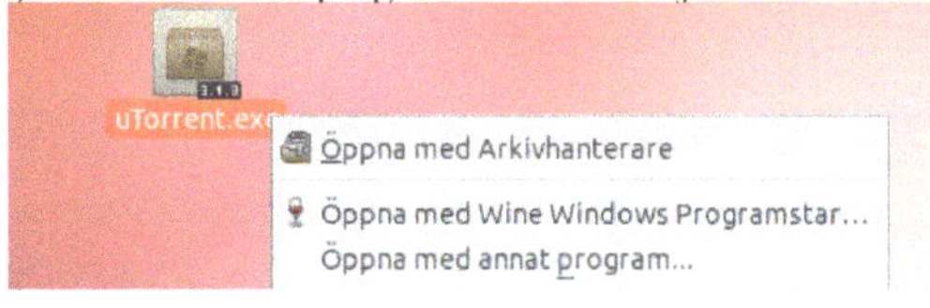

Laddar vi hem installationsprogrammet för *uTorrent*, avsett för Windows, så är det bara att dubellklicka på exe-filen eller högerklicka och välja *Öppna med Wine Windows Programstartare* för att installera det. Eventuellt måste vi ändra rättigheterna för filen så att den blir körbar.

För att underlätta hanteringen av *Wine* finns *PlayOnLinux* att installera via Terminalen (`sudo apt-get install playonlinux`) eller Synaptic. PlayOnLinux är ett grafiskt program som låter oss hantera Wine mycket smidigare.

Programvara installerad med *Wine* hamnar i användarens hemmakatalog under `~/.wine/drive_c` som innehåller en mappstruktur som är välkänd för Windowsanvändare. Fungerar allt som det ska så ska det installerade Windowsprogrammet dyka upp när vi söker efter det eller bläddrar i rätt programkategori.

Många program fungerar direkt med **Wine**. Andra kräver en del handpåläggning och konfiguration för att fungera. Mer information finns i programdatabasen eller via forumet på Wines webbplats.

Tips: Eftersom *Wine* uppdateras ofta och stöd för nya program läggs till hela tiden så kan man behöva den senaste utvecklarversionen för att få igång det program man vill köra. Den senaste utvecklarversionen är betydligt nyare än den senaste stabila versionen som är den version vi får via Ubuntus programförråd. För att enkelt kunna installera den senaste utvecklarversionen och hålla vårt *Wine* uppdaterat så behöver vi lägga till programförrådet från WineHQ bland de programförråd som vi använder oss av (se avsnittet *Hantera programkällor*). Hur detta går till beskrivs också på Wines hemsida *http://www.winehq.org/site/download-deb*. I version 10.04 eller senare av Ubuntu finns beta-version av Wine med i programförrådet.

För användare av Ubuntu 8.10 och senare (för tidigare versioner, besök Wines webbplats) så behöver vi lägga till följande rad under *Programkällor – Övrig programvara:*

ppa:ubuntu-wine/ppa

Exempel: Vi provar att ladda hem utorrent.exe som är en populär BitTorrent-klient. Sedan är det bara att dubbelklicka på exe-filen för att starta programmet med *Wine*. *uTorrent* kanske inte det bästa exemplet eftersom det finns gott om BitTorrent-klienter för Linux samt att *uTorrent* finns i en version för Linux.

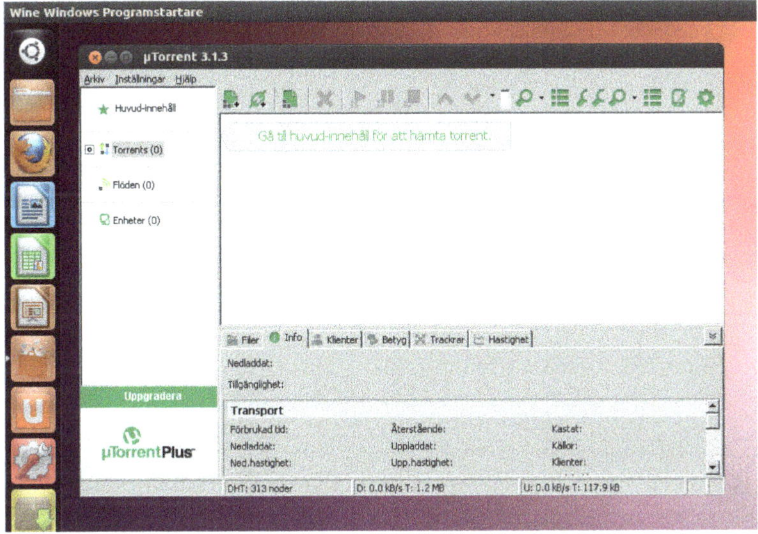

Programmet *Utorrent* (Windowsversionen) som körs via **Wine**.

Repetition - Installation av program (v. 1.0)

	Pakethanteraren	.deb
Grafiskt	Via *Programstartaren-Programvara för Ubuntu* eller *Pakethanteraren Synaptic*. Skillnaden är att *Synaptic* är mer avancerad och där listas alla programpaket. Programkällorna ändras via menyn i pakethanteraren.	Genom att dubbelklick filen startar *Programv för Ubuntu* som install paketet. Eventuella be den löses direkt. Progr som installeras via .de ler uppdateras inte aut tiskt av programhanter

I Terminalen	`apt-get update`
	
	Uppdaterar programkällorna
	
	`apt-get install program`
	
	Installerar program
	
	`apt-get upgrade`
	
	Uppgraderar alla programpaket
	
	Programkällorna konfigureras genom att editera filen `/etc/apt/sources.list`
		Med kommandot `dpk`
		
		`dpkg -i filnamn.de`

...d	.rpm	.snap
...ueras oftast som *...gz-fil*. Dessa packas upp grafiskt. Själva ...eringen och instal-...n måste dock ske i ...alen.	Red Hat och Fedoras for-mat på programpaket. För att installera ett *rpm*-paket behöver vi installera pro-grammet *alien* via pake-thanteraren (grafiskt eller via terminalen).	Finns i skrivande stund inget grafiskt gränssnitt för att hantera snap-paket utan man är hänvisad till termi-nal-kommandon. 
...ilen packas upp med ...andot **tar** ...xvf fil.tar.gz ...figure ...eder för kompilering ...apar en makefil. ...lerar programmet ...install ...erar programmet	**apt-get install alien** **alien -k filnamn.rpm** (konventerar rpm-paketet till ett deb-paket) **alien -i filnamn.rpm** (installerar rpm-paketet)	**snap find** Söker paket. **snap install namn** Installerar paket **snap refresh** Uppdaterar **snap list** Visar installerade paket. **snap remove namn** Tar bort paket. **snap changes** Visar ändringar

Begreppslista

Binärkod	Körbar kod.
.deb-fil	Standardformatet på programpaketen för Ubuntu (och Debian).
GCC	GNU C-Compiler. Fri kompilator som mer eller mindre är standard inom Linuxvärlden.
GPG-nyckel	Krypteringsnyckel som används för att verifiera ett programpaket.
Kompilera	Att översätta källkod till binärkod. Programmet som gör detta kallas för kompilator.
Källkod	När man programmerar ett program så skriver man det i textformat där man talar om för datorn vad som skall göras.

Mjukvaruberoende/dependency
För att vissa program ska fungera så krävs det ibland att något annat program är installerat. Detta kallas för ett beroende.

Pakethanterare	Programmet som används för att installera och avinstallera program via programkällorna.
PID	Process ID. Varje process har ett unikt processnummer.
PPID	Parent process ID. Processnumret på den process som startad processen.
Process	En del av ett program som körs.

Programkällor/repositories
Ett lagringsutrymme (oftast en server på Internet) som innehåller en massa program som vi kan installera via pakethanteraren.

Programpaket	Konceptet som går ut på att baka ihop allt som behövs för att installera ett program till ett paket. Underlättar installation och hanteringen av program.
.rpm-fil	Standardformatet på programpaketen för Red Hat och Fedora.
tar.gz-fil	Vanligt förekommande filtyp för komprimerade filer. Innehåller oftast källkod men även binärkod.

Övningsuppgifter

1. Beskriv hur du går tillväga för att installera programmet gParted i den grafiska miljön.

2. Ange rätt terminalkommando för att göra följande:

   a) Uppdatera programkällorna

   b) Installera paketet nethack-console

   c) Uppgradera all programvara?

3. Beskriv de tre moment som behöver genomföras för att installera ett program i källkods-format. Ange vilka kommandon du behöver ge, samt förklara vad varje kommando gör.

4. Förklara vad programkällor är för något och beskriv hur man ändrar på dem.

5. Vad skiljer programkällorna *main, restricted, universe* och *multiverse* åt?

6. Vad innehåller programpaketet *Ubuntu restricted extras* för något?

7. Förklara skillnaden mellan *Programvara för Ubuntu* och *Pakethanteraren Synaptic*.

8. När man installerar ett program så kan det finnas programberoenden (dependencies) som måste lösas. Vad innebär detta?

9. Vilka fördelar respektive nackdelar finns det med att installera program i källkodsformat?

Diskussionsuppgifter

Diskussionsuppgifterna genomförs lämpligast i små grupper och är av undersökande natur. Det är inte säkert att det finns ett definitivt svar på frågeställningarna. Syftet med uppgifterna är att fördjupa kunskaperna samt stimulera förmågan att aktivt söka och utvärdera information från andra källor (främst Internet).

1. Kan man själv spegla en programkälla och vilken praktisk nytta skulle man i så fall ha av detta?

2. Kan programberoendena skadas på något sätt och vad gör man åt det i så fall?

3. Om vi kör en äldre version av Ubuntu och vill uppgradera till senaste versionen som är minst två versionsnummer nyare. Hur gör man då?

4. Vilka fördelar finns med att lägga till extra programkällor? När är det bra?

Praktiska laborationer

1. Installera programpaketet *Ubuntu restricted extras* (eller något annat program) i den grafiska miljön.

2. Installera klassikern "Nethack" med apt-get i terminalen. Paketet heter *nethack-console.*

3. Installera spelet "Wormux" som är en Worms-klon med apt-get.

4. Prova att installera spelet "Pengupop" i källkodsformat så som beskrivits i kapitlet.

5. Installera *Synaptic* och installera *Wine* via *Synaptic*.

6. Ladda hem ubuntu-tweak som en .deb-fil och installera det.

7. Installera ett valfritt snap-paket.

Användarhantering

I samband med installationen av Ubuntu skapar vi ett personligt användarkonto som egentligen inte är ett administratörskonto men har rättigheter att utföra arbete som kräver administrativa rättigheter genom att verifiera sig med lösenord när så krävs i den grafiska miljön. Kontot som skapas i samband med installationen blir automatiskt medlem i gruppen *admin*. Via terminalen har denna användare tillgång till kommandot **sudo** vilket betyder att vi aldrig behöver vara inloggade som administratör eller *root* som administratörskontot heter i Linux. Ur säkerhetssynpunkt så ska man undvika *root*-kontot. *Root*-kontot skapas dock automatiskt vid installation men är i praktiken inaktiverat då inget lösenord är satt. Om vi så vill så kan vi ange ett lösenord för *root*-kontot och därmed använda det.

Hantera användare och grupper grafiskt

Under *Systeminställningar – System– Användarkonton* hittar vi det grafiska program som låter oss hantera användare i Unity. Det verktyget saknar en hel del jämfört med det grafiska verktyget i GNOME. Därför kommer vi att titta lite mer på det. Användare av Unity kan installera paketet ***gnome-system-tools*** som ger de grafiska verktygen som hör till GNOME.

Användarkont

Startar vi programmet ser vi en lista över de användare som finns. I listan ser vi *namn* och *inloggningsnamn* för de olika användarna. Har vi inte skapat några andra användare så ser vi den användare vi skapade i samband med installationen av Ubuntu. Observera att vi måste klicka på *Lås upp* för att kunna göra ändringar.

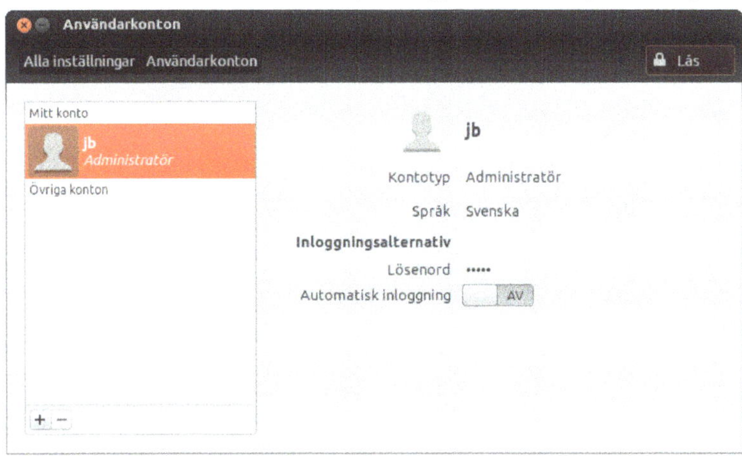

Klickar vi på det lilla plus-tecknet nere till vänster så kan vi skapa en ny användare, alltså ett nytt användarkonto. Först måste vi då klicka på *Lås upp*.

Följande avsnitt visar det grafiska verktyget för att hantera användare och grupper i GNOME (gnome-system-tools).

Den enda informationen som vi **behöver** ange är *Användarnamn* och *lösenord*. Användarnamnet får inte innehålla några versaler. Lösenordet måste vara minst 6 tecken långt. När kontot är skapat så kan vi välja att ändra kontotyp. De kontotyper som finns att välja mellan är anpassad, administratör och skrivbordsanvändare.

Kontotypen *skrivbordsanvändare* är den normala, förvalda profilen som inte har några administrativa användarprivilegier. Väljer vi profilen *Administrator* får den nya användaren alla användarprivilegier.

Klickar vi på knappen *Avancerade inställningar* får vi lite fler alternativ och inställningsmöjligheter.

Under fliken *Användarprivilegier* kan vi välja fritt vilka användarprivilegier som den nya användaren skall få. Det blir då en anpassad kontotyp.

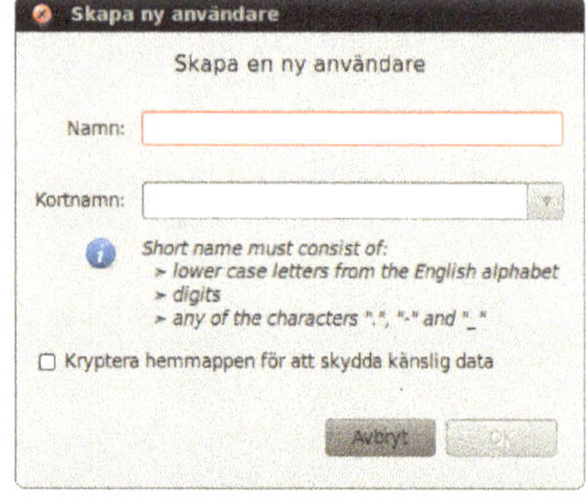

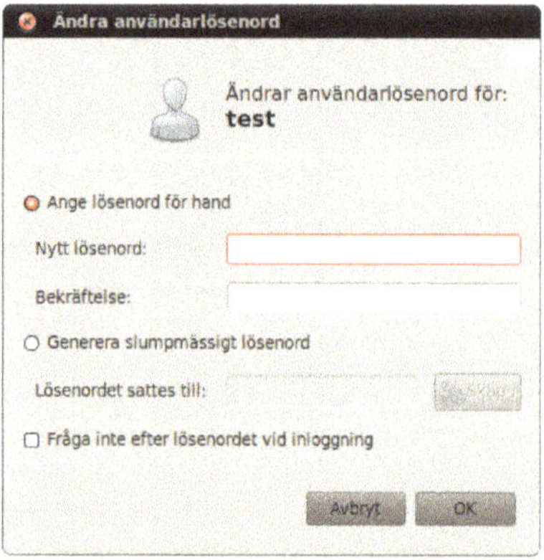

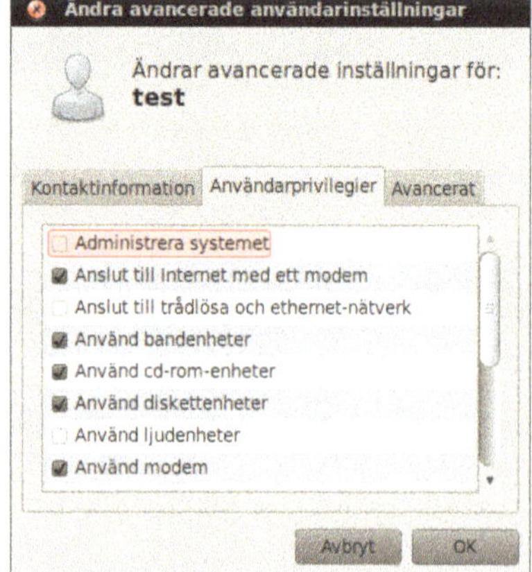

Under fliken *Avancerat* kan vi ange vart användarens hemmakatalog ska skapas. Standard är att alla användares hemmakataloger skapas under **/home**. Användarens hemmakatalog döps automatiskt till användarens inloggningsnamn. Vi kan även välja ett annat skal till användaren (ifall vi installerat något annat än bash som är standard). Under *Huvudgrupp* kan vi välja vilken grupp som användaren skall ha som huvudgrupp. Väljer vi ingen grupp så kommer användaren automatiskt att tillhöra en huvudgrupp som heter detsamma som användarens inloggningsnamn. Detta är även det normala. Under

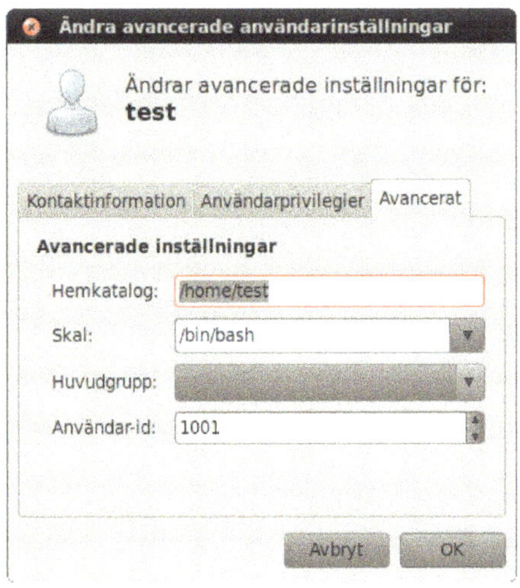

Användar-id kan vi, om vi vill, ändra det unika nummer som varje användare har. Det unika numret tilldelas automatiskt och börjar på 1000 och räknas uppåt allt eftersom fler användarkonton skapas. Det användarkonto som skapades i samband med installationen av Ubuntu har alltså användar-id 1000. Andra distributioner börjar numreringen av användare vid andra nummer.

Klickar vi på knappen *Hantera grupper* i programmet *Användarinställningar* kan vi hantera alla grupper som finns.

En grupp är oftast en eller fler användare. En användare kan tillhöra flera grupper. En grupp kan även tillhöra andra grupper. Grupper används för att underlätta hanteringen av rättigheter och behörigheter till olika saker i systemet.

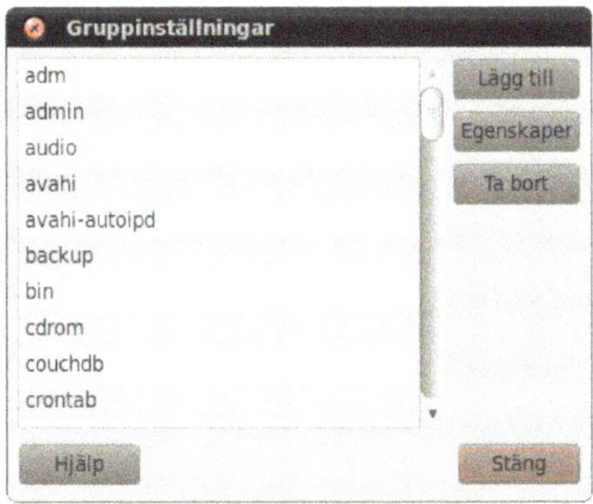

Låt oss säga att vi har ett hundratal användare på vårt system och vill att hälften av dessa användare ska ha tillgång till en viss mapp eller funktion på datorn. Enklast är då att skapa en grupp som vi enkelt lägger till dessa användare i och sedan sätter lämpliga rättigheter för gruppen som då påverkar alla medlemmar i gruppen. Alternativet hade varit att sätta lämpliga rättigheter för alla användare, vilket skulle innebära **mycket** mer arbete.

I listan ser vi flera grupper som hör till användare för program och tjänster som behövs för att systemet och installerade program skall fungera. Dessa användare kan inte logga in på systemet som en normal användare men finns ändå med bland användarna men listas inte bland de vanliga användarna i *Användarinställningar*.

Genom att klicka på knappen *Lägg till* kan vi skapa en ny grupp. Vi behöver ange ett gruppnamn för gruppen (samma regler gäller som vid namngivning av användare). Vi kan även ändra *Grupp-id* som annars anges automatiskt om vi inte ändrar något. *Grupp-id* fungerar på liknande sätt som *Användar-id* för användare. I samband med att man skapar en ny grupp så kan vi enkelt lägga till gruppmedlemmar genom att klicka i rutan bredvid användarnamnet i listan över tillgängliga användare.

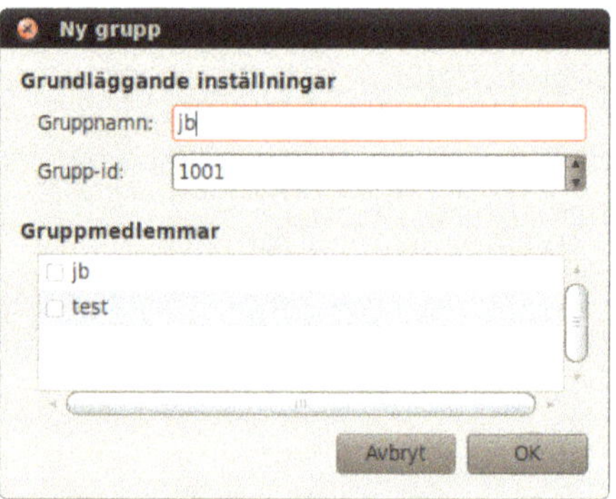

I *Gruppinställningar* kan vi genom att klicka på knappen *Egenskaper* ändra lägga till och ta bort medlemmar i en grupp samt ändra *Grupp-id* för gruppen. Vi kan även ta bort grupper via *Gruppinställningar*.

Hantera användare och grupper i terminalen

Väljer vi att hantera användare och grupper via terminalen finns det en hel del kommandon och konfigurationsfiler som man behöver känna till.

Kommandon

su

Kort för **s**ubstitute **u**ser eller **s**witch **u**ser. Används för att byta användare i terminalen. Syntaxen är **su användarnamn**. Skriver vi enbart **su** så byter vi till *root*-användaren eftersom detta var vanligt förr. Nu för tiden är det bättre att använda **sudo** kommandot. Genom att lägga till – , alltså **su –** så laddas även miljövariablerna för den användare som vi byter till. För att byta tillbaka till den ursprungliga användaren används kommandot **exit**. Användbart kommando för att tillfälligt byta till en annan användare för att till exempel kontrollera inställningar eller rättigheter för användaren.

adduser/useradd

Används för att skapa ett nytt användarkonto. Det räcker att ange **adduser användarnamn** för att skapa en användare. Vi kommer då att få ange nytt lösenord för kontot samt övrig frivillig information om användaren. Samma regler gäller för namngivningen av kontot som nämnts tidigare. Användarens hemmakatalog skapas automatiskt under **/home**. När en användare skapas så kopieras en så kallad *Default user profile* från en mall under **/etc/skel**. Profilen hamnar i användarens hemmakatalog och blir den nya användarens användarprofil. Mallen kan man modifiera efter behov. Vill vi så kan vi ange en massa flaggor för att konfigurera den nya användaren meddetsamma. Vill vi till exempel ha ett konto för *Per Persson*, inloggningsnamn *peller*, userid=*1050* som är medlem i gruppen *ekonomi* och ha sin hemkatalog i */hem2/pelle* samt använda skalet /bin/bash skriver vi:

```
useradd pelle -c "Per Persson" -u 1050 -g ekonomi -d /
hem2/pelle -s /bin/bash.
```

addgroup/groupadd

Används för att skapa en ny grupp i systemet. Syntax: addgroup gruppnamn.

passwd

Detta kommando används för att byta lösenord för en användare. Alla användare kan byta sitt eget lösenord men det krävs administrativa rättigheter för att byta lösenord för någon annan. Syntax: **passwd användarnamn**.

deluser/userdel

Används för att ta bort ett användarkonto från systemet. Växeln **-r** tar bort användarens hemmakatalog och alla filer däri som användaren är ägare till tillsammans med användarkontot. Syntax: **deluser användarnamn**.

delgroup/groupdel

Används för att ta bort en grupp från systemet. Syntax: **delgroup gruppnamn**.

usermod

Används för att modifiera ett konto. Växeln **-L** används för att låsa ett konto (lock) och växeln **-U** används för att låsa upp ett konto (unlock). För att lägga till en användare används växeln **-a** (add) och **-G** (group). Kommandot **usermod -a -G gruppnamn användarnamn** lägger till en användare (*användarnamn*) till gruppen *gruppnamn*.

groupmod

Detta kommando används för att modifiera en grupp.

groups

Detta kommando används för att lista alla grupper på systemet (ifall bara kommandot **groups** används) eller för att lista alla grupper som en användare tillhör. Syntax: **groups användarnamn**.

users

Detta kommando används för att lista alla användare som är inloggade på systemet just nu.

Viktiga konfigurationsfiler

/etc/passwd

All information om alla användare på systemet sparas i denna fil som heter likadant som kommandot för att ändra lösenord för användare vilket kan vara lite förvirrande. Vill vi göra ändringar för en användare eller lägga till en ny användare så kan vi helt enkelt editera denna fil med ett textredigeringsprogram. Detsamma gäller för alla konfigurationsfiler som systemet använder. Det rekommenderas dock att använda kommandona som finns för detta ändamål (dessa är också enklare att använda).

Närmare titt på filen **/etc/passwd**

Vi öppnar filen med kommandot **nano /etc/passwd** (för att göra ändringar krävs administrativa rättigheter).

```
jb@jb-laptop: ~/.wine
Arkiv  Redigera  Visa  Terminal  Hjälp

  GNU nano 2.2.2                  Fil: /etc/passwd

rtkit:x:112:118:RealtimeKit,,,:/proc:/bin/false
saned:x:113:119::/home/saned:/bin/false
gdm:x:114:120:Gnome Display Manager:/var/lib/gdm:/bin/false
jb:x:1000:1000:jb,,,:/home/jb:/bin/bash
test:x:1001:1001:test,,,:/home/test:/bin/bash


^G Få hjälp    ^O Spara      ^R Läs fil    ^Y Föreg sid   ^K Klipp ut    ^C Akt. pos
^X Avsluta     ^J Justera    ^W Var finns  ^V Nästa sid   ^U Ångra kopi  ^T Stavkontr.
```

Vi ser nu alla användare i systemet. Inklusive användarkonton som skapats av tjänster och program och som behövs för att systemet ska fungera. Långt ner i listan hittar vi användaren som vi skapade i samband med installationen. I detta fall användaren *jb*. Raden som beskriver denna användare är alltså:

```
jb:x:1000:1000:jb,,,:/home/jb:/bin/bash
```

Alla värden för användaren separeras med tecknet **:**.Börjar vi från början så är *jb* inloggningsnamnet, *x* är användarens lösenord som inte är x och lagras heller inte i filen passwd utan alla lösenord är krypterade och lagras i filen /etc/shadow. Första talet *1000* är *Användar-id* och nästa tal *1000* är *Grupp-id* för användarens primära grupp. Efter detta har vi *jb,,,* som är kommentarer för användaren så som förnamn, efternamn med mera. */home/jb* anger hemmakatalogen för användaren. Sist anges vilket skal som användaren ska använda */bin/bash*. Vill vi inaktivera ett användarkonto kan vi ändra skalet till */bin/false* vilket förhindrar användaren från att logga in på systemet.

/etc/group

Denna fil innehåller information om alla grupper. Vill vi lägga till användare i en grupp så kan vi editera denna fil.

```
jb@jb-laptop: ~/.wine
Arkiv  Redigera  Visa  Terminal  Hjälp

  GNU nano 2.2.2                  Fil: /etc/group

pulse-access:x:117:
rtkit:x:118:
saned:x:119:
gdm:x:120:
nopasswdlogin:x:121:
jb:x:1000:
sambashare:x:122:jb
winbindd priv:x:123:


^G Få hjälp    ^O Spara      ^R Läs fil    ^Y Föreg sid   ^K Klipp ut    ^C Akt. pos
^X Avsluta     ^J Justera    ^W Var finns  ^V Nästa sid   ^U Ångra kopi  ^T Stavkontr.
```

/etc/shadow

Denna fil innehåller alla lösenord för användarna. Lösenorden är krypterade och det krävs administrativa rättigheter för att läsa filen.

/etc/sudoers

I denna fil anges (bland annat) vilka som får använda kommandot **sudo**.

Behörigheter

I tidigare versioner av Ubuntu så fanns ett program under *System – Administration – Behörigheter* som var ett grafiskt verktyg som lät oss att redigera en mängd behörigheter för att hantera systemet.

Programpaketet som hanterar dessa behörigheter har uppdaterats men tyvärr så finns det inget grafiskt gränssnitt längre. Detta kommer antagligen tillbaka i kommande versioner. Det går fortfarande att konfigurera dessa behörigheter genom att redigera xml-filer i mappen **/usr/share/polkit-1/actions**. Det går även att installera det gamla programpaketet (gnome-policykit) som fanns förr men på grund av uppdateringen så ger det oss bara begränsade möjligheter.

Behörigheter (rättigheter) till filer och kataloger

För alla filer och mappar så kan vi ange olika behörigheter (permissions/rättigheter). De behörigheter som finns är:

- **Read (r)**   Innebär att man får läsa filer och lista innehåll i mappar.
- **Write (w)**   Innebär att man får ändra och ta bort filer och mappar.
- **Execute (x)**   Innebär att man får exekvera en körbar fil.

Det finns tre nivåer som vi kan ange behörigheter för:

- **Ägare (owner/user)** Berör den användare som är ägare till filen/mappen.
- **Grupp (group)**   Berör alla som är medlemmar i ägargruppen för filen/mappen.
- **Övriga (other)**   Berör alla andra som inte tillhör någon av övriga nivåer.

För att sätta lämpliga rättigheter för en fil eller mapp så kan vi behöva ändra ägare eller ägargrupp för filen/mappen.

Ändra behörigheter för filer och mappar grafiskt

Genom att högerklicka på en mapp eller fil och välja *Egenskaper* så kan vi redigera rättigheterna som vi hittar under fliken *Rättigheter*. Vi måste dock vara administratörer för att göra detta för andra filer och mappar än de vi är ägare till.

Väljer vi att redigera rättigheter för en mapp så kan vi göra detta för själva mappen, *Mappåtkomst*. Vi kan även sätta rättigheter för filerna i mappen, *Filåtkomst*.

Vi kan också ändra ägargrupp för mappen. Det går inte att ändra ägare för mappen eftersom vi startade *Nautilus* (filbläddraren/utforskaren) som en vanlig användare. För att ändra detta se kapitlet *Tips och trix*. Vill vi starta *Nautilus* med administrativa rättigheter så kan vi så länge trycka **ALT+F2** och skriva *gksu nautilus* och vips så kan vi ändra på allt *(paketet gksu måste installeras först)*.

För att verkställa ändringarna klickar vi på knappen *Verkställ rättigheter på berörda filer*.

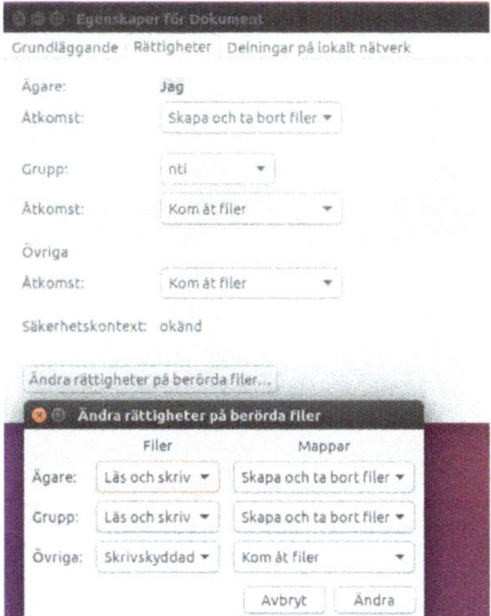

Gör vi detsamma för en fil ser vi att alternativen är färre. Vi kan ändra ägare och ägargrupp samt vilka rättigheter (Åtkomst) som skall gälla. Åtkomstalternativen är *Inget*, *Läs och skriv* (detsamma som write) och *Skrivskyddad* (detsamma som read).

Klickar vi i alternativet *Tillåt körning av filen som ett program* så får vi exekvera filen. Det är dock otydligt i det grafiska läget vilka som får exekvera filen.

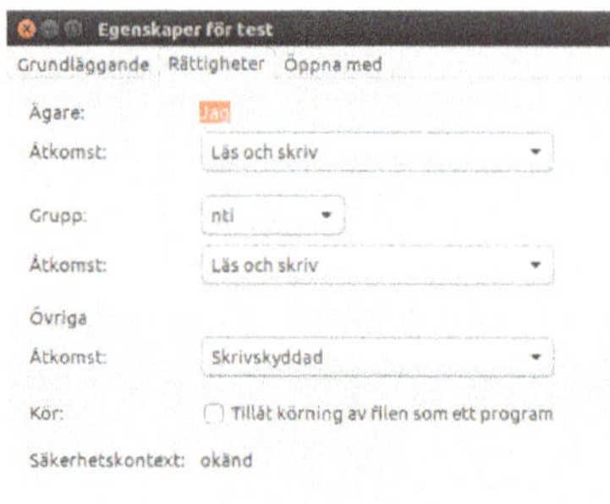

Ändra behörigheter för filer och mappar i terminalen

Listar vi innehållet i en mapp detaljerat, alltså med kommandot **ls -l** så ser vi följande:

Vi tittar närmare på filen *hej2.txt* och analyserar det vi ser.

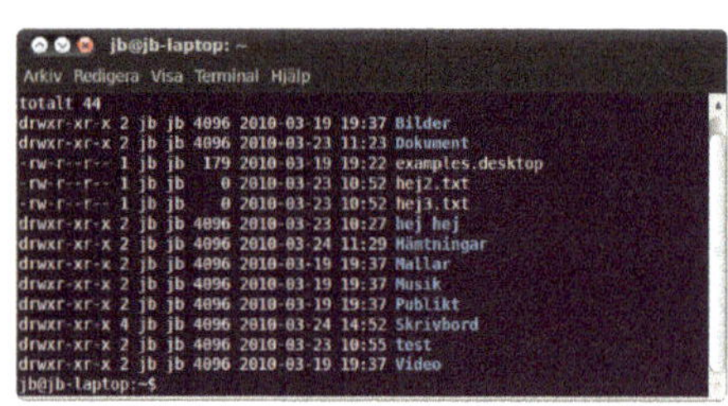

Först ser vi **-rw-r--r--** som anger rättigheterna för alla tre nivåer samt vad det är för något vi ser. Första tecknet är **-** och innebär att det är en fil (**d** hade betytt mapp, **l** för länk och vissa enheter har andra beteckningar). Nästa tre tecken är rättigheterna för ägaren till filen, i detta fall **rw-** vilket betyder att ägaren får läsa (**r** = read) och skriva (**w** = write) till filen. Sista strecket betyder att filen ej får exekveras i annat fall hade det varit ett **x** (**x** = execute). Nästa tre tecken är rättigheterna för ägargruppen och de sista tre tecknen är rättigheterna för alla andra (other).

Nästa kolumn ser vi ägaren till filen, i detta fall *jb*. Efter detta ser vi ägargruppen, i detta fall *jb*.

För att ändra behörighet för filer och mappar används kommandot **chmod**. För att ändra ägare används kommandot **chown**. För att ändra ägargrupp används kommandot **chgrp**.

chmod

Används för att ändra rättigheter för filer och mappar. Detta kan göras på två sätt. Syntax: **chmod -R ugoa +/- rwx filnamn**. Flaggan **-R** (rekursivt) innebär att alla filer och undermappar till den mapp vi ändrar rättigheter för också får de rättigheter vi anger. Sedan kan vi välja vilken nivå vi vill ändra rättigheter för, **u** (user/owner), **g** (group), **o** (other) eller **a** (all alltså alla). Sedan väljer vi om vi vill lägga till rättigheter **+** eller ta bort rättigheter **-**. Därefter anger vi vilka rättigheter som vi vill lägga till/ta bort (read, write, execute). Och sist men inte minst anger vi vilken fil eller mapp som vi vill ändra rättigheter för. Exempel:

chmod -R a+ rwx /test

Lägger alltså till alla rättigheter (**rwx**) för alla (**a** = ägare, ägargrupp och övriga) för mappen **/test** och alla filer och undermappar i **/test**.

Förutom de vanliga rättigheterna (**rwx**) finns ytterligare tre rättigheter som vi kan sätta. Dessa är **X**, **s** och **t**. Det speciella med dessa rättigheter är att de bara kan sättas för en behörighetsnivå.

X betyder rättighet att exekvera en fil (eller söka i en mapp) endast om den rättigheten redan finns för någon annan nivå (alltså **x**).

s betyder *SUID* (*Set User ID*) eller *SGID* (*Set Group ID*) beroende på vilken nivå denna rättigheten är satt (den kan inte sättas för övriga/other och bara för filer). **s** betyder att ifall en fil exekveras så exekveras filen med samma rättigheter som ägaren eller ägargruppen har (beroende på vilken nivå som är berörd). Litet **s** innebär att berörd nivå inte får exekvera filen. Stort **S** betyder att berörd nivå får exekvera filen samt att *SUID/SGID* är satt (**x + s = S**)

t kallas även *sticky bit*. Denna rättighet kan bara sättas för en mapp och betyder att även om en användare har skrivrättigheter (*write*) för en fil i mappen, vilket normalt sett innebär att man även kan ta bort filen, så går inte detta om användaren inte äger filen. Precis som med **s** så delar rättigheten **t** "plats" med **x**. Därför blir **x + t = T**.

Det går även att sätta rättigheter med siffror.

- 0 = inga (**-**)
- 1 = exekvera (**x**)
- 2 = skriva (**w**)
- 4 = läsa (**r**)

Exempel: chmod 755 fil ger följande resultat:

- User = 7 (1+2+4) (får fullständiga rättigheter)
- Group = 5 (1+4) = Exekvera o läsa (**r-x**)
- Other = 5 (1+4) = Exekvera o läsa (**r-x**)

chown

Används för att byta ägare för en fil/mapp.

Syntax: **chown nyägare fil**

Exempel:

- **chown root /u**   Ändra ägare av **/u** till *root*.
- **chown root:staff /u** Samma, men ändra även dess grupp till *staff*.
- **chown -hR root /u**   Ändra ägare av **/u** och undermappar samt filer till *root*.

Chgrp

Används för att byta ägargrupp för en fil/mapp.

Syntax: **chgrp nyägargrupp fil**

Exempel:

- **chgrp staff /u**   Ändra gruppen för **/u** till staff.
- **chgrp -hR staff /u** Ändra gruppen för **/u** och underfiler till staff.

Övningsuppgifter

1. Ange vilka kommandon/program (med eventuella växlar) du använder i terminalen för att:

    a) Lägga till en användare med inloggningsnamnet *vader*

    b) Byta lösenord för användaren *hansolo*

    c) Skapa en grupp som heter *evilempire*

2. Beskriv hur du gör i terminalen för att lägga till användaren *vader* till gruppen *evilempire*

3. Ange terminalkommandot för att utföra följande uppgifter (bara kommandot inga växlar)

    a) Byta ägare till en fil eller mapp

    b) Byta ägargrupp för en fil eller mapp

    c) Ändra rättigheterna för en fil eller mapp

4. På bilden ser du innehållet i en mapp. På datorn finns det två grupper av användare upplagda. Dels *evilempire* vars medlemmar är *vader* och *emperor* samt gruppen *rebellion* dit användarna *luke* och *leia* tillhör. Dessutom finns det en ensam användare *jb* som tillhör gruppen *jb*.

```
----r--rw- 1 luke   jb                4 2009-05-06 09:18 fil1
-rw-r--r-- 1 jb     evilempire        4 2009-05-06 09:18 fil2
-rw-rw---- 1 jb     rebellion         4 2009-05-06 09:18 fil3
drwxr-x--- 2 luke   rebellion      4096 2009-05-06 09:18 mapp1
drwxr-x--- 2 vader  evilempire     4096 2009-05-06 09:18 mapp2
jb@ubuntu:~$ _
```

    Besvara följande frågor:

    a) Vilka användare får läsa fil1?

    b) Vilka användare får läsa innehållet i mapp2?

    c) Vilka användare får ändra i fil3?

    d) Vilka användare får skapa filer i mapp1?

    e) Vilka användare får ta bort fil1?

    f) Ange kommandorad(er) för att ändra rättigheterna så att alla får fulla rättigheter till fil2.

    g) Ange kommandorad(er) för att ändra rättigheterna så att bara luke får fulla rättigheter till fil1. Alla övriga användare ska inte ha några rättigheter alls till fil1.

5. Vad heter filen där all information om användarna sparas och var hittar man den?

6. Beskriv hur man gör för att:
   a) Låsa ett användarkonto
   b) Ta bort ett användarkonto

7. Förklara vad "sticky bit" är för något i samband med rättigheter.

Diskussionsuppgifter

Diskussionsuppgifterna genomförs lämpligast i små grupper och är av undersökande natur. Det är inte säkert att det finns ett definitivt svar på frågeställningarna. Syftet med uppgifterna är att fördjupa kunskaperna samt stimulera förmågan att aktivt söka och utvärdera information från andra källor (främst Internet).

1. Hur gör man ifall man vill skapa fler användarkonton med administratörsrättigheter?

2. Från och med Ubuntu 8.10 finns "guest session" med som alternativ när vi klickar på "strömknappen". Vad är detta och när är det användbart?

Praktiska laborationer

1. Skapa två nya användare, *kalle* och *stina*.

2. Byt lösenord för användaren *kalle*.

3. Skapa en grupp som heter *kompisar*.

4. Lägg till *kalle* och *stina* i gruppen *kompisar*.

5. Prova att byta till användaren *kalle* med kommandot **su** (*su kalle*). Du "loggar ut" *kalle* med kommandot **exit**.

6. Prova att ändra så att *kalle* inte kan logga in (alltså låsa hans konto). Kontrollera att det fungerar med **su** kommandot.

7. Lås upp kalles konto igen.

8. Skapa en mapp i roten som heter **delad** (alltså **/delad**)

9. Ändra rättigheterna för mappen **/delad** så att alla kan läsa och skriva till mappen. Kontrollera genom att byta användare till *kalle* och skapa en mapp som du sedan tar bort.

10. Skapa nu två mappar i mappen**/delad** som heter *kalles* och *stinas*.

11. Ändra rättigheterna för mapparna **/delad/kalles** och **/delad/stinas** så att bara kalle har fulla rättigheter i sin mapp och ingen annan har några rättigheter (inte ens läsa). Gör likadant för stinas mapp.

Nätverk

Linux associeras traditionellt med nätverk och servrar och detta gäller än. Linux och Unix är de dominerande operativsystemen som används av servrar på Internet. Många stora företag, skolor och hela kommuner kör Linux på sina servrar (och även på arbetsstationer). Det är först på senare år som Linux på allvar blivit ett attraktivt val för "normala" hemanvändare. I detta kapitel kommer vi att titta på de grundläggande moment vad gäller nätverk och vanligt förekommande nätverkstjänster. Någon annat än en grundläggande beskrivning av nätverkstjänster, protokoll och konfigurering av olika serverapplikationer är inte möjlig eftersom det hade blivit en bok i sig.

Grundläggande datorkommunikation

Hela poängen med att koppla samman datorer i ett nätverk är att man vill kunna dela på resurser och använda olika nätverkstjänster. En *resurs* i detta sammanhang är detsamma som en skrivare eller mapp som gjorts tillgänglig via nätverket. En *tjänst* i detta sammanhang är i princip allt som vi kan göra via nätverket. Det finns hundratals olika tjänster som alla använder olika *protokoll* för att fungera. De vanligaste tjänsterna som används på Internet är *e-post* (mail) och *webben* (eller www, world wide web). I vardagstal så likställs oftast *nätet* med Internet och webben.

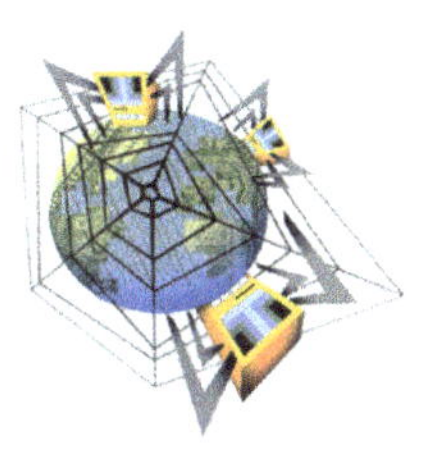

För att alla datorer och andra enheter på ett nätverk skall kunna kommunicera med varandra så måste alla prata samma språk och följa samma regler. Dessa språk/regler kallas för protokoll. Det *protokoll* som används på Internet och så gott som alla *LAN* (*Local Area Network, lokalt nätverk*) kallas *TCP/IP-protokollet* och är egentligen en uppsättning av flera protokoll och tjänster varav protokollen *TCP (Transmission Control Protocol)* och *IP (Internet Protocol)* är de viktigaste och som de flesta tjänsterna i sin tur använder sig av.

De flesta tjänsterna bygger på en *client/server*-teknik. Detta innebär att någon dator i nätverket agerar *server* och tillhandahåller en tjänst medan de datorer som använder tjänsten kallas *klienter (clients)* och ansluter till servern. Ett exempel på detta är när vi surfar på webben med vår webbläsare (t.ex *Firefox*). Vår webbläsare är ett klientprogram som vi använder till att ansluta till en webbserver. Webbservern är alltså en dator på nätverket som agerar server genom att köra en webbserver-programvara. Förutom *client/server*-modellen så finns även *peer-to-peer (P2P)*-nätverk. I ett *P2P-nätverk* så finns det inga roller utan alla anslutna är jämlika (*peer*

= jämlike) och kan både agera server och klient samtidigt. Exempel på en sådan tillämpning är *BitTorrent* som är ett protokoll för filöverföring.

En dator som är ansluten till nätverket kallas även *host* (*network host*). Detta begrepp är lite knepigt eftersom på svenska översätts host med *värd* (*värddator*) och är underförstått detsamma som en dator som agerar server vilket inte behöver vara fallet.

All information/data som skickas i ett nätverk delas upp i små delar som kallas *paket*. Det finns flera fördelar med detta. Skulle det till exempel bli ett litet fel vid överföringen av en stor mängd data så räcker det med att skicka om de paket som är felaktiga istället för att skicka om allt.

Mer om protokoll

IP-protokollet sköter adresseringen. Alla datorer på ett nätverk har en egen unik adress, *IP-nummer (eller IP-adress)*. Skulle det finnas en dubblett på nätverket så uppstår problem. Det finns två versioner av IP-adresser. Den vanligaste formen är en *IPv4* (*IP version 4*)-adress. Det finns även en *IPv6* (*IP version 6*) som är tänkt att efterträda *IPv4* eftersom antalet IPv4-adresser ej räcker till. IP-numret (*IPv4*) består av 4 stycken 8-bitarstal separerade med punkter som skrivs i decimalform. Vi kan alltså ha IP-adresser från 0.0.0.0 till 255.255.255.255 vilket innebär cirka 4 miljarder olika adresser.

En IPv4-adress   (punktnotation)

172 . 16 . 254 . 1

10101100.00010000.11111110.00000001

En byte =Åtta bits

Trettiotvå bits (4 * 8), eller 4 bytes

Källa: Wikipedia (http://upload.wikimedia.org/wikipedia/commons/c/c6/Ipv4_address_swe.svg)

IP-protokollet paketerar även all data i *paket* som märks med avsändaradress (IP-nummer) och mottagaradress (IP-nummer).

Man kan likna IP-protokollet vid posten. Skall vi skicka en bok till en mottagare så delas boken upp i delar (mindre paket) som alla märks med mottagaradress och avsändaradress innan de skickas.

TCP-protokollet sköter felhantering, och flödeskontrollen samt upprättar en anslutning mellan två datorer. Skulle det saknas ett paket eller bli något fel på ett paket så upptäcker protokollet detta och begär att paketet sänds igen. *TCP-protokollet*

adresserar även all data som skickas så att datorn vet vilka paket som till exempel innehåller hemsidan som vi begärt ska laddas via webbläsaren och vilka paket som innehåller information som *Empathy (programmet för snabbmeddelanden)* ska ha. För att detta ska fungera så används **portnummer** som är ett 16-bitars tal (0-65535). Olika protokoll och program använder olika *portnummer* vilket oftast går att ändra på om man vill.

Vanligt förekommande portnummer:

- 20 – FTP (Data)
- 21 – FTP (Kontroll)
- 22 – SSH
- 25 – SMTP
- 80 – HTTP
- 110 – POP

Istället för **TCP** så används även ibland ett annat protokoll kallat **UDP**. **UDP** kan ses som en enklare variant av **TCP**. Ingen felhantering eller upprättelse av förbindelse i förväg. Används främst vid överföring av multimedia i realtid och datorspel.

Alla datorer som använder **TCP/IP-protokollet** använder IP-adresser för att kommunicerar. För oss användare så är det dock inte så enkelt eller praktiskt att memorera och skriva in en massa IP-adresser när vi vill surfa på webben eller liknande (även om det fungerar bra). Det är mycket enklare att använda namn som adress istället. Dessa namn kallas **domännamn** och för att hantera dessa används en tjänst som heter **DNS (Domain Name System)**. **DNS**-tjänsten används för att översätta en domänadress till IP-nummer (och tvärt om) så att datorn kan kommunicera med adressen (använder port 53). För att detta ska fungera så behöver vår dator ansluta till en DNS-server för att kunna översätta domänadresser.

HTTP (Hyper Text Transfer Protocol) är det protokoll som används för att överföra webbsidor (html-filer, css-filer med mera.) på webben (*www*). HTTP använder som standard port 80.

FTP (File Transfer Protocol) används för att överföra filer. FTP använder port 21 och 20 som standard.

SMTP (Simple Mail Transfer Protocol) används för att skicka e-post. SMTP använder port 25.

POP (Post Office Protocol) används för att hämta e-post från en e-postserver till ett e-postklientprogram. Nuvarande version 3 benämns ofta som **POP3**. POP använder port 110.

DHCP (Dynamic Host Configuration Protocol) används för automatisk tilldelning av IP-inställningar för en dator. Har vi fler än ett par stycken datorer i ett nätverk så är det enklast att hantera alla IP-inställningar via ***DHCP***. Alternativet är att manuellt ange IP-adresser för alla datorer i nätverket. Standardinställningarna för ett nätverkskort är att använda ***DHCP*** vilket innebär att så fort vi ansluter en nätverkskabel (eller ansluter till ett trådlöst nätverk) så letar datorn efter en ***DHCP***-server på nätverket och finns det en sådan så hämtas och anges IP-inställningar automatiskt.

SSH (Secure Shell) är ett protokoll (samt namnet för programmet) som används för att skapa en säker (krypterad) anslutning till en dator. Används främst för fjärradministrering av Unix-liknande operativsystem såsom Linux/Ubuntu. SSH använder port 22.

NFS (Network File System) protokoll som används för att komma åt andra datorers filsystem som om de vore lokala. NFS används främst av Unix/Linux och använder port 2049.

Konfigurera nätverket

Under *Systeminställningar – Hårdvara –* *Nätverk* hittar vi ett grafiskt program som låter oss konfigurera nätverket. Klickar vi på alternativ så får vi upp *Nätverksanslutning-ar*. Vi kan även starta programmet genom att klicka på nätverksikonen upp till höger i systempanelen och välja *Redigera anslut-ningar…*

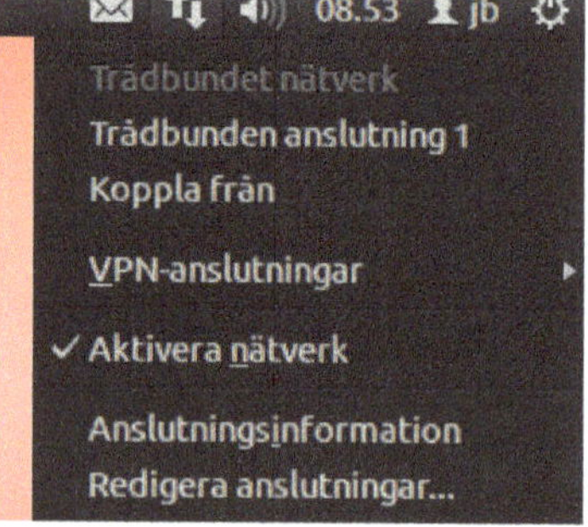

Genom att högerklicka på nätverksikonen kan vi även välja att snabbt avaktivera och aktivera nätverket samt få information om nätverket genom att välja *Anslutningsinfor-mation*.

Väljer vi *Anslutningsinformation* ser vi följande: Namnet på nätverksanslutningen, i detta fall *Auto eth0*. Vi ser även namnet på det gränssnitt eller *interface* som används. I detta fall ***enp0s3***. Det primära nätverkskortet hette förr alltid ***eth0*** och fanns det fler nätverkskort (eller *nätverksinterface*) så kalladess de *eth1*, *eth2* och så vidare. Från och med Ubuntu 15.10 namnges alla nätverkskort på ett mer förut-sägbart sätt (enligt *Udevs* namngivningsregler, 5 varianter finns). Vi ser även nät-verkskortets *Hårdvaruadress*, även kallad *MAC-adress*, som är en unik adress som varje nätverkskort har och som är en fysisk adress till skillnad från IP-adressen som är en logisk adress.

Vi ser även information om hastigheten för nätverksanslutningen samt vilken drivrutin som används. Längst ner ser vi alla IP-inställningar. IP-adress som nämnts tidigare måste varje dator på ett nätverk ha för att kunna kommunicera. *Broadcast-adress* är detsamma som adressen till alla datorer på det lokala nätverket (eller subnätet). Denna adress är detsamma som sista IP-numret i en IP-serie för ett subnät och slutar nästan alltid på .255. *Subnätmasken* anges precis som en IP-adress och används av datorn för att bestämma vilka IP-nummer som finns på det lokala nätverket och vilka som inte gör det. IP-adress och subnätmask är det enda vi behöver ange för att datorn skall fungera på ett lokalt nätverk.

Standardväg (eller *Gateway-adress*) är adressen till den primära *routern* och måste anges ifall vi vill kommunicera med andra nätverk än vårt lokala nätverk (oftast Internet). En router har som uppgift att koppla samman ett eller flera nätverk. Alla paket som ska skickas till IP-nummer som ej finns på vårt lokala nätverk skickas vidare till den primära *routern* eller *Gateway* som sedan i sin tur skickar vidare paketet till rätt mottagare. Sist men inte minst ser vi IP-adressen till vår primära DNS-server. Vi måste ange IP-adress för DNS för att kunna göra *namnuppslag* (det vill säga översätta domännamn till IP-adresser).

Klickar vi normalt på nätverksikonen upp till höger i systempanelen så kan vi välja mellan de nätverksgränssnitt som vi har (olika nätverkskort och trådlös anslutning). Vi kan även välja att hantera *VPN-anslutningar (Virtual Private Network)* och då startas det grafiska programmet för att konfigurera nätverket. Klickar vi på en stan-

dardnätverksanslutning så förnyas IP-inställningarna för anslutningen (via *DHCP*).

Startar vi programmet för att konfigurera nätverket ser vi att alla nätverksanslutningar inklusive *Nätverksproxyserver* som vi kan konfigurera om nätverket använder en proxy-server.

Vi kan välja att lägga till och ta bort nätverksanslutningar (+/-) samt redigera anslutninger via *Alternativ.*

Väljer vi att *Alternativ* för en trådbunden nätverksanslutning ser vi följande:

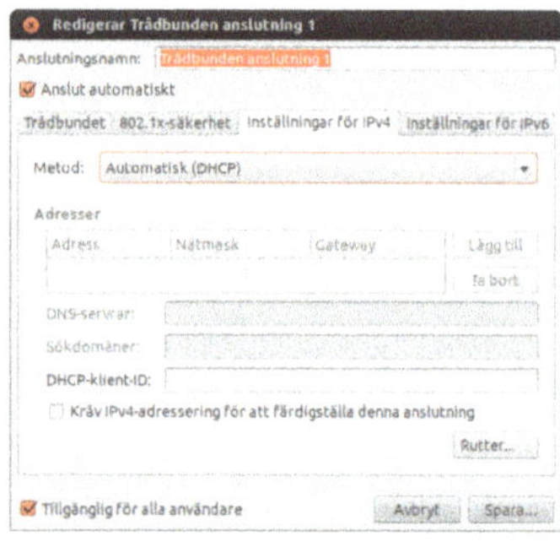

Vi kan välja att byta namn för anslutningen (detta har ingen som helst betydelse för anslutningen). Samt välja ifall anslutningen skall *Ansluta automatiskt* eller inte. Sedan finns det 3 flikar. Under *Trådbundet* ser vi vilken *MAC-adress* vi har samt kan ändra denna (inte att rekommendera). Under *802.1x-säkerhet* kan vi välja att aktivera så att det krävs ett certifikat eller ett smartkort för att kunna använda nätverket. Denna typ av autentisering medför större säkerhet men används oftast bara på arbetsplatser. Under fliken *Inställningar för IPv4* hittar vi IP-inställningarna. Standard är dessa satt till *Automatisk (DHCP)* och sköts då via DHCP-servern på det lokala nätverket. Finns det ingen sådan får vi välja *Manuell* metod och ange alla IP-inställningar för hand (IP-adress, Nätmask, Gateway, DNS-server). Under fliken *Inställningar för IPv6* kan vi konfigurera inställningar för version 6 av IP-protokollet. IPv6 har funnits länge men övergången från IPv4 till IPv6 har varit seg och IPv4 används fortfarande betydligt mer. Detta håller dock på att ändras. Det är bara en tidsfråga innan IPv6 helt ersätter IPv4.

Väljer vi att konfigurera eller använda ett trådlöst nätverk så görs detta under fliken *Trådlöst* i *Nätverksanslutningar* eller genom att vänsterklicka på ikonen för det trådlösa nätverkskortet som finns uppe till höger i systempanelen.

För att ansluta till ett befintligt trådlöst nätverk så är det bara att dubbelklicka på nätverket i listan (alla tillgängliga trådlösa nätverk listas) och välja anslut. De flesta trådlösa nätverken är skyddad med någon form av kryptering och för att kunna ansluta till dessa så måste rätt lösenord/krypteringsnyckel anges.

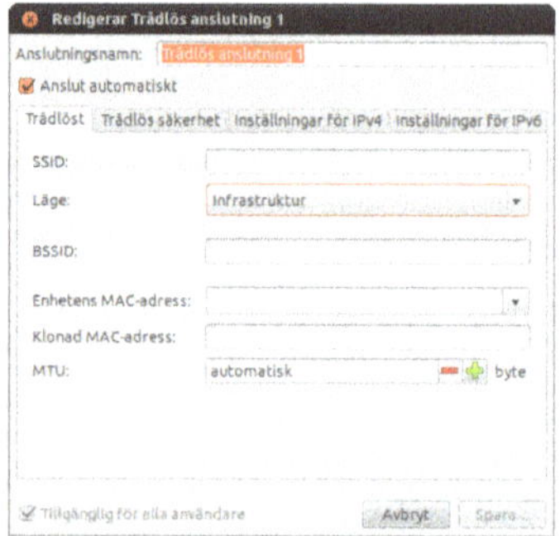

Varje trådlöst nätverk identifieras med sitt **SSID** *(Service Set Identifier)*. Som helt enkelt är namnet på det trådlösa nätverket och det är detta som vi ser i listan över tillgängliga trådlösa nätverk.

För att ytterligare förbättra säkerheten så kan man konfigurera ett trådlöst nätverk till att inte skicka ut sitt *SSID* så att alla kan se. För att ansluta till ett sådant nätverk så måste vi skapa en egen trådlös anslutning och ange korrekt *SSID* samt välja rätt typ av kryptering och ange rätt lösenord/krypteringsnyckel.

Under fliken *Trådlös säkerhet* för en trådlös anslutning så hittar vi inställningarna för krypteringen. Vi kan välja ingen kryptering eller *WEP*, *WPA* och *WPA2*. *WEP*-krypteringen är den äldsta

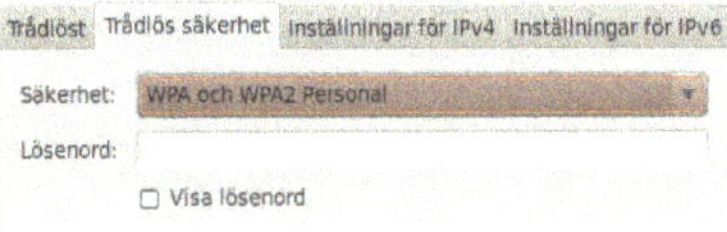

formen och ger inget effektivt skydd eftersom den som vill (och kan) knäcker krypteringen på mindre än en timme. Därför är *WPA*-kryptering att föredra och helst den senaste versionen *WPA2* men det är inte säkert att alla enheter i nätverket har stöd för den typen av kryptering.

Under fliken *Inställningar för IPv4* för en trådlös anslutning hittar vi samma inställningar som för trådbundet nätverk.

Konfigurera nätverket via terminalen

Det finns som vi sett flera grafiska program i Ubuntu för att konfigurera och hantera nätverket men det finns tillfällen då man har nytta av att kunna göra detta via terminalen. Särskilt om man planerar att använda Ubuntu på en server. Nästan all konfigurering av nätverkskort (trådbundna) sker genom att editera konfigurationsfilen **/etc/network/interfaces**. Öppnar vi upp filen **/etc/network/interfaces** med nano ser vi följande:

Har vi inte ändrat i filen så ser vi bara två rader som konfigurerar *loopback interface (lo)*. Detta är ett virtuellt nätverksgränssnitt som enbart finns i mjukvaran och är inte kopplat till något fysiskt nätverk. *Loopback interface* är en fullt fungerande enhet som tilldelas IP-numret *127.0.0.1* och värdnamnet **localhost**. Används för felsökning och att kontrollera så att tjänster fungerar som de skall på datorn. Har vi en webbserver igång på vår dator så kan vi genom att ansluta till *http://localhost* eller *http://127.0.0.1* kontrollera så att den fungerar korrekt.

För att konfigurera så att ett nätverksgränssnitt aktiveras när datorn startas och att det ska konfigureras via *DHCP*, alltså automatisk konfigurering av IP-adress, nätmask, standard gateway och DNS-server, så måste vi lägga till följande:

```
auto enp0s3
iface enp0s3 inet dhcp
```

Första raden anger att gränssnittet (eller enheten) **enp0s3** skall aktiveras automatiskt då datorn startar. Andra raden anger att interface (**iface**) **enp0s3** skall ha en ipv4 adress (**inet**) som anges via **dhcp**.

För att manuellt ange IP-inställningar så behöver vi ange lite mer information.

```
iface eth0 inet static
address 192.168.0.33
netmask 255.255.255.0
gateway 192.168.0.1
dns-search test.com
dns-nameservers 8.8.8.8
```

Istället för **dchp** så anges **static** för statiskt/fast IP-adress. Förutom detta måste IP-adress, nätmask och standard gateway anges. För att enbart kommunicera med det lokala nätverket så räcker det med IP-adress och nätmask. Vid manuell konfigurering av nätverket så måste även IP-adresserna till DNS-servrarna anges manuellt. Detta gjordes förr genom att editera konfigurationsfilen **/etc/resolv.conf**. Det ska man numera undvika.

Sedan flera år tillbaka så anger man DNS-servrar direkt i interfaces-filen med dns-nameservers. Det går bra att ange flera på rad om man skiljer dem åt med kommatecken.

Dns-search anger vilken domän som skall användas vid inkompletta värdnamn. Vill vi kommunicera med adressen *dator1* så kommer adressen att kompletteras till *dator1.test.com*.

Mer information hittar vi i manualsidorna (**man interfaces** eller **man resolv.conf**). Observera att äldre versioner av Ubuntu samt Ubuntu server kan använda traditionella namngivning för nätverkskorten, d.v.s *eth0, eth1* osv.

Nätverksverktyg

I tidigare versioner av Ubuntu fanns Nätverksverktyg förinstallerat som innehåller grafiska verktyg för att analysera och felsöka nätverket. Dessa verktyg installeras lätt via programvara för Ubuntu (*Nätverksverktyg* eller *Nettool*). De nätverksverktyg som används är egentligen terminalkommandon men det grafiska gränssnittet är mer användarvänligt.

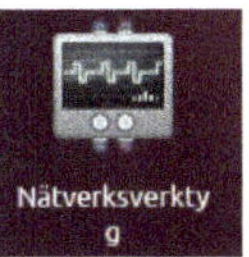

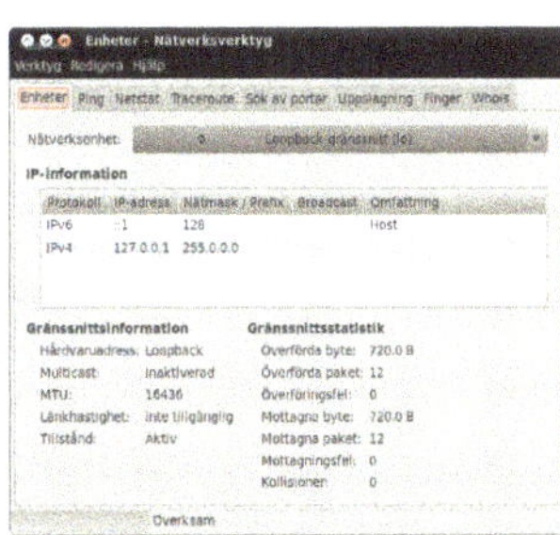

Under fliken *Enheter* ser vi information såsom IP-information och statistik över de olika nätverksenheterna som vi kan välja mellan via rullistan.

Under fliken *Ping* hittar vi nätverksverktyget med samma namn. *Ping* används för att kontrollera ifall en värddator (*host*) är kontaktbar via nätverket. Verktyget kan även användas för felsökning och hastighetstest. Genom att ange en nätverksadress (IP-adress eller domännamn) kan vi välja att skicka pingpaket för att mäta hur lång tid det tar att få svar på dessa pingpaket. På svengelska säger man ofta att man "pingar" en nätverksadress. Normalt så svarar alla datorer på ping men eftersom det innebär en viss säkerhetsrisk att svara på ping så väljer man ibland att inaktivera detta på servrar.

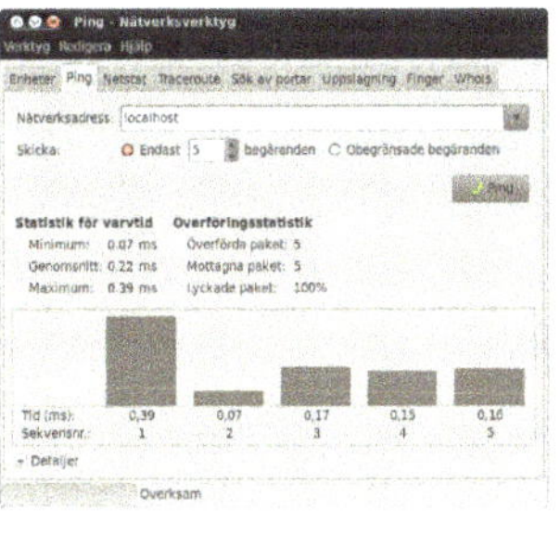

Under fliken *Netstat* hittar vi ett nyttigt verktyg som låter oss se alla nätverksanslutningar som finns samt information om nätverksenheterna och routingtabellinformation. All information som man kan få fram med terminalkommandot `netstat` går inte att få via det grafiska gränssnittet men det går att få fram information om vilka portar som är öppna och som datorn lyssnar på efter inkommande anslutningar. Har vi en webbserver startad så kommer vi att se att datorn lyssnar på port 80.

Under fliken *Traceroute* kan vi ange en nätverksadress och se vilken väg ett paket tar för att nå sitt mål. I nätverksammanhang betyder det alla routerhopp som görs. En router är en nätverksenhet som kopplar samman två eller fler nätverk med varandra. Dessa routrar skickar vidare alla paket så att de till slut kommer fram till rätt destination. Vi kan alltså se vilka värdar som paketet passerar.

Under fliken *Sök av portar* kan vi ange en nätverksadress för att skanna en värd och se vilka portar som är öppna för anslutningar och på så sätt se vilka tjänster som körs på värden. Man skall dock vara försiktig med att portskanna datorer eftersom det bryter mot de flesta internetleverantörernas användaravtal och kan leda till att man blir avstängd från sin bredbandsuppkoppling. Dessutom kan det ses som ett försök till (eller början till) ett intrångsförsök av den som blir utsatt för en portskanning.

Under fliken *Uppslagning* kan vi göra ett namnuppslag på en nätverksadress (samt även få ut lite annan information om systemet på värddatorn). Genom att ange ett domännamn får vi reda på IP-numret till värden och tvärt om.

Under fliken *Finger* hittar vi nätverksverktyget med samma namn. Detta verktyg är gammalt och skapades redan i slutet av 70-talet. Med detta verktyg kan man få fram information om användare på en dator genom att ange användarnamn och nätverksadress. Denna funktion var populär i Internets barndom men eftersom det innebär en stor säkerhetsrisk att tillåta vem som helst att få information om användarna på ett system så finns det inte längre några system som tillåter detta över nätverket. Däremot kan man använda verktyget för att lokalt få reda på information om lokala användare.

Under fliken *Whois* hittar vi ett verktyg som låter oss ta reda på vem som äger en viss domänadress eller IP-nummer. Verktyget söker i en publik databas som finns för alla domänadresser.

Nätverkskommandon

ifconfig

Detta kommando visar aktuell konfiguration av nätverksgränssnitten (om inga andra argument ges). Kommandot kan även användas till att konfigurera nätverksgränssnitten. Genom att skriva **ifconfig eth0 up** så aktiveras gränssnittet *eth0*. Kommandot **ifconfig eth0 down** stänger ner gränssnittet *eth0*. Genom att skriva **ifconfig eth0 192.168.0.33 netmask 255.255.255.0 broadcast 192.168.0.255** konfigurerar vi gränssnittet *eth0* med IP-adress, nätmask och broadcast adress.

ifup/ifdown

Dessa kommandon aktiverar och avaktiverar ett nätverksgränssnitt. Genom att ange kommandot **ifup eth0** så aktiveras nätverksgränssnittet *eth0* med de inställningar som angetts i konfigurationsfilen **/etc/network/interfaces**.

dhclient

Med detta kommando aktiveras DHCP klienten som försöker kontakta DHCP-servern (om sådan finns) på nätverket för att uppdatera/hämta nya nätverksinställningar för de nätverksgränssnitt som är konfigurerade för automatiska inställningar.

ping

Terminalkommandot med samma funktion som tidigare beskrivits under nätverksverktygen.

traceroute

Terminalkommandot med samma funktion som tidigare beskrivits under nätverksverktygen.

netstat

Terminalkommandot med samma funktion som tidigare beskrivits under nätverksverktygen. Kommandot har många alternativ. Genom att ange **−l** visas bara portnummer som datorn lyssnar på (alltså olika nätverkstjänster som väntar på anslutningar). Med alternativet **−i** visas information om de olika konfigurerade nätverksgränssnitten.

hostname

Visar värdnamn för datorn.

host

Med detta kommando kan man slå upp IP-adressen för ett värdnamn eller tvärt om. Alltså antigen **host ip-adress** eller **host domännamn**.

tcpdump

Med detta program kan man se alla nätverkspaket som passerar ett visst nätverksgränssnitt. Man kan även spara paketen för att analysera dem vid ett senare tillfälle. Användbart program för att felsöka ett nätverk.

nmap

Detta kommando finns inte installerat från början i Ubuntu men är ett vanligt förekommande nätverksverktyg. Det installeras enkelt via pakethanteraren eller med kommandot **sudo apt-get install nmap**. Nmap används för att ”portskanna” en dator. Med detta menas att man försöker ansluta till en dator på olika sätt genom att prova alla möjliga portar för att på så sätt se vilka portar som är öppna vilket ger en bild av vilka nätverkstjänster som datorn tillhandahåller. Kommandot kan även ge information om vilket operativsystem som används och används främst för att testa säkerheten.

findsmb

Med detta kommando kan vi snabbt hitta de datorer som svarar på SMB-frågor vilket är datorer som har utdelade resurser (mappar och skrivare som har gjorts tillgängliga via nätverket).

whois

Terminalkommandot med samma funktion som tidigare beskrivits under nätverks-verktygen.

wget

Med detta kommando kan vi hämta filer via nätverket. **wget** stöder flera olika pro-tokoll så som *HTTP, HTTPS, FTP* med mera.

Ansluta till olika servrar

Vi kommer att titta som hastigast på hur man ansluter till olika typer av servrar som erbjuder olika nätverkstjänster. Detta kommer vi att göra både grafiskt och med hjälp av terminalen.

Windowsutdelningar

På ett lokalt nätverk är det vanligt att man vill dela ut olika resurser och göra dem tillgängliga för andra via nätverket. En utdelad resurs är som vi nämnt tidigare en mapp eller skrivare som gjorts tillgänglig via nätverket. Detta är vanligast för Win-dows-datorer eftersom denna typ av utdelningar använder SMB-protokollet (Server Message Block) som även är känt som "Windows nätverk". Linux-baserade opera-tivsystem har dock ett mycket bra stöd för detta i form av programvaran SAMBA.

För att grafiskt ansluta till en "Windows-utdelning" klick-ar vi på *Arkiv - Anslut till server (Connect to server)* via menyn filbläddraren (Filer/Nautilus).

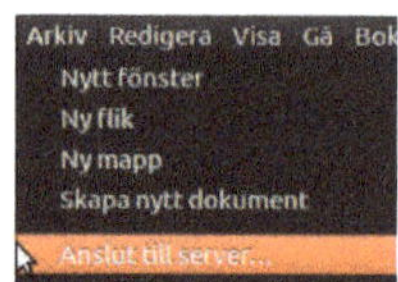

Det vi behöver mata in är adressen till servern i form av IP-adress eller da-torns nätverksnamn samt namnet på utdelningen. Vill vi så kan vi även ange en mapp som vi vill ansluta till (under-katalog till den utdelade resursen) .

Vi kan även välja att klicka i rutan *Lägg till bokmärke för nuvarande plats* i menyn längst uppe vilket kan vara an-vändbart ifall vi tänker ansluta till ut-delningen fler gånger.

I terminalen kan vi ansluta till utdelade resurser med kommandot **smbclient** och kopiera filer med kommandot **smbget**. Vi kommer inte att titta närmare på dessa kommandon utan nöjer oss med att konstatera att de finns och att mer information finns i manualsidorna.

Webbservrar

Att ansluta till en webbserver har nog de flesta gjort. För att göra detta behövs en programvara som kallas webbläsare (*browser* på engelska). Den webbläsare som installeras i samband med Ubuntu heter Firefox och som vi hittar under i Programstartaren eller *Program – Internet – Webbläsaren Firefox*. *Mozilla Firefox*, som programmet egentligen heter är en väldigt kompetent webbläsare som klarar det mesta. Tyvärr finns det sidor som enbart fungerar i Microsofts webbläsare *Internet Explorer* (*IE*). Det kan till exempel vara vissa banksidor (även om det blivit bättre det senaste året). Detta problem kan vi lösa på olika sätt. Numera finns webbläsaren **Chrome** till Linux som löser många problem.

IE Tab är ett tillägg till *Firefox* som gör det möjligt att visa en hemsida såsom den hade sett ut i *Internet Explorer*. Tyvärr så fungerar inte detta tillägg i Linux eftersom det kräver att man har *IE* installerat. Det är dock möjligt att installera *Firefox* med hjälp av *Wine* (se kapitlet om *Hantera program*) och installera och köra *IE Tab* då. Detta är dock ingen bra lösning.

IE4Linux är ett annat alternativ. *IE4Linux* är ett fritt *open source* projekt som gör det möjligt att relativt enkelt installera och köra *IE* i Linux via *Wine*. *IE4Linux* ger oss tillgång till tre versioner av *IE* (*5.0 5.5 och 6.0*). Tyvärr stöds *IE 7.0, 8.0 och 9.0* bara som beta. Vilket kan resultera att vissa hemsidor inte visas korrekt ändå. Mer information och instruktioner för installation hittar vi på projektets webbplats: *http://www.tatanka.com.br/ies4linux/page/Main_Page*. **Projektet underhålls inte längre och börjar bli inaktuellt** men om inget annat hjälper så kan det vara värt att kolla upp.

Många tror säkert att det krävs ett grafiskt gränssnitt för att surfa på webben, men faktum är att det går ganska bra även i terminalen. För detta behövs en webbläsare som arbetar textbaserat som till exempel programmet *Lynx*.

Lynx installeras enklast via *Pakethanteraren Synaptic* eller direkt via terminalen med kommandot **sudo apt-get install lynx**.

För att starta *Lynx* och ansluta till en webbplats anger vi kommandot `lynx` följt av adressen till webbplatsen. Vill vi ansluta till webbplatsen för Ubuntu skriver vi `lynx www.ubuntu.com`. För att navigera används piltangenterna (upp och ned) och för att följa en länk används piltangent höger. För att återgå används piltangent vänster. Längst ned i terminalfönstret finns en meny med fler alternativ.

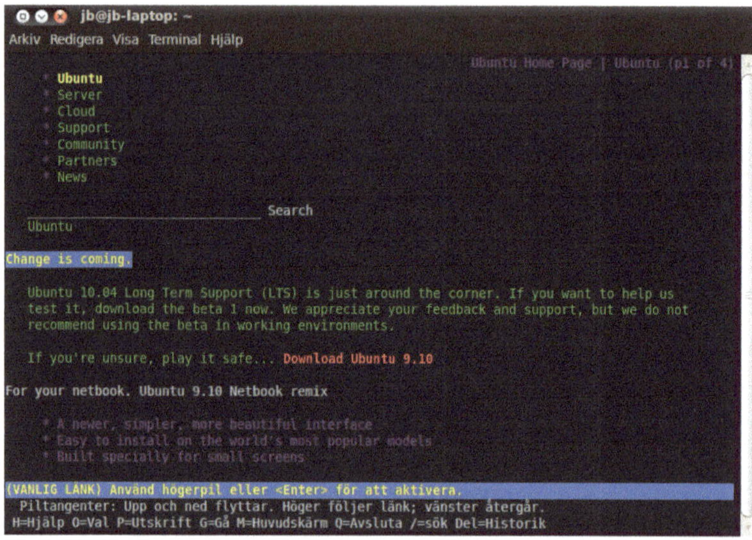

Via verktyget *Anslut till Server..* (under menyn *Arkiv* i filvisaren) kan vi även ansluta till en form av webbserver som använder en utökad variant av protokollet *HTTP* som kallas *WebDAV*. *WebDAV* eller *Web-based Distributed Authoring and Versioning* gör det möjligt att ansluta till en webbserver och direkt redigera innehållet eller flytta och kopiera filer utan att till exempel behöva ladda hem filerna som ska uppdateras via *FTP* först.

FTP-server

Det finns flera program som vi kan använda för att ansluta till en FTP-server. Några program är enkla att använda medan andra är lite mer komplicerade och med fler funktioner. Via *Filer –*

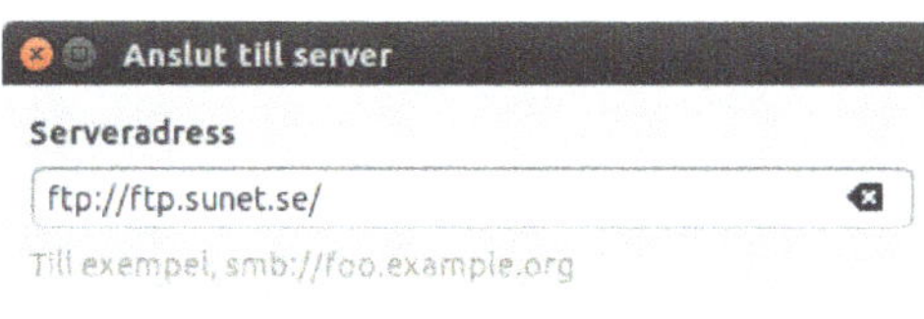

Anslut till Server kan vi enkelt skapa en anslutning till både en publik FTP-server och till en FTP-server med inloggning.

Vi kan även ansluta till en FTP-server med *Firefox* genom att ange protokollet *ftp://* i stället för *http://* i adressfältet. För att ansluta till Sunets (*Swedish University Computer Network*) FTP-server anger vi adressen *ftp://ftp.sunet.se*.

I terminalen kan vi använda kommandot **ftp** för att ansluta till en FTP-server. Genom att bara ange kommandot **ftp** så startar klientprogrammet. Grundläggande kommandon för programmet är **open** (för att ansluta till en server), **close** (för att stänga ner en anslutning) och **quit** (för att avsluta ftp-programmet). I övrigt används i stort sett samma kommandon som i terminalen när man väl är ansluten till en server.

Ansluter man ofta till FTP-servrar så finns det en betydligt bättre FTP-klient som heter *gFTP* och som har betydligt fler funktioner att erbjuda. *gFTP* är inte installerat från början men installeras enkelt via *Programcentralen* eller direkt i terminalen med kommandot **sudo apt-get install gftp**.

Efter installationen hittar vi programmet under *Program – Internet – gFTP*.

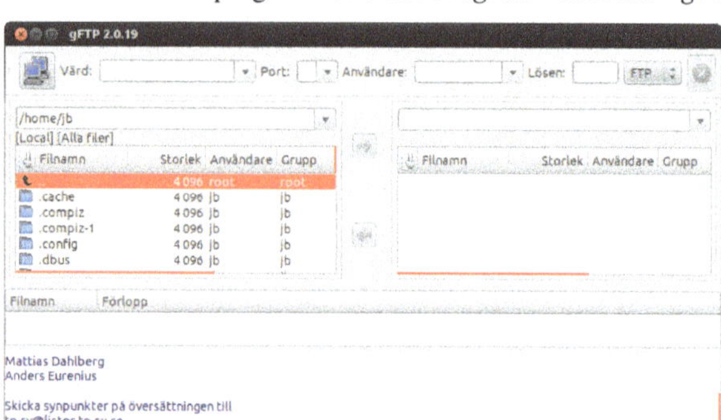

gFTP erbjuder en mängd funktioner. Vi kommer dock inte att titta närmare på programmet utan lämnar det till den intresserade.

Mail

Under *Program – Internet – E-postklienten Thunderbird* hittar vi e-postklientprogrammet *Thunderbird*. Första gången vi startar programmet så startar en konfigurationsguide som enkelt låter oss konfigurera programmet så att vi kan ansluta till vår e-postserver. För att kunna använda *Thunderbird* så måste vi fylla i rätt användaruppgifter. Dessa användaruppgifter får man oftast i samband med att man skaffar sig en internetuppkoppling.

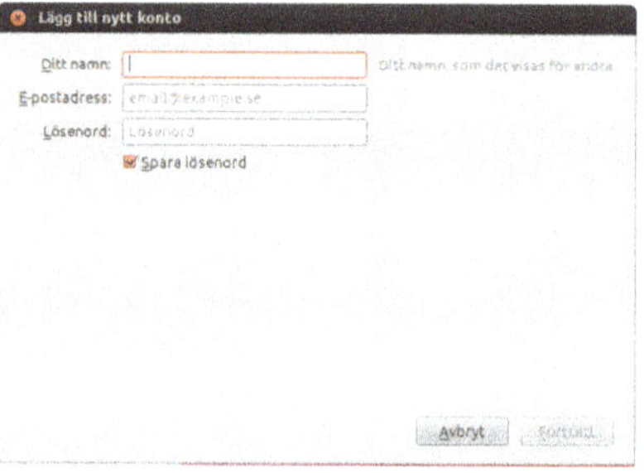

Vi börjar med att ange namn, e-postadress och lösenord. Klickar vi sedan på *Fortsätt* så kommer Thunderbird att försöka kommunicera med e-postserven och om allt fungerar bra så ska det fungera.

Om vi vill konfigurera e-postinställningarna manuellt så kan vi klicka på på knappen *Manuellt* under tiden som Thunderbird försöker identifiera inställningar.

Skulle Thunderbird misslyckas med att identifiera inställningar så blir vi tvungna att konfigurera dem manuellt.

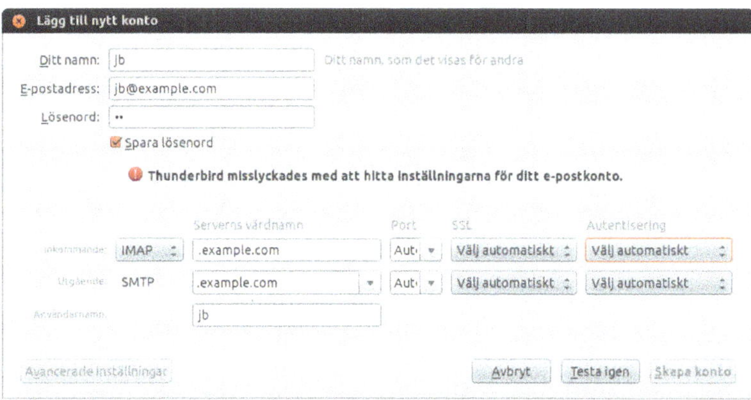

Har vi angett fungerande inställningar så får vi välja vad *Thunderbird* ska hantera. Förutom e-post kan programmet även hantera diskussionsgrupper och RSS-kanaler.

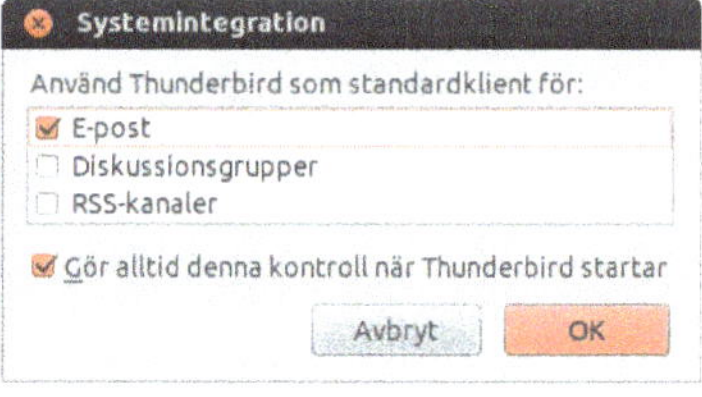

När vi väl startar *Thunderbird* så fungerar det som alla andra e-postklienter. Vi kan hämta och skriva e-post, hantera adressboken och söka bland våra mappar.

Vill man få bra struktur och ordning på e-posten så kan det vara en bra idé att skapa olika mappar efter kategori och sortera sin e-post dagligen.

I menyn längst upp hittar vi fler inställningar. Under *Redigera - Inställningar* finns massvis med inställningar för *Thunderbird* som t.ex. ljudinställningar och säkerhetsinställningar. Under *Redigera - Egenskaper* hittar vi massor med inställningar e-postservern och hur Thunderbird kommunicerrar med den. Vi kan bl.a. ändra hur ofta vi kollar om det kommit ny post.

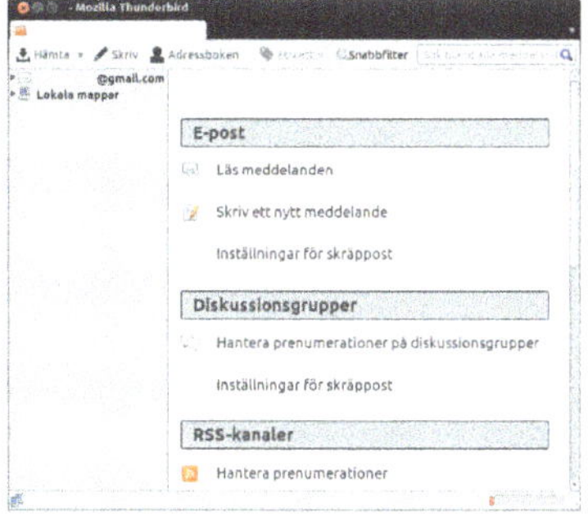

E-post i terminalen

Det finns ett flertal program som låter oss hantera e-post i terminalen. Ett av dessa är programmet *mutt*. Det installeras enkelt via *Pakethanteraren Synaptic* eller direkt i terminalen med kommandot **sudo apt-get install mutt**. För att köra det används kommandot **mutt**. Bland liknande program bör nämnas *alpine* (före detta *pine*) som fungerar på liknande sätt.

Fjärradministrering

Att fjärradministrera en dator kan vara väldigt användbart. Det finns olika sätt att göra detta på beroende på vilka funktioner som man vill ha. Enklaste formen är att ansluta till en (Linux/Unix) dator via protokollet *SSH* (*Secure Shell*) som enklast kan beskrivas som en krypterad anslutning till en terminal på datorn via nätverket. Med *SSH* kan vi ansluta till en dator och arbeta med den precis som om vi har öppnat ett terminalfönster på datorn. För att detta ska fungera så behöver vi ansluta med en SSH-klient och datorn som vi ansluter till måste ha en fungerande SSH-server igång (se avsnittet *Starta vanliga nätverkstjänster*). Nackdelen är att vi arbetar i terminalen vilket inte alla användare uppskattar. Ett annat alternativ är att använda

någon form av grafisk fjärradministrering där bilden samt tangentbordstryckningar och musrörelserna skickas via nätverket. Vanligaste protokollet för detta är *VNC* (*Virtual Network Computer*) som är ett plattformsoberoende protokoll vilket gör det möjligt att ansluta till vilken dator som helst oberoende av vilket operativsystem som måldatorn eller den anslutande datorn kör. För att detta ska fungera krävs en VNC-klient samt att datorn vi ansluter till kör en VNC-server.

Ansluta med SSH i Ubuntu

Detta görs enkelt med kommandot `ssh`. För att ansluta till en dator skriver vi kommandot följt av adressen i form av IP-adress eller domännamn. Observera att då försöker vi ansluta till måldatorn med det användarnamn som vi är inloggade med på den lokala datorn vilket kanske inte är så lyckat. För att ansluta med ett annat användarnamn skriver vi:

```
ssh username@datornamn
```

Loggar vi in på måldatorn ser vi ingen större skillnad på terminalfönstret annat än att prompten ändras. För att stänga ner uppkopplingen (logga ut) så går det bra med kommandot `logout` eller `exit`.

Ansluta med SSH i Windows

För att kunna ansluta till en SSH-server
så måste vi ha en SSH-klient. Det finns
ett flertal sådana. En av dem är *PuTTY*
som är ett fritt *open source* program
som finns tillgängligt till flera opera-
tivsystem. Installationsfilen är rela-
tivt liten och programmet hittar vi på
PuTTYs webbplats (*http://www.chiark.
greenend.org.uk/~sgtatham/putty/*).
Startar vi programmet är det bara att
ange adressen till datorn vi vill ansluta
till och se till att *Connection type* är
SSH och klicka på *Open*.

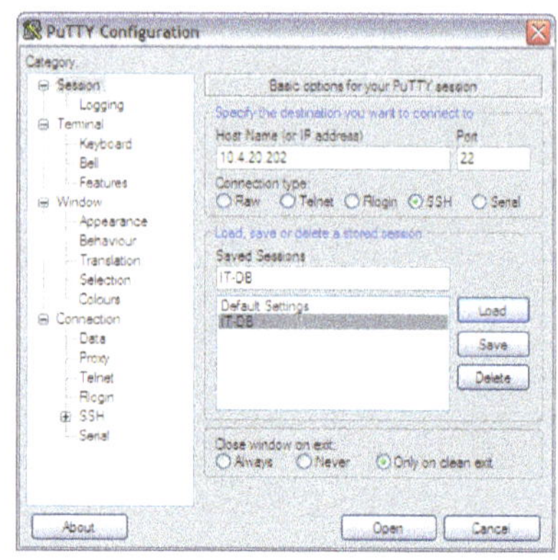

Ansluta till en VNC-server i Ubuntu

Under *Program – Internet – Remmina* hittar vi ett grafiskt pro-
gram som låter oss ansluta till en VNC-server.

Genom att klicka på Skapa ny, välja
VNC och ange nätverksadressen i
form av IP-nummer eller domän-
namn och sen klicka på *Anslut*
kan vi enkelt ansluta till en dator
som kör en VNC-server. Det finns
ett fåtal enkla anslutningsalternativ.

Det finns såklart även andra kli-
entprogram som vi kan installera
och använda. Ett av dessa alterna-
tiv heter *TightVNC*. Det finns även
insticksprogram för *Firefox* som gör
det möjligt att ansluta till en VNC-
server via *Firefox*.

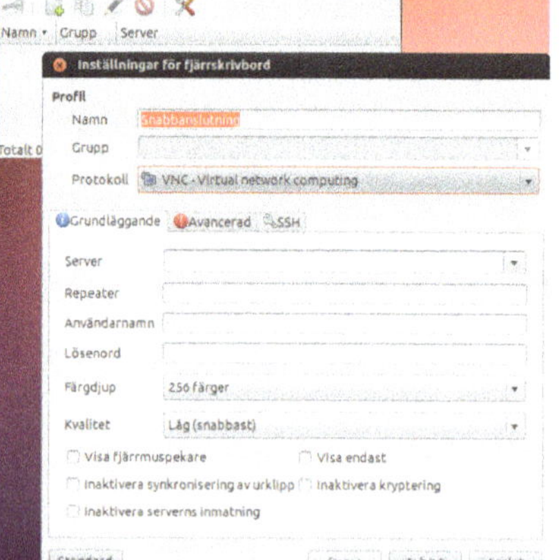

Ansluta till en VNC-server i Windows

För att fjärrstyra en dator som kör en VNC-server (som till exempel en dator som kör Ubuntu) behövs en VNC-klient. Som vi nämnt tidigare finns det ett flertal sådana att välja mellan. Bland de populäraste klienterna (som även tillhandahåller serverfunktion) bör nämnas *RealVNC*, *TightVNC* och *UltraVNC* som alla är *open source*.

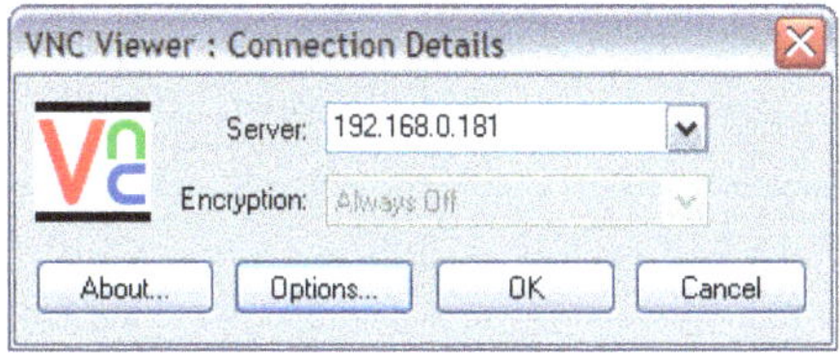

Laddar vi till exempel hem *RealVNC* så startar vi programmet *RealVNC Viewer* och ansluter enkelt till VNC-servern genom att ange adress till serven och klicka på *OK*. Klickar vi på *Options...* så kan vi ange olika inställningar för anslutningen.

Anslut till en Windows-maskin som kör fjärrskrivbordet

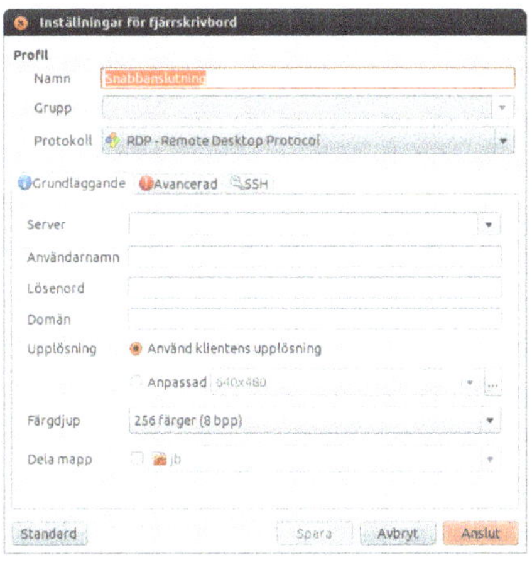

Återigen *Program – Internet – Remmina* är det program som låter oss ansluta till en terminalserver via till exempel *RDP* (*Remote Desktop Protocol*).

Vi kan till exempel ansluta till en Windows-maskin som tillåter fjärradministrering via Microsofts *Fjärrskrivbord*.

Skype, IRC, MSN, ICQ och andra former av snabb-meddelanden

Empathy behöver installeras via *Programvara för Ubuntu* först. Under *Program – Internet – Snabbmeddelandeklienten Empathy* hittar vi programmet *Empathy* som är en klient för snabbmeddelanden (*IM, Instant Messaging*) och chatt och som ersatt programmet *Pidgin* som följde med tidigare versioner av Ubuntu. *Empathy* klarar av att hantera de vanligaste formerna av *IM* så som *MSN, ICQ, Facebook-chatt* med mera.

För att kunna komma igång och använda de flesta formerna av *IM* så behöver man skaffa ett konto som man enklast skaffar via leverantörens hemsida och som oftast är gratis.

Skype

För att installera Skype i Ubuntu via Ubuntu partner programförråd så görs följande. Börja med att aktivera Ubuntu partner förråd via P*rogram & förråd - Övrig programvara*, klicka i Canonical-Partners. Starta Terminalen och skriv:

```
sudo apt-get update
```

```
sudo apt-get install skype
```

Skype kan nu startas via Dash eller via terminalen med kommandot **skype**.

Förutom programmet *Empathy* som installeras från början så finns det ett par andra snabbmeddelandeklienter att välja mellan. Programmet *aMSN* är till exempel ett program som försöker likna programmet *Windows Live Messenger* så mycket som möjligt både till utseende och vad gäller funktioner *http://www.amsn-project.net*. *Pidgin* är ett program som är väldigt likt Empathy och var det program som medföljde tidigare versioner av Ubuntu. *Pidgin* installeras enkelt via pakethanteraren. Ett annat populärt program för snabbmeddelande är *Kopete* som installeras på liknande sätt.

Det finns även ett par snabbmeddelandeklienter som går att köra i terminalen i text-läge. Exempel på ett sådant program är *BitlBee* som man enkelt installerar via pakethanteraren.

Starta vanliga nätverkstjänster

Vi kommer i detta avsnitt att titta lite på de vanligast förekommande nätverkstjänsterna och hur man startar dessa. För mer utförlig hjälp se *Ubuntus Serverguide* som finns tillgänglig via *http://www.ubuntu.com* under *Support – Documentation*.

Webbserver

Den absolut vanligaste webbservern heter *Apache* och är ett fritt *Open source* program som finns tillgängligt till de flesta operativsystem. *Apache* har spelat en viktig roll i utvecklingen av webben och är fortfarande den mest använda webbservern på Internet.

Apache installeras enkelt genom att installera paketet *apache2* via *Pakethanteraren Synaptic* eller direkt via terminalen med kommandot `sudo apt-get install apache2`.

När vi installerat *Apache* så kommer webbservern att köras som en tjänst (*daemon*) och vi kommer inte att märka av programmet direkt om vi inte listar alla processer eller kontrollerar så att vår dator lyssnar efter anslutningar på port 80 (standard port för webb) med nätverksverktyget *netstat*. I dagsläget finns det inget grafiskt gränssnitt som vi kan installera direkt via pakethanteraren som underlättar konfigureringen av *Apache*. Det finns dock ett par andra alternativ så som *Webmin* som vi inte går närmare in på nu. Det finns på förslag att skapa ett enkelt *GUI för Apache* men när och om det sker är oklart. Tills vidare så är vi hänvisade till att använda en texteditor för att ändra i konfigurationsfilerna till *Apache*.

Efter installationen så lyssnar webbservern som standard på port 80 på alla nätverksinterface. Webbserverns dokumentmapp är satt till `/var/www`. Det är alltså i mappen `/var/www` som webbservern letar efter det dokument som efterfrågas av de som ansluter till vår webbserver och det är i den mappen som vi skall placera filerna till de hem

sidor som vi vill ska vara tillgängliga via webbservern. Genom att ansluta till datorn med en webbläsare kan vi kontrollera ifall webbservern fungerar som den skall. Beroende på ifall *Apache* kan bestämma datorns domännamn kan vi antigen ansluta till datorns IP-nummer eller domännamn eller *localhost* (127.0.0.1 eller 127.0.1.1).

Konfigurera *Apache* gör vi genom att editera filen `/etc/apache2/apace2.conf` med lämplig texteditor (till exempel *nano* eller *gedit*). Vill vi starta om webbserven gör vi detta med kommandot:

```
sudo /etc/init.d/apace2 restart
```

som startar om tjänsten *apache2*. Mer hjälp om *Apache* hittar vi på webbplatsen *http://httpd.apache.org/docs/2.2/*.

FTP-server

Det finns ett flertal program som vi kan installera för att låta användare överföra filer till och från vår dator via *FTP*. Ett av dessa program är *vsftpd*.

Vi installerar programmet enkelt via *Pakethanteraren Synaptic* eller direkt i terminalen med kommandot

```
sudo apt-get install vsftpd.
```

Efter installationen så körs *vsftpd* som en tjänst. Servern lyssnar på port 21 (standard för FTP) på alla nätverksinterface och tillåter anonyma inloggningar. Det betyder att alla kan logga in på vår FTP-server med användarnamnet *anonymous* och vilket lösenord som helst. I samband med installationen skapas en användare på vår dator med namnet *ftp* med hemmakatalogen **/home/ftp**. Det är denna mapp som de anonyma användarna har tillgång till. Vi kan enkelt ändra så att alla användare på datorn kan komma åt sina hemmakataloger via FTP-servern.

För att konfigurera *vsftpd* så behöver vi editera filen **/etc/vsftpd.conf**. Vi startar om tjänsten med följande kommando:

```
sudo /etc/init.d/vsftpd restart.
```

SSH-server

För att enkelt kunna fjärradministrera vår dator över nätverket så kan vi installera en SSH-server. Installationen görs enkelt genom att installera paketet *openssh-server* via *Pakethanteraren Synaptic* eller direkt via terminalen med kommandot:

```
sudo apt-get install openssh-server.
```

Efter installationen så körs SSH-servern som en tjänst som lyssnar på port 22 på alla nätverksinterface. Alla användarkonton som kan logga in på datorn kan även logga in via *SSH* med samma användarnamn och lösenord.

VNC-server/Aktivera fjärrinloggning

Under *Program – Internet – Skrivbordsdelning* hittar vi inställningar för  skrivbordsdelning.

Här kan vi enkelt göra skrivbordet tillgängligt för andra via nätverket.

Vi kan även konfigurera olika säkerhetsalternativ. Första alternativet *Du måste bekräfta varje åtkomst till din dator* är ganska opraktiskt ifall man vill fjärrstyra sin dator eftersom det kräver att någon sitter vid datorn och accepterar anslutningen via nätverket genom att klicka på *Tillåt* när någon försöker ansluta och fjärrstyra skrivbordet. Det andra alternativet är dock mycket viktigt eftersom annars kan vem som helst fjärrstyra skrivbordet utan lösenord.

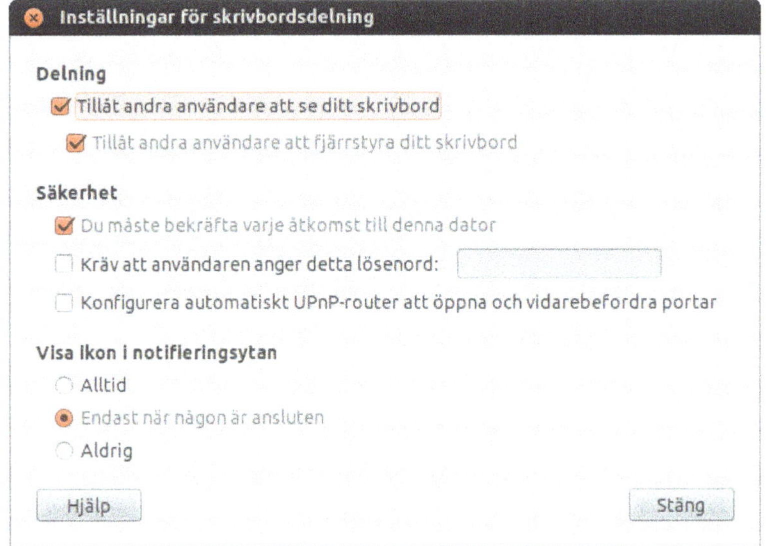

Skapa en Windowsutdelning

På ett lokalt nätverk är det ganska vanligt att man vill göra en mapp tillgänglig via nätverket för att enkelt kunna kopiera filer till och från mappen över nätverket. En mapp eller skrivare som görs tillgänglig över nätverket via ett *Windows nätverk* (SMB/CIFS-protokoll) kallas även för en *utdelad resurs* (eller *utdelning* alt. *Windowsutdelning*). Programmet som möjliggör detta heter *SAMBA* och är till viss del installerat från början.

Vi ska titta på hur vi gör mappen *Musik* som vi hittar i vår (i detta fall användaren *jb:s*) hemmakatalog tillgänglig över nätverket genom att dela ut den (skapa en *utdelning*). 

Startar vi *filbläddraren* och navigerar fram till vår användares hemmakatalog (i detta fall **/home/jb**) hittar vi mappen *Musik*. Genom att markera ikonen för mappen och högerklicka väljer vi alternativet *Delningar på lokalt nätverk*.

Vi kan nu skapa en *Mapputdelning* genom att kryssa i rutan för *Dela ut den här mappen*. Är det första gången
som vi gör detta kommer vi att få upp en varning om att "Utdelningstjänsten är inte installerad". Detta ordnas enkelt genom att klicka på *Installera tjänst* vilket leder till att *samba* kommer att installeras fullt ut (innan dess kan vi bara ansluta till *Windowsutdelningar* och inte skapa några själva). Vi kan även installera paketet *samba* via pakethanteraren eller direkt via terminalen med kommandot **sudo apt-get install samba**.

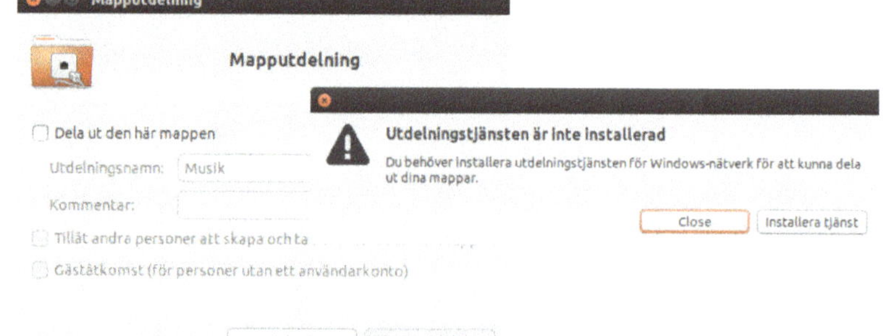

Vi kan välja att kalla vår utdelning för något helt annat än vad mappen heter om vi så vill. Vi kan även kryssa i rutan *Tillåt andra personer att skriva i den här mappen* om vi vill tillåta detta. Observera dock att det är de normala rättigheterna i filsystemet som avgör vilka användare (samt grupper och övriga) som får göra vad i den utdelade mappen. Genom att kryssa i rutan *Gäståtkomst* så tillåter vi användare utan ett användarkonto att ansluta till utdelningen.

När vi delat ut mappen genom att klicka på *Skapa utdelning* så får mappen ett nytt emblem.

För att kunna ansluta till en utdelad mapp så måste vi lägga till de användare som vi vill ska kunna göra detta bland användarna av *samba*. Detta är förutsatt att vi inte tillåter anslutningar av *gäster* (*gäståtkomst*). För att göra detta kör vi kommandot **sudo smbpasswd -a användarnamn** i terminalen. När vi gör detta kommer den användare som vi anger att få tillåtelse att använda *samba*-tjänsten. Vi kommer även att få ange ett nytt lösenord som enbart används för att ansluta via *samba*.

För att underlätta hanteringen av samba finns ett grafiskt program att installera. Startar vi *Programcentral för Ubuntu* (eller Synaptic), förutsatt att vi har det installerat, och söker på *samba* så hittar vi ett grafiskt program som underlätta konfigureringen av *samba*. Vi kan även installera programmet direkt via terminalen med kommandot **sudo apt-get install system-config-samba**.

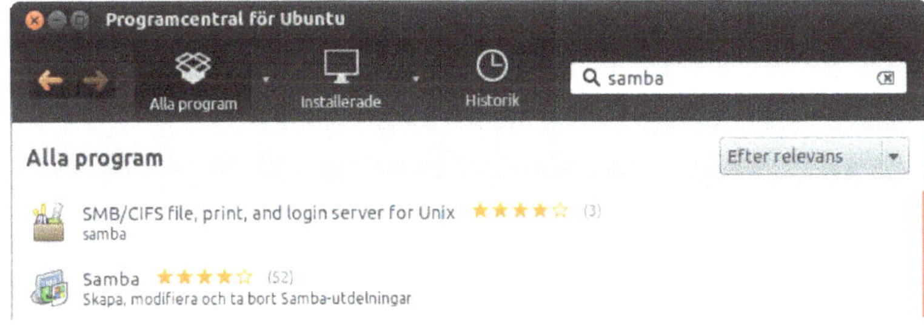

Installerar vi detta program så hittar vi det under *Program – System – Samba*. Startar vi programmet så kan vi enkelt administrera våra utdelningar och användarna som skall ha tillåtelse att använda utdelningarna.

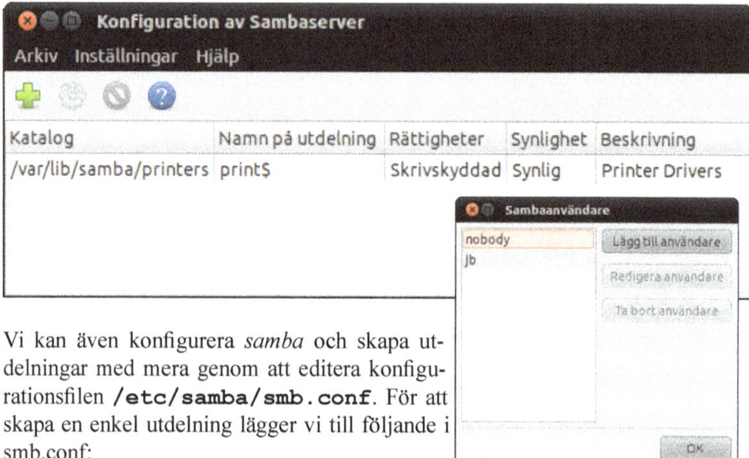

Vi kan även konfigurera *samba* och skapa utdelningar med mera genom att editera konfigurationsfilen `/etc/samba/smb.conf`. För att skapa en enkel utdelning lägger vi till följande i smb.conf:

```
[utdelningsnamn]
comment = Kommentar till utdelningen
path = /home/jb/Musik
browsable = yes
guest ok = yes
read only = no
```

Namnet inom `[]` är utdelningens namn som vi kan döpa fritt. Nästa rad *comment* anger kommentar till utdelningen som kan innehålla en beskrivning. *Path* anger sökvägen till den mapp som skall delas ut (i detta fall mappen *Musik* precis som tidigare). *Browseable* kan ha värdet *yes* eller *no* och bestämmer ifall utdelningen skall vara synlig för alla via nätverket. Väljer vi *no* så skapar vi en dold/hemlig utdelning. Alternativet *guest ok* kan även detta ha värdet *yes* eller *no* och bestämmer ifall vi ska tillåta gäståtkomst eller om det krävs att man verifierar sig som en användare. Alternativet *read only* avgör ifall vi ska tillåta att användare får skriva, ta bort eller skapa filer och mappar eller enbart läsa.

För att starta om tjänsten *samba* använder vi kommandot:

```
sudo /etc/init.d/samba restart.
```

Begreppslista

Apache	Populär webbserver.
Client/server	Vanlig relation mellan två datorer på ett nätverk där en dator agerar server och tillhandahåller en tjänst och en annan dator agerar klient som använder tjänsten.
DHCP	Protokoll som gör så att automatisk tilldelning av IP-inställningar fungerar.
DNS	Domain Name System. Används för att översätta domännamn till IP-nummer som datorn sedan kan använda för att kommunicera.
eth0	Standardnamn på det primära nätverkskortet.
FTP	Protokoll för filöverföring.
Host	Värd. I nätverksammanhang detsamma som en ansluten enhet (dator).
http	Protokoll som används när vi surfar på webben för att överföra html-sidor.
IP-nummer	Logisk identifieringsnummer som används för adressering på nätverket.
ISP	Internet Service Provider. Det företag som man köper Internetaccess av.
LAN	Lokalt nätverk
Localhost/loopback	I nätverkssammanhang detsamma som "den här datorn" och används främst för felsökning och tester.
MAC-adress	Fysiskt identifieringsnummer som varje nätverkskort har.
Peer-2-peer	Relation mellan datorer i ett nätverk där alla datorer är jämlika och agerar både server och klient samtidigt.
POP/IMAP	Protokoll för att ansluta till en e-postserver och läsa/hämta e-post.
Protokoll	Regler för datakommunikation.
PuTTY	Populär SSH-klientprogramvara för Windows.

Resurs	En utdelad skrivare eller mapp som gjorts tillgänglig via nätverket.
Router	Används för att koppla samman nätverk med varandra.
SMTP	Protokoll för att skicka e-post.
SSH	Protokoll för säker terminaltrafik.
SSID	Är detsamma som namnet på ett trådlöst nätverk.
TCP	Protokoll som ser till så att det som skickas kommer fram och överförs korrekt.
TCP/IP	Vanligaste protokollen som används för nätverk.
VNC	Protokoll för att grafiskt fjärradministrera en dator.
WEP, WPA, WPA2	Vanliga former av kryptering för trådlösa nätverk.

Övningsuppgifter

1. Vilka nätverksinställningar behöver man göra för att datorn skall kunna kommunicera med andra datorer på ett LAN?

2. Vilka nätverksinställningar behöver man göra för att kunna använda Internet?

3. Beskriv vad DHCP är och hur det fungerar. Vad krävs för att det ska fungera?

4. Vad är skillnaden mellan client/server och peer-2-peer teknik?

5. Vad är skillnaden mellan TCP och UDP?

6. Beskriv hur man konfigurerar nätverksinställningarna både grafiskt och via terminalen.

7. Vilket nätverksverktyg används för att göra följande:

   a) Snabbt kolla så att man kan kommunicera med ett annat IP-nummer (eller dator/domännamn).

   b) Portskanna en dator.

   c) Kolla vilka aktiva anslutningar som upprättats via nätverket.

   d) Se alla routrar som paketen passerar när vi kommunicerar med en annan dator på Internet.

   e) Se vem som äger/registrerat ett visst domännamn.

8. Vad heter den vanligaste webbservern och hur installerar man den?
   Ange även sökvägen för dokumentmappen.

9. Vad heter programvaran som används för att skapa en windowsutdelning och hur installeras den?

Diskussionsuppgifter

Diskussionsuppgifterna genomförs lämpligast i små grupper och är av undersökande natur. Det är inte säkert att det finns ett definitivt svar på frågeställningarna. Syftet med uppgifterna är att fördjupa kunskaperna samt stimulera förmågan att aktivt söka och utvärdera information från andra källor (främst Internet).

1. Hur fungerar egentligen DNS? Vad är en rootdomän, toppdomän och domän?

2. Kan en dator som använder Linux vara medlem i en Windowsdomän? Kan en Linuxserver agera domänserver för en Windowsdomän?

3. Vilka är fördelarna med ipv6 och när kommer ipv6 att "slå igenom"?

Praktiska laborationer

Följande laborationer bygger på att man har tillgång till mer än en dator i ett nätverk som i sin tur är anslutet till Internet.

1. Konfigurera ditt nätverkskort med följande manuella inställningar:

   a) IP-nummer: 192.168.0.? (? = valfritt nummer, 2-254, så länge ingen annan använder just det numret).

   b) Subnätmask: 255.255.255.0

2. Kontrollera att du har kontakt med någon annan dator genom att pinga deras fasta IP-adress.

3. Ändra tillbaka till automatisk tilldelning av IP-nummer (förutsatt att det finns en DHCP-server på nätverket). Kontrollera med kommandot **ifconfig**.

4. Lista alla portar som din dator lyssnar på via nätverket.

5. Prova att portskanna en dator för att se vilka portar som är öppna.. För mer hjälp prova **man nmap** eller sök på nätet.

6. Installera lynx och testa att surfa textbaserat.

7. Prova att ansluta till ftp.sunet.se på 3 olika sätt:

   a) Via Firefox

   b) Via gFTP (installera gFTP)

   c) Via terminalen med kommandot **ftp**. Du använder inloggningen anonymous och lösenordet kvitta@vilken.epostadress.se

8. Installera en ssh-server på din dator och prova att ansluta till din dator via nätverket från en annan dator med kommandot ssh.

9. Aktiverar grafisk fjärradministrering (via VNC-server) och prova sedan att fjärrstyra din dator grafiskt från en annan dator.

10. Skapa en windowsutdelning på din dator och kontrollera så att den fungerar.

Hårdvara

När det gäller stöd för olika typer av hårdvara i Linux så kan det vara en knepig fråga att besvara. Traditionellt så hävdar många att det är problem med drivrutiner och att tillverkare av tillbehör och diverse hårdvara är dåliga på att stödja Linux och helt enkelt inte bryr sig om att släppa drivrutiner för Linux. De flesta som hävdar detta idag har oftast aldrig provat en modern Linuxdistribution. Även om problem kan kvarstå med drivrutiner så är det oftast nya och lite udda prylar som kan orsaka problem.

Faktum är att Linux antagligen är det operativsystem som stödjer mest hårdvara direkt efter en installation. Alla som installerat Windows vet säkert att närmsta timmen efter en installation går åt till att installera drivrutiner till all hårdvara som inte installeras i samband med installationen av operativsystemet (mindre problem numera efter Windows 10 men ändå). Detta är något som man i stor utsträckning slipper med Linux. De flesta stora tillverkarna av olika tillbehör och hårdvara har de senaste åren blivit betydligt bättre på att släppa drivrutiner till Linux. Stora företag som *HP*, *Intel*, *Nvidia*, *ATI* med flera erbjuder drivrutiner för Linux.

Det är Linuxkärnan som sköter kommunikationen med hårdvaran och man kan säga att kärnan tillsammans med laddningsbara så kallade *moduler* innehåller drivrutiner till det mesta. Kärnan uppdateras väldigt ofta och varje ny uppdatering innebär bättre och mer stöd av olika typer av hårdvara. Därför är det viktigt att hela tiden uppdatera sitt system.

Det finns tusentals olika grafikkort, skrivare, ljudkort med mera. och de flesta av dessa fungerar bra i Linux. Ska man skaffa ett nytt tillbehör som till exempel en skanner eller skrivare så bör man kontrollera att enheten fungerar med Linux för att undvika problem.

Skulle problem uppstå med drivrutiner så går det oftast att ordna även om det kan bli komplicerat och tar lite tid.

I detta kapitel kommer vi att titta på hur man installerar och hanterar olika typer av hårdvara. Det är omöjligt att gå igenom alla olika typer av hårdvara därför nöjer vi oss med att ta upp ett par olika exempel på installationer och presentera ett par generella tips och verktyg. Vi kommer även att titta en del på kärnan och system-loggar.

Systemloggar

Under *Program – System – Systemlogg* hittar vi programmet **Sys-temlogg** som låter oss se loggfilerna. Alla viktiga händelser loggas i loggfiler som sparas i textformat i systemmappen **/var/log**. Dessa filer kan vara till stor hjälp när vi ska installera hårdvara och felsöka datorn ifall något inte fungerar som det skall.

Startar vi programmet så ser vi att alla händelser sorteras efter datum och tid (vil-ket är ganska logiskt). Längst upp till vänster ser vi de olika loggfilerna som vi kan granska närmare. Dessa är de viktigaste systemloggarna.

auth.loh   I denna fil loggas alla inloggningar och autentiseringar.

dpkg.log   I denna fil loggas meddelanden om installationen av paket.

syslog   Här sparas de viktigaste händelserna för systemet. Skulle vi till exempel ansluta en USB-enhet så sparas information om detta här.

Xorg.0.log   Loggfilen för X.org.

Tittar vi närmare i mappen `/var/log` så ser vi att det finns fler loggfiler än just dessa. Viktiga program och tjänster som till exempel webbservern Apache sparar även sina loggfiler i mappen `/var/log`.

För att granska loggfilerna via terminalen så kan vi använda kommandona `less`, `cat`, `more`, `grep` och `tail`.

Skrivare

Skall man skaffa ny skrivare så bör man kontrollera att den fungerar bra med Linux. De flesta stora tillverkarna av skrivare tillhandahåller drivrutiner för Linux. Likaså fungerar alla skrivare som stödjer skrivarformatet *Postscript* (vilket väldigt många gör). Att använda en nätverksskrivare fungerar också utmärkt.

Är man osäker på om en skrivare fungerar till Linux så kan det vara en god idé att besöka *Linux Printing Projects (LPP)* webbplats och söka i den databas över skrivare som finns där (*http://openprinting.org/printer_list.cgi*). *LPP* drivs av *Linux Foundation* som är en organisation som består av flera stora företag vars mål är att öka användningen av *GNU/Linux*. *LPPs* databas kan även innehålla en del tips om skrivarmodeller som trilskas. Det finns även en wiki på Ubuntus webbplats som kan vara till hjälp (*https://wiki.ubuntu.com/HardwareSupportComponentsPrinters*).

Installation av skrivare

Vi kommer att kort gå igenom hur man lägger till en skrivare. I detta fall en bläckstråleskrivare av modellen *HP Photosmart D6160*.

Vi börjar med att ansluta skrivaren via *USB* (*Universal Serial Bus*) och slå på strömmen.

Efter detta kommer en skrivarikon att dyka upp i övre högra hörnet med ett meddelande om att en skrivare lades till samt att den är redo för utskrift. Nu är allt klart! Utan att behöva ladda hem extra drivrutiner eller använda någon installationsskiva.

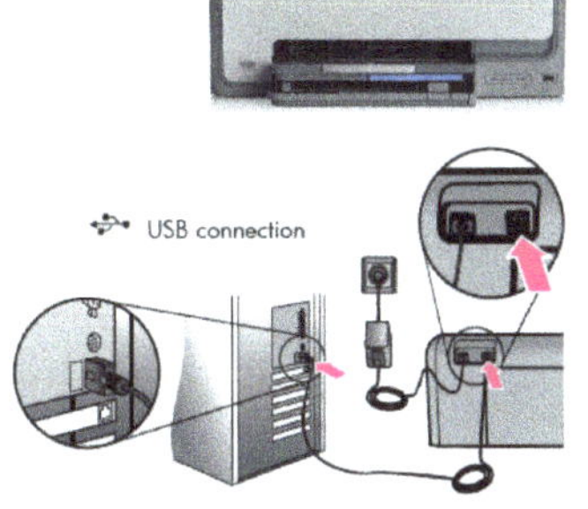

Konfiguration av skrivare

Under *Systeminställningar – Hårdvara – Skrivare* hittar vi skrivarkonfiguration där vi ser alla installerade skrivare.

Genom att markera skrivaren så kan vi via menyn *Skrivare* bland annat aktivera, ta bort och dela ut skrivaren samt ange ifall skrivaren skall användas som standardskrivare.

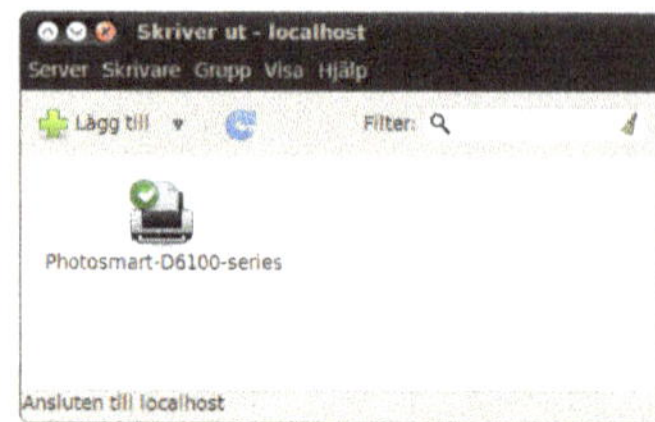

Via menyn *Server* kan vi ange grundläggande serverinställningar för skrivaren. Värt att nämna är att programvaran som gör det möjligt för datorn att agera skrivarserver heter *CUPS* (*Common Unix Printing System*).

Under menyn *Hjälp* kan vi starta en felsökningsguide ifall vi har problem med utskrifter.

Genom att högerklicka på en skrivare kan vi via menyn välja *Egenskaper* för att få upp dialogrutan *Skrivaregenskaper*.

Här kan vi ändra inställningar för hur skrivaren ska fungera samt olika konfigurationsalternativ. Vi kan även utföra tester och underhåll på skrivaren.

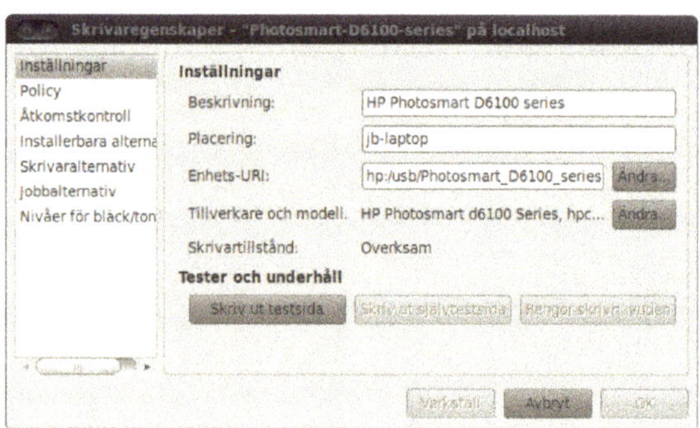

Lägga till en skrivare

Vill vi lägga till en nätverksskrivare eller en skrivare som inte upptäcks och installeras automatiskt så måste vi göra detta manuellt.

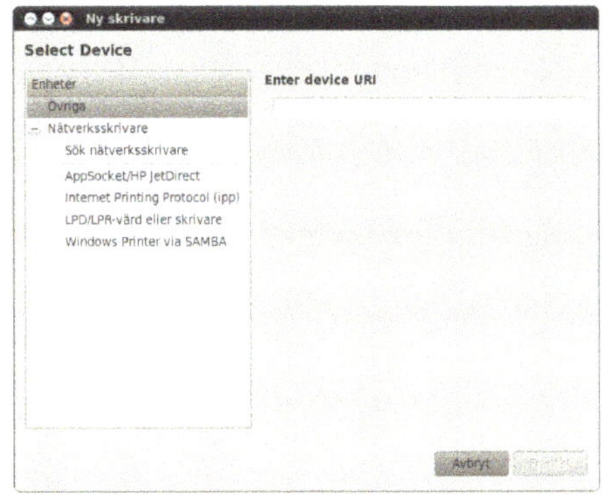

Vi börjar med att starta skrivarkonfigurationen via *Systeminställningar – Hårdvara – Skrivare*.

Därefter klickar vi på *Lägg till*.

Vi kan nu välja vilken typ av anslutning som är aktuell. Alla skrivare som identifieras automatiskt visas överst i listan.

AppSocket/HP JetDirect	Används för att lägga till HP-skrivare och andra kompatibla skrivare.
Internet Printing Protocol (ipp)	Används för att lägga till en nätverksskrivare som stöder IPP.
LDP/LPR Host or Printer	Liknande standard som IPP fast äldre. Fungerar bra med vissa äldre skrivare.
Windows Printer via SAMBA	Används för att lägga till en nätverksskrivare som delats ut av en Windowsdator eller ansluta till en nätverksskrivare som använder SMB/CIFS.

Vi väljer den anslutning som är aktuell. Ska vi ansluta en lokal skrivare som är ansluten direkt till datorn blir det *AppSocket/HP JetDirect*.

I nästa dialogruta finns det ett flertal alternativ att ta ställning till. Vi kan söka efter en skrivardrivrutin att hämta ner (bland annat *Generic text-only printer* som kan vara användbar).

Vi kan välja att ange en PDD-fil. Har vi en installationsskiva till skrivaren (för Windows) så ska PDD-filen ligga på den.

Vi kan även välja en skrivare från databasen. Om inget annat fungerar så kan vi välja en standardskrivare (*Generic*).

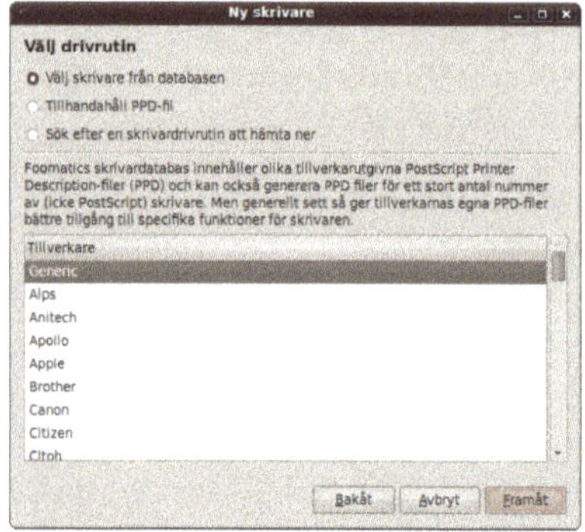

Skulle vi stöta på problem kan man prova att lägga till en *Postscript Printer* (förutsatt att den stödjer Postscript) eller *text-only printer*. Detta är oftast sista utvägen ifall man inte fått igång skrivaren på något annat sätt.

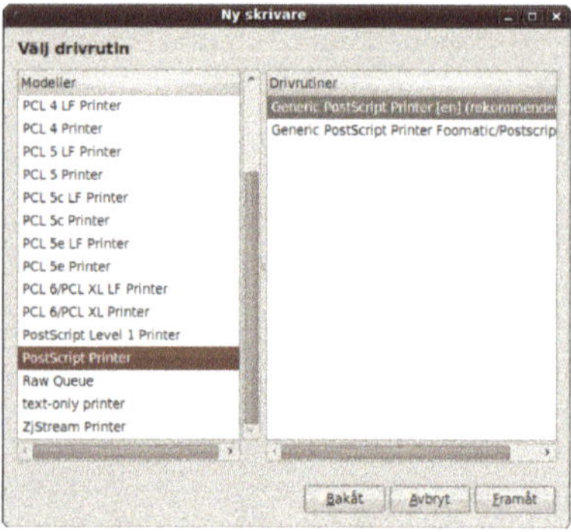

Det sista vi behöver göra är att ange namn för skrivaren samt beskrivning och placering (valfritt).

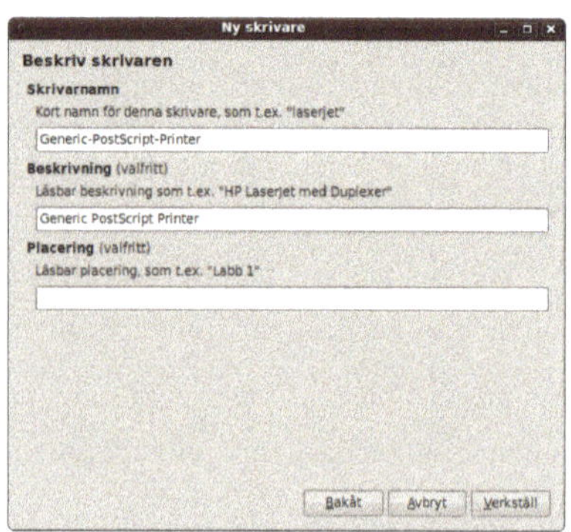

USB-minne

Att ansluta ett vanligt USB-minne är enkelt och medför inga problem. Efter att enheten anslutits så dyker en ikon upp i Programstartaren. För att komma åt innehållet på minnet är det bara att klicka på ikonen.

För att få lite mer information om enheten så kan vi högerklicka på USB-minnet i filbläddraren och välja egenskaper. Under fliken *Grundläggande* ser vi en grafisk presentation över diskutrymmet och att USB-minnet använder filsystemet msdos.

På grund av ändringar i systemet, närmare bestämt *HAL* (Hardware Abstract Layer), så monteras enhetens filsystem under **/media** i en mapp med ett lustigt namn som motsvarar det serienummer som USB-enheten har. Förr monterades ett USB-minne under **/media/disk** som är ett standardnamn angivet av kärnan men i och med utfasningen av HAL så görs detta bara om inte serienummer, enhetsnummer, busstopologi eller ett statiskt namn kan appliceras.

Kommandot **df -h** ger följande information:

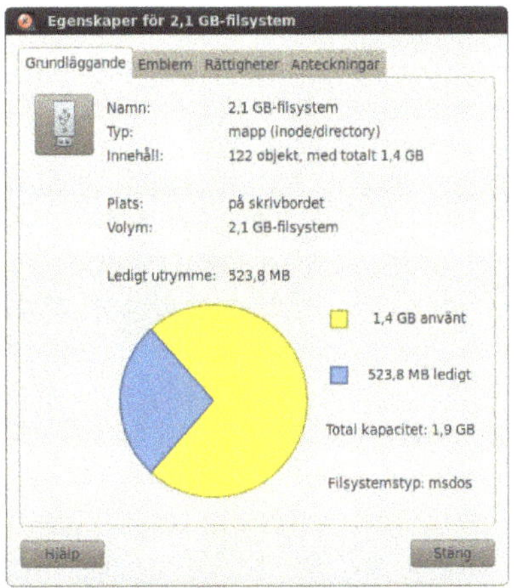


```
jb@jb-laptop:/media$ df -h
Filsystem            Storlek Anvnt Tillg Anv% Monterat på
/dev/sda1               36G   2,9G   31G   9% /
none                   241M   276K  241M   1% /dev
none                   245M   196K  245M   1% /dev/shm
none                   245M    92K  245M   1% /var/run
none                   245M     0   245M   0% /var/lock
none                   245M     0   245M   0% /lib/init/rw
none                    36G   2,9G   31G   9% /var/lib/ureadahead/debugfs
/dev/sdb1              2,0G   1,5G  524M  74% /media/9026-1446
jb@jb-laptop:/media$ 
```

Längst ner i listan hittar vi vårt USB-minne.

Webbkamera

De flesta webbkamerorna kommer helt enkelt att fungera så fort vi ansluter dem. Detta tack vare en USB-standard som används för strömmande video som heter *UVC* (*Universal Video Class*). Funderar man på att skaffa en ny webbkamera så bör man kontrollera så att den fungerar med Linux eller är kompatibel med *UVC*. Webbplatsen för *Linux-UVC Project* (*http://linux-uvc.berlios.de/*) har en lista över UVC-kompatibla webbkameror. Likaså har Logitechs *Quickcam Team* (*http://www.quickcamteam.net/devices*) en bra lista över kompatibla webbkameror såväl som tips och drivrutiner för webbkameror som inte fungerar direkt.

Vi provar att installera en gammal Logitech webbkamera av okänd modell. Efter att ha anslutit den så fungerar den direkt. En kontroll i systemloggen visar att kameran är av modellen *Quickcam messenger*. Tittar vi lite noggrannare ser vi att den anslutits som en videoenhet under **/dev/video0**.

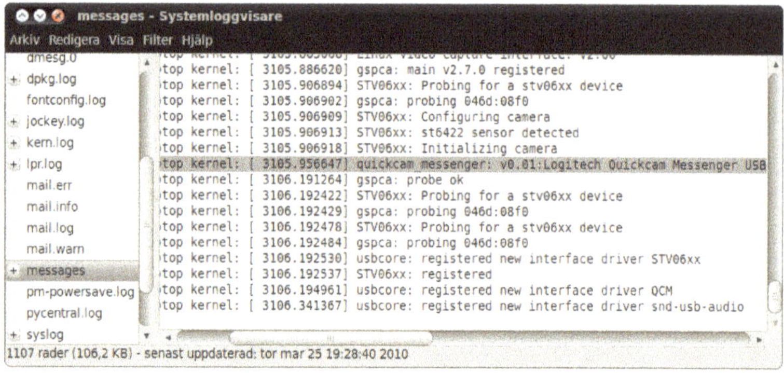

Skulle problem uppstå är det första man bör göra att besöka nyss nämnda webbplatser för att hitta mer information. Skulle vi till exempel ha en webbkamera från Logitech som inte är UVC-kompatibel så kan vi prova att ladda hem drivrutinen *spca* som återfinns på Logitechs webbplats eller via pakethanteraren (paketet *gspca-source*).

EasyCam

EasyCam är ett verktyg som vi kan använda ifall vi har problem att installera en webbkamera. För att installera *EasyCam* behöver vi lägga till extra programkällor eftersom *EasyCam* inte ingår i de ordinarie programkällorna. En sökning på nätet ger mer information, frågan är dock hur stor nytta vi har av programmet idag.

Kontrollera att webbkameran fungerar

Det finns ett flertal program som vi kan använda för att kontrollera så att webbka-
meran fungerar. Ett av dessa program som är installerat från början är *Enkel bildin-
läsning*. Ett annat roligt litet program är *Cheese Webcam Booth* som enkelt instal-
leras via *Programcentralen* eller via terminalen med kommandot **sudo apt-get
install cheese**.

Med programmet *Cheese* kan vi använda webbkameran till att ta
stillbilder och spela in video med, samt lägga på roliga effekter.

Efter installation hittar vi programmet under *Program – Media -
Webbkamerabåset Cheese*.

Skanner

Precis som de flesta USB-enheter som ansluts så kommer även skanners att installeras och fungera automatiskt utan några problem.

Vi provar att ansluta en skanner av typen *CanonScan Lide 35*. Efter att vi anslutit enheten via USB så händer det inte så mycket. En kontroll i systemloggen visar att en höghastighets-USB-enhet har anslutits.

```
rnel: [ 1467.080058] usb 1-2: new high speed USB device using ehci_hcd and address 4
rnel: [ 1467.214135] usb 1-2: configuration #1 chosen from 1 choice
```

För att kontrollera så att skannern fungerar så startar vi programmet *Enkel bildinläsning* som är det förinstallerade program som låter oss hantera skanners och liknande hårdvara.

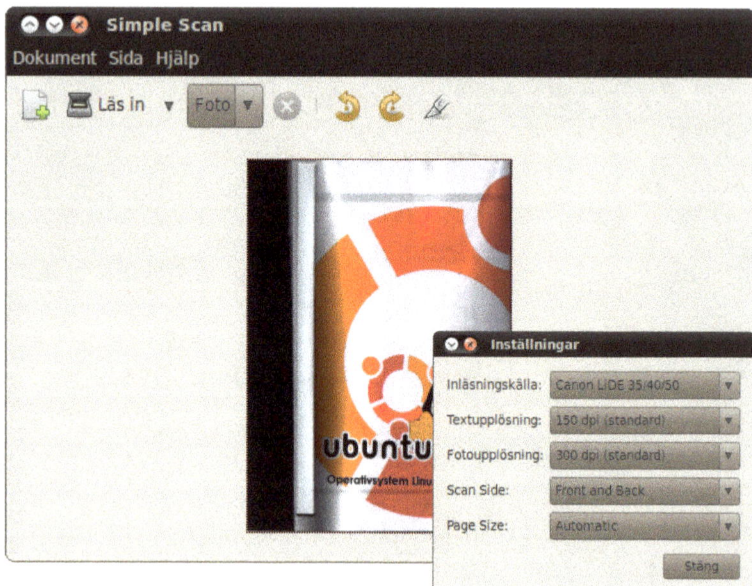

När vi startar *Enkel bildinläsning* så söker programmet efter installerade enheter och hittar i detta fall vår *CanonScan Lide 35* som fungerar utmärkt.

Funderar vi på att skaffa en ny skanner så kan det vara värt att besöka webbplatsen för *SANE*-projektet (*Scanner Access Now Easy*) *http://www.sane-project.org/* och titta i databasen över enheter som stöds. De flesta enheter stöds i varierande grad och i takt med att programvaran uppdateras så blir stödet bättre och omfattar fler typer av enheter. Behöver vi ett mer avancerat program med fler möjligheter så rekommenderas programmet XSane som finns tillgängligt via pakethanteraren.

Hårddiskar (mount, fstab, fdisk, gparted, fschk)

I detta avsnitt kommer vi att titta lite på hur man hanterar hårddiskar. Detta förutsätter att man är bekant med vanliga begrepp såsom *partitioner*, *filsystem*, *SATA* etc.

För att kunna använda en ny hårddisk så behöver den *formateras*. En formatering innebär att disken förbereds för användning och att ett tomt filsystem skrivs in. Vi kan även välja att *partitionera* en hårddisk. Detta innebär att vi delar upp en hårddisk i mindre logiska enheter. För att skapa partitioner större än 2TB krävs ett program som kan hantera GPT-partitioner.

Fördelen med att partitionera en hårddisk är att vi kan ha olika filsystem på de olika partitionerna vilket medför att vi till exempel kan ha Windows installerat på en partition som använder filsystemet *NTFS* samt Ubuntu installerat på en separat partition som använder filsystemet *ext3* eller *ext4*. En annan fördel är att vi kan ha en separat partition för operativsystemet samt de viktigaste programmen och en partition där vi sparar våra viktiga filer. Detta medför att vi enkelt kan installera om operativsystemet utan att behöva säkerhetskopiera våra viktiga filer som vi normalt sett hade behövt göra ifall vi sparat dem på samma partition som operativsystemet.

Enhetsbeteckningar för hårddiskar

Som vi nämnt tidigare så använder inte Linux enhetsbeteckningar på samma sätt som Windows gör (c: d: e: och så vidare). Innehållet på olika hårddiskar och CD/DVD-skivor monteras i det gemensamma filsystemet som en mapp (mer om detta senare). Däremot så hittar vi alla enheter under mappen **/dev**. En äldre hårddisk av typen *PATA* (*Parallell* ATA) installeras som enhet *hda* och har vi fler så får de beteckningen *hdb, hdc* och så vidare. Hårddiskar av typen *SATA* (samt även *SCSI*) installeras som *sda, sdb, sdc* och så vidare. Förutom detta så betecknas partitionerna på respektive hårddisk med en siffra. Enheten *sda2* är alltså andra partitionen på första *SATA/SCSI* disken i datorn.

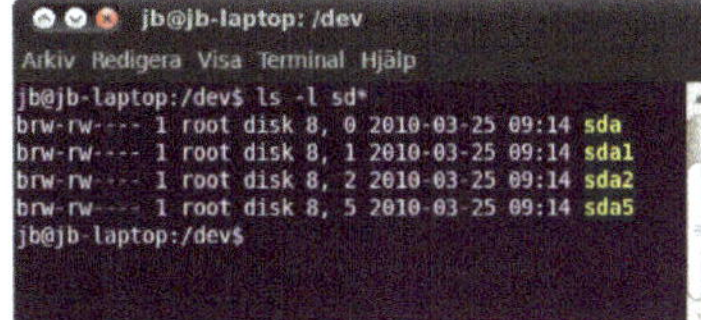

Kort om filsystem

Som nämnt tidigare så har Ubuntu stöd för många olika typer av filsystem. Bland annat *ext2* och *ext3* (som är standard), *NTFS, FAT32, ReiserFS* med flera. Från och med Ubuntu 9.04 så införs även stöd för *ext4* som är en uppgraderad version av *ext3* (enkelt uttryckt).

Kort om LVM

Logical Volume Management (*LVM*) är en metod som förenklar hanteringen av lagringsutrymme. Med *LVM* kan vi skapa flexibla volymer som kan bestå av flera hårddiskar som är smidigt och enkelt att hantera och skiljer sig från traditionell partitionering. Vi kommer inte att fördjupa oss mer i *LVM* utan konstaterar att det är ett användbart alternativ till traditionell partitionering som intresserade kan fördjupa sig i (*http://www.howtoforge.com/linux_lvm*).

GParted

Från början installeras inget bra grafiskt verktyg för att partitionera och formatera en hårddisk i Ubuntu även om det används vid själva installationen.

Det grafiska verktyget *GParted* installeras enkelt via *Programcentralen* eller via terminalen med kommandot **sudo apt-get install gparted**.

Efter installation hittar vi programmet under *Program – System – GParted.* Programmet stödjer GPT. 

Precis som i tidigare avsnitt så utgår vi ifrån ett praktiskt exempel. I detta fall har vi skaffat en ny *SATA* hårddisk (*Serial ATA*, syftar på anslutningsgränssnittet) på 160 Gbyte som vi anslutit.

När vi installerat *GParted* och startat programmet så möts vi av en grafisk presentation över vår hårddisk där vi kan se de olika partitionerna och vad de används till. Har vi fler än en hårddisk så kan vi växla mellan enheterna via menyn (*GParted – Enheter*) eller i rullistan uppe till höger. Som framgår av bilden så är vår nya 160 Gbyte hårddisk enheten **/dev/sdb**.

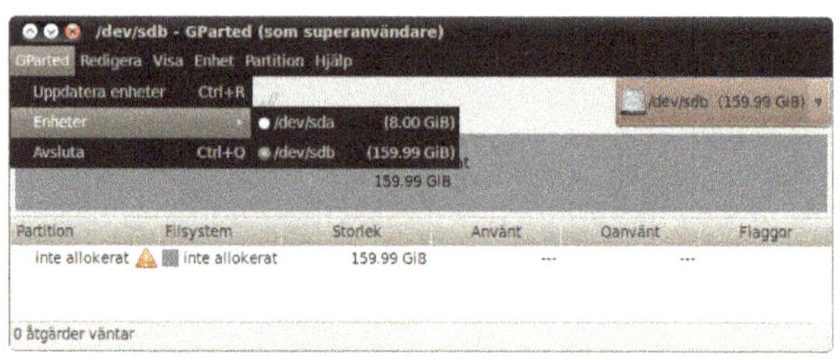

För att kunna använda hårddisken så måste vi först skapa en partitionstabell. Detta kan vi göra via menyn (*Enhet – Skapa partitionstabell*) eller genom att försöka skapa en partition (*Partition – Ny* eller klicka på knappen *Ny*) vilket automatiskt leder till att vi måste skapa en partitionstabell på disken eftersom det krävs för att kunna skapa partitioner.

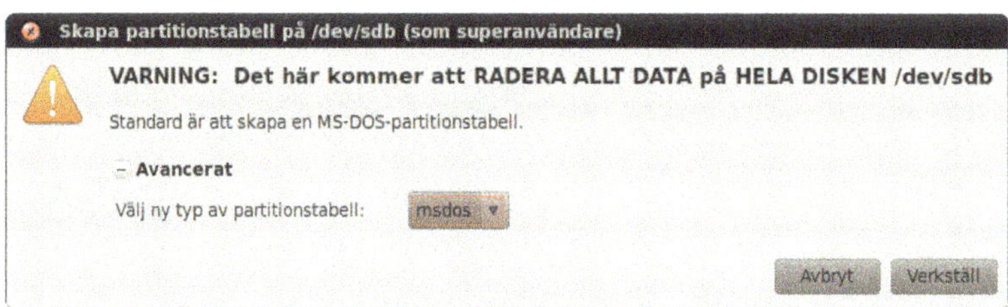

Skapar vi en partitionstabell så får vi ett meddelande om att all data på disken kommer att raderas. Detta gör i vårt fall inget eftersom vår nya hårddisk är tom, men hade vi gjort detta på en befintlig hårddisk så hade alltså all data raderats. Klickar vi på *avancerat* så har vi möjlighet att välja vilken typ av partitionstabell som vi vill skapa. Standard är typen *msdos*.

När vi skapat partitionstabellen så är det dags att partitionera hårddisken. Detta gör vi via menyn (*Partition – Ny*) eller genom att klicka på knappen *Ny*.

Nästa steg är att bestämma hur stor partitionen skall vara, vilken typ samt vilket filsystem som skall användas. Vi nöjer oss med att skapa en stor partition på disken av typen *primär*. Använder vi en *msdos* partitionstabell så kan vi max ha fyra partitioner av typen *primär* eller *utökad*. En partition av typen *utökad* kan dock i sin tur delas upp i flera *logiska* enheter vilket gör att vi i realiteten kan dela upp en hårddisk i ganska många partitioner. Som nämnts i kapitlet om installation så stödjer Ubuntu flera sorters filsystem. Vi väljer filsystemet ext4. Vill vi så kan vi även sätta en etikett på vår partition.

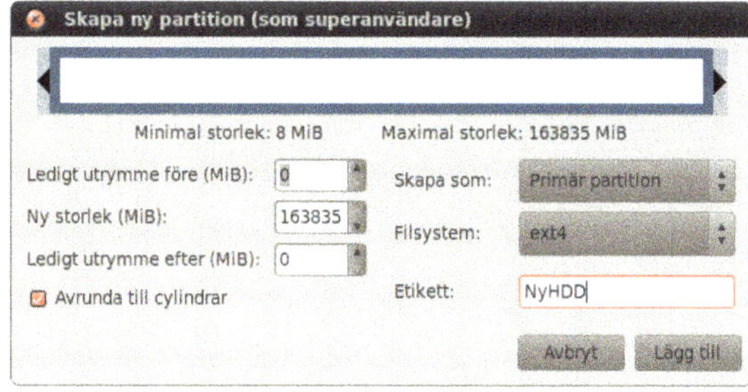

När vi klickar på *Lägg till* så lägger vi till en åtgärd som skall utföras. Åtgärden utförs inte förrän vi väljer att verkställa den (*Redigera – Verkställ alla åtgärder* eller klicka på knappen *Verkställ*). Det är alltså först när vi väljer detta som vår primära partition skapas på och formateras till *ext4*.

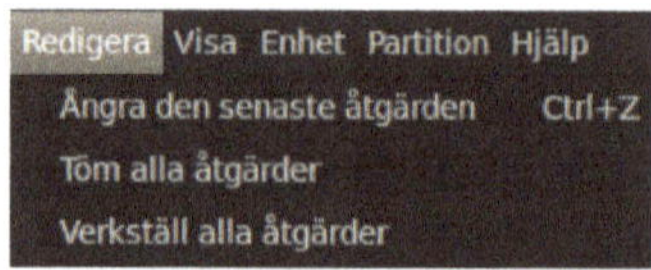

När vi skapat partitioner på en hårddisk så kan vi välja att utföra ytterligare åtgärder. Vi kan till exempel via menyn *Partition* eller genom att högerklicka på en partition välja att *Ändra storlek/ Flytta* vilket låter oss ändra storlek på en partition utan att innehållet på partitionen försvinner (förutsatt att vi har så mycket ledigt utrymme på partitionen ifall den skall krympas). Vi kan även välja att formatera partitionen till ett annat filsystem samt att kontrollera filsystemet och att ta bort partitionen.

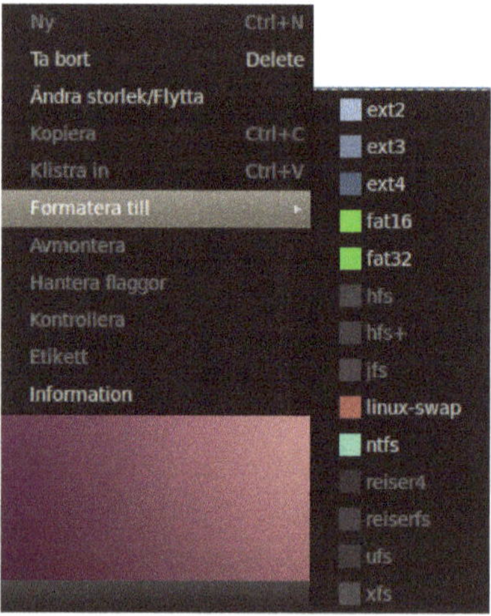

När nu vår nya hårddisk är partitionerad och formaterad så är den klar för att användas. Detta kräver dock att enheten monteras och helst att det sker automatiskt när datorn startar. Hur man gör detta beskrivs i slutet av nästa avsnitt (*Hårddiskhantering i terminalen*).

Hårddiskhantering i terminalen

Vi ska nu titta på hur man väljer partitionstabell, partitionerar och formaterar en hårddisk i terminalen. Precis som innan utgår vi från att vi installerat en ny 160 Gbyte hårddisk. För att göra detta använder vi kommandot **fdisk**. Det finns även ett annat verktyg som vi skulle kunna använda som heter **parted**, fördelen är att **parted** stödjer GPT-partitioner (vilket krävs för partitioner större än 2 TB). Man kan även installera **gdisk** som fungerar som **fdisk** fast med GPT-stöd.

Skall vi göra ändringar till systemet så krävs administratörsrättigheter vilket betyder att vi måste använda **sudo**.

Kommandot **sudo fdisk -l** listar alla partitionstabeller för alla enheter.

```
jb@jb-laptop: ~
Arkiv  Redigera  Visa  Terminal  Hjälp
jb@jb-laptop:~$ sudo fdisk -l

Disk /dev/sda: 8589 MB, 8589934592 byte
255 huvuden, 63 sektorer/spår, 1044 cylindrar
Enheter = cylindrar av 16065 · 512 = 8225280 byte
Sector size (logical/physical): 512 bytes / 512 bytes
I/O size (minimum/optimal): 512 bytes / 512 bytes
Diskidentifierare: 0x000d87bd

    Enhet Start      Början        Slut      Block    Id  System
/dev/sda1   *            1         994    7977984    83  Linux
Partition 1 slutar inte på cylindergräns.
/dev/sda2              994        1045     408576+    5  Utökad
/dev/sda5              994        1045     408576    82  Linux växling / Solaris

Disk /dev/sdb: 171,8 GB, 171798691840 byte
255 huvuden, 63 sektorer/spår, 20886 cylindrar
Enheter = cylindrar av 16065 · 512 = 8225280 byte
Sector size (logical/physical): 512 bytes / 512 bytes
I/O size (minimum/optimal): 512 bytes / 512 bytes
Diskidentifierare: 0x000568e0

    Enhet Start      Början        Slut      Block    Id  System
jb@jb-laptop:~$
```

Listar vi partitionstabellerna för alla enheter så ser vi att vi har en hårddisk (**/dev/sda**) med tre partitioner, *sda1, sda2* och *sda5* med en total storlek på 8589 Mbyte. Vi ser även att vi har en disk (**/dev/sda**) på 171,8 Gbyte som inte har en giltig partitionstabell.

Vi öppnar enheten **/dev/sda** med **fdisk** med kommandot:

sudo fdisk /dev/sdb

Vi möts nu av en ny prompt som är själva gränssnittet för programmet fdisk där vi kan ange en rad kommandon. Viktigt i detta sammanhang är:

m visar hjälpmenyn

l listar kända partitionstyper

n skapa en ny partition

d ta bort en partition

t ändrar en partitions system-id

p visar partitionstabellen

För att skapa en ny partition anger vi **n**. Sedan måste vi ta ställning till ifall vi vill ha en *primär* eller *utökad* partition genom att ange **p** eller **e**. Vi väljer **p**. Sedan måste vi ange partitionsnummer (1-4). Eftersom vi inte skapat

```
Kommando (m för hjälp): n
Kommandoåtgärd
   e    utökad
   p    primär partition (1-4)
p
Partitionsnummer (1-4): 1
Första cylinder (1-20886, standardvärde 1):
Använder standardvärdet 1
Last cylinder, +cylindrar or +size{K,M,G} (1-20886, standardvärde 20886):
Använder standardvärdet 20886

Kommando (m för hjälp):
```

några andra partitioner på denna disk så är det logiskt att ange **1**. Sedan måste vi ange första cylindern. Standard är 1 och vi behöver inte ange något annat ifall vi inte vill att partitionen skall skapas i början på disken. Slutvärdet, alltså sista cylindern, avgör hur stor partitionen skall bli. Standard är att skapa en partition som sträcker sig över hela disken, vilket vi också gör. Vill man inte detta så går det bra att till exempel skriva **+500M** för att få en partition på 500 Mbyte.

```
jb@jb-laptop: ~
Arkiv  Redigera  Visa  Terminal  Hjälp

Kommando (m för hjälp): p

Disk /dev/sdb: 171,8 GB, 171798691840 byte
255 huvuden, 63 sektorer/spår, 20886 cylindrar
Enheter = cylindrar av 16065 · 512 = 8225280 byte
Sector size (logical/physical): 512 bytes / 512 bytes
I/O size (minimum/optimal): 512 bytes / 512 bytes
Diskidentifierare: 0x000568e0

    Enhet Start      Början       Slut     Block    Id  System
/dev/sdb1             1          20886   167766763+  83  Linux

Kommando (m för hjälp):
```

Med kommandot p listar vi partitionstabellen och ser partitionen vi skapat som fått enhetsbeteckningen **/dev/sda1** och **Id 83** som är Linux (standard). Med kommandot **l** kan vi lista alla kända partitionstyper och ändra detta med kommandot **t**.

För att formatera vår partition använder vi kommandot **mkfs**. I detta fall

```
sudo mkfs -t ext3 /dev/sdb1
```

Med växeln **-t** anger vi vilket filsystem vi ska använda. Standard är ext2 och anger vi inget annat så används alltså det. Med argumentet **/dev/sdb1** anger vi vilken partition som skall formateras.

För att kunna använda vår nyformaterade partition så måste vi montera den i filsystemet för att kunna använda den. För att göra detta måste vi först skapa en mapp. Lämpligast är ifall vi skapar mappen under **/mnt** eller **/media** eftersom dessa systemmappar är ämnade för just detta.

Med kommandot:

```
sudo mkdir /media/nya_hddn
```

skapar vi en mapp. Här måste vi komma ihåg att ändra rättigheterna ifall vi vill att andra användare skall ha tillgång till den nya hårddisken. Detta gör vi enklast med kommandot:

```
sudo chmod 777 /media/nya_hddn.
```

För att snabbt montera partitionen sdb1 så att vi kan använda den, använder vi kommandot **mount**. Korrekt kommando blir:

```
sudo mount /dev/sdb1 /media/nya_hddn
```

Gör vi detta så kommer automatiskt en ikon att dyka upp på skrivbordet som låter oss bläddra i innehållet på disken. Det är dock viktigt att känna till att enheten bara monteras tillfälligt. Skulle vi starta om datorn så blir vi tvungna att montera enheten igen.

För att slippa montera om vår nya hårddisk så ska vi se till att detta sker automatiskt när systemet startar. För att göra detta ska vi editera systemfilen **fstab** som vi hittar i systemmappen **/etc**. Denna fil innehåller statisk information om alla filsystem och monteringspunkter och läses vid uppstart av systemet.

Med kommandot:

```
sudo nano /etc/fstab
```

öppnar vi filen och lägger till följande rad:

```
/dev/sdb1  /media/mynewdrive  ext3  defaults  0  0
```

Först anges enheten **/dev/sda1** följt av monteringspunkten som vi valt. Därefter anges vilket filsystem det gäller, i vårt fall *ext3*. Övriga fält anger olika valmöjligheter och inställningar för enheten. Ändrar vi till exempel sista nollan till en tvåa så genomförs en snabb kontroll av filsystemet varje gång enheten monteras.

Kontrollera filsystemet
fsck

Detta kommando används för att kontrollera och reparera ett Linux-filsystem.

Grafikkort

De flesta grafikkortskretsar tillverkas av *NVIDIA, ATI* och *Intel*. Dessa tillverkare levererar drivrutiner för Linux vilket gör det enkelt att installera. Nuförtiden är det oftast inga problem att installera drivrutiner till ett grafikkort för att få ut max prestanda i Ubuntu och tillhörande applikationer.

Ytterligare
drivrutiner

Söker vi via Dash så hittar vi *Ytterligare drivrutiner* med vilken vi enkelt kan hantera drivrutinerna som är proprietära (ligger som en flik under inställningar för *Program och Uppdateringar)*. Det bör noteras att med Ubuntu 16.04 så fungerar inte AMDs drivrutiner lika bra som NVIDIA och Intels. Detta p.g.a medföljande version av Linuxkärnan. Användare av AMD-grafikkort kan manuellt uppdatera sin kärna, se *http://linux-daddy.com/blog/install-kernel-4-4-on-ubuntu/* för mer information.

Det går att ladda hem drivrutinerna direkt från *NVIDIAs* eller *ATIs* webbplats och sedan installera dem manuellt. Detta är inget som rekommenderas men det förekommer. På grafikkorttillverkarnas hemsida hittar vi då en .run-fil som är en färdigkompilerad körbar fil. Till exempel *NVIDIA-Linux-x86-180.44.pkg1.run.* För att använda denna så behöver vi först göra filen körbar och sedan köra den med administrativa rättigheter. Numera finns även NVIDIA-drivrutiner som är öppen källkod.

Har man ett nytt grafikkort så uppdateras grafikkortsdrivrutinerna relativt ofta. Uppstår problem med program eller spel så bör man först och främst se till så att systemet är uppdaterat. En annan sak som man bör prova är att avaktivera *Desktop effects* (*System – Inställningar – Utseende*) ifall dessa är aktiverade (om man kör GNOME).

Skulle andra felaktigheter uppstå med det grafiska systemet så kan man prova kommandot **sudo dpkg-reconfigure xserver-xorg** vilket startar en omkonfiguration av det grafiska systemet inklusive inställningar för skärmen.

Justera skärminställning

Under *Systeminställningar – Hårdvara – Skärmar* hittar vi det grafiska verktyg som låter oss justera skärmupplösningen.

Skärmar

Trådlösa nätverkskort

De allra flesta trådlösa nätverkskort skall fungera i Ubuntu. Det finns dock vissa som inte fungerar. Detta gäller främst äldre och udda trådlösa nätverkskort. Skulle vi stöta på detta problem så går det eventuellt att lösa med programmet *Ndiswrapper* som gör det möjligt att använda Windowsdrivrutinen för nätverkskortet i Ubuntu.

Har vi nätverksuppkoppling så installerar vi programmet enkelt med kommandot `sudo apt-get install ndisgtk`. Paketet *ndisgtk* är det grafiska gränssnittet till *Ndiswrapper*. Saknar vi nätverksuppkoppling så går det att ladda hem installationsfilerna för *ndisgtk* (kom ihåg beroendena) via webbplatsen *http://packages. ubuntu.com* och lägga filerna på ett USB-minne för att sedan installera dem på datorn.

Efter installation hittar vi programmet under *Program – System – Windows wireless drivers*. För att installera Windowsdrivrutinerna så är det bara att starta programmet och följa instruktionerna. Detta kräver givetvis att vi har tillgång till Windowsdrivrutinerna.

Linuxkärnan

Linuxkärnan är den viktigaste komponenten i operativsystemet. Samtidigt så är kärnan något som vanliga användare sällan eller aldrig behöver eller bör pilla på. I takt med att Linuxdistributioner såsom Ubuntu blir allt mer användarvänliga så försvinner behovet av att kunna kompilera om sin kärna själv. Vi kommer i detta avsnitt att titta lite på vad kärnan gör och hur man går till väga om man vill experimentera och uppdatera kärnan manuellt.

Alla Linuxdistributioner använder sig av Linuxkärnan som Linus Torvalds skapade. Övriga komponenter såsom bootladdare, pakethanterare, skrivbordsmiljö etc. kan variera mellan olika distributioner. Kärnan innehåller som vi nämnt tidigare bland annat drivrutiner till hårdvaran. Kärnan sköter kommunikationen med hårdvaran och minneshanteringen för alla program och processer. Kärnan sköter även processprioritering och tillhandahåller ett gränssnitt som låter programmen kommunicera med hårdvaran i datorn.

Kärnan uppdateras kontinuerligt och detta arbete leds fortfarande av Linus Torvalds. På webbplatsen *www.kernel.org* hittar vi de senaste versionerna av kärnan. Där finns den senaste stabila versionen som är testad samt även nyare versioner som håller på att utvecklas och testas.

En ny version av kärnan innebär oftast ett utökat hårdvarustöd, bättre prestanda samt fixade buggar som leder till ett stabilare och säkrare system. Den senaste stabila versionen av kärnan är oftast ett par versioner nyare än den kärna som Ubuntu använder. Anledningen till detta är att det tar tid för de som underhåller Ubuntu (och alla andra distributioner för den delen) att testa och göra kärnan tillgänglig via uppdateringshanteraren.

Vilken version av kärnan som används ser vi när vi startar Ubuntu i menyn över startalternativ för *GRUB* som visas automatiskt ifall vi har flera operativsystem installerade. Annars aktiveras menyn genom att hålla ner **SHIFT**-tangeten precis när datorn startar upp. Ett annat sätt är att titta i systemmappen **/boot** där kärnan ligger.

Kärnans versionsnummer består av ett antal siffror. Till exempel *2.6.27-11* där de två första siffrorna visar vilken version av kärna det är och dessa siffror ändras väldigt sällan. Första versionsnumret (2) har bara ändrats två gånger sedan 1991. Siffra (29) är lite mer intressant i sammanhanget eftersom den uppdateras oftare och visar versionen av kärnan. Sista siffran visar bugg- och säkerhetsfixar till föregående versionsnummer.

Har kärnan uppdaterats via programuppdatering så ligger den gamla kärnan kvar och vi kan välja att starta med den gamla kärnan via *GRUBs* startmeny ifall vi så önskar. Detta kan vara användbart om den uppdaterade kärnan ställer till något problem.

Laddningsbara moduler

Delar av kärnan som inte inkluderas direkt i kärnan kallas laddningsbara moduler, *loadable kernel module* (*LKM*). Dessa kan man lägga till och ta bort till kärnan som körs. De kan även laddas vid behov. Laddningsbara moduler är flexibla och innehåller ofta drivrutiner. Det finns en par kommandon som kan vara nyttiga att känna till ifall man någon gång behöver konfigurera de laddningsbara modulerna.

lsmod   listar moduler som är laddade

insmod   laddar in en specifik modul

rmmod   tar bort en specifik modul

depmod   skapar en beroendefil (dependancy file), används av **modprobe**

modprobe   laddar moduler från en given lista som **depmod** skapat

Kompilera om kärnan

Vill man prova att ladda hem den senaste versionen av kärnan och installera den så blir man tvungen till att göra det manuellt. Vi kommer som hastigast att titta på hur man gör detta eftersom det är en lärorik erfarenhet att ha provat. Detta kräver dock avancerade kunskaper om hur en dator fungerar och om den hårdvara som används. Söker vi på nätet så hittar vi massvis med information om hur man kompilerar om sin kärna. Det är viktigt att kontrollera så att informationen är relevant och stämmer med den version av Ubuntu som vi använder eftersom det förekommer små variationer mellan de olika versionerna (främst när det gäller namnen på paketen som behövs).

Anledningen till att installera en ny kärna manuellt kan vara att få tillgång till nytt och bättre stöd för en viss typ av hårdvara och att man helt enkelt inte vill vänta tills den versionen av kärnan man är intresserad av görs tillgänglig via Ubuntus programkällor för enkel uppdatering. En stor nackdel med att själv installera en ny version av kärnan är att man troligen tappar möjligheten att enkelt uppdatera sitt system. Det går dock bra att kompilera om sin nuvarande kärna.

Fördelar med att kompilera om kärnan

* Kärnan blir mindre
* Snabbare laddningstid
* Bättre prestanda

Nackdelar med att kompilera om kärnan

* Tar lång tid
* Svårt
* Kan tappa möjligheten att enkelt uppdatera delar av sitt system.

Skaffa källkoden till kärnan

Detta kan vi göra på olika sätt. Enklast är med kommandot **sudo apt-get install linux-source**. Med detta kommando får vi källkoden till den kärnan vi använder oss av. Vill vi ha en annan version går det bra att ladda hem från *www.kernel.org*. Kärnan är ca 65 Mbyte stor i komprimerat format och ca 360 Mbyte uppackat.

Installerar vi källkoden med kommandot **sudo apt-get install linux-source** så sparas den i mappen **/usr/src** i form av en komprimerad fil. Det första vi behöver göra är att packa upp den komprimerade filen. Detta kan vi göra grafiskt eller via terminalen med kommandot **sudo tar xjvf linux-source-2.6.32.tar.bz2** (i detta exempel arbetar vi med kärnan 2.6.32).

Kompilera kärnan

I detta exempel används en äldre kärna. Principen är dock densamma oavsett version. För att kunna kompilera och installera kärnan så krävs ett par paket som inte är installerat från början. Installerar vi paketen *fakeroot* och *ccache* med kommandot **apt-get install fakeroot ccache** (eventuellt även paketen kernel-wedge build-essential makedumpfile kernel-package) samt kör kommandot **sudo apt-get build-dep linux** (detta installerar paketen som krävs för att kompilera och skapa kärnan) så har vi det som krävs för att fortsätta.

Innan vi kompilerar och bygger om vår kärna så är det dags att konfigurera kärnan. Detta kan vi göra på tre olika sätt. Är aktuell mapp **/usr/src/linux-source-2.6.32** så kan vi ange följande kommandon:

make config   Textbaserat konfiguration i terminalen. Vi får svara på tusentals frågor och det går inte att gå tillbaka i konfigureringsprocessen.

make menuconfig Textbaserad menysystem för att konfigurera kärnan. Beroende av programpaketen *libncurse5* och *libncurse5-dev* (ifall vi inte har den redan).

`make gconfig`   Grafiskt program som använder *GNOME* för konfigurering av kärnan. Det finns även varianten att använda kommandot **make xconfig** men **gconfig** är definitivt att föredra. Kräver dock att vi har paketen *gtk+-2.0, glib-2.0* och *libglade-2.0* som tillhör *GTK+* (utvecklingspaket för grafiska gränssnitt) installerade för att fungera.

Vi kommer att använda oss av alternativet **make menuconfig** eftersom det är enklast att komma igång med. Startar vi det textbaserade menysystemet så kan vi navigera och göra inställningar samt få hjälp om de olika alternativen.

Ska vi bara kompilera om nuvarande kärna så kan vi använda den konfigurationsfil som används för tillfället. Denna hittar vi i mappen **/boot/** och heter i vårt fall **config-2.6.32-17-generic**. Kopierar vi denna fil till mappen där vi packat upp källkoden till kärnan och döper om filen till **.config**, alltså med kommandot:

`sudo cp /boot/config-2.6.32-17-generic /usr/src/linux-source-2.6.32/.config`

Då kommer vår gamla konfigurationsfil att användas när vi kör kommandot **make menuconfig**. Detta underlättar när vi ska konfigurera kärnan. Ifall vi är osäkra på något alternativ så är det bäst att använda samma alternativ som i den gamla konfigurationsfilen.

För att förbereda kompileringen så kan det vara idé att editera filen **Makefile** som skapats i mappen **/usr/src/linux-source-2.6.32/** när konfigureringen är klar. Nästan överst i filen så hittar vi raden *EXTRA-VERSION = .10 +drm33.1* som anger tillägget som läggs till aktuella kärnversionen. Vi ändrar detta till *.10*-test för att enklare hålla reda på vår omkompilerade kärna.

För att kompilera kärnan behöver vi programpaketet *kernel-package* som vi installerar med kommandot **sudo apt-get install kernel-package**.

Först kan vi köra kommandot **sudo make-kpkg clean** för att rensa upp i mappen som innehåller källkodsfilerna för kärnan.

Med kommandot **sudo fakeroot make-kpkg --initrd kernel_image kernel_headers** kompileras kärnan. Detta tar lång tid och när allt är klart hittar vi två .deb-filer i mappen.

Dessa filer installerar vi på vanligt sätt:

```
dpkg -i linux-image-2.6.32.10-test_2.6.32.10-
test-10.00.Custom_i386.deb
```

```
dpkg -i linux-headers-2.6.32.10-test_2.6.32.10-
test-10.00.Custom_i386.deb
```

När detta är klart så kan vi välja vår omkompilerade kärna via *GRUBs* startmeny.
Syns ingen GRUB-meny så titta i avsnittet "Problem med GRUB"i nästa kapitel.

Begreppslista

CUPS   Programvaran som gör det möjligt för datorn att agera skrivarserver.

Filsystem   Sättet som informationen sparas på ett lagringsmedium.

Modul   Syftar oftast på laddningsbar modul till kärnan och innehåller ofta drivrutiner eller tillägg till kärnan som relativt enkelt kan bytas ut och uppdateras utan att kompilera om kärnan

Montera   Att göra en enhet tillgänglig genom att skapa en mapp i filsystemet och montera enhetens innehåll där.

Partition   Logisk del av en fysisk hårddisk.

Postscript Standard för att överföra information till skrivare.

SATA   Det vanligaste fysiska gränssnittet för att ansluta hårddiskar och CD/DVD-enheter idag.

Systemlogg Ett antal loggfiler där alla viktiga händelser skrivs ner i textformat.

Övningsuppgifter

1. Beskriv hur hårdvaran hanteras i Linux (finns det drivrutiner?).

2. Vilka företag är bra på att stödja Linux när det gäller drivrutiner?

3. Var hittar man alla loggfiler?

4. Beskriv vad följande loggfiler innehåller:

   a) dpkg

   b) syslog

   c) auth.log

5. Beskriv hur du skulle gå till väga för att kontrollera om en viss skrivare fungerar i Linux.

6. Hur kontrollerar man ifall en skanner fungerar i Linux?

7. Beskriv hur du går till väga för att partitionera och formatera en ny hårdisk grafiskt och i terminalen.

8. Vilka fördelar finns med att kompilera om kärnan?

Diskussionsuppgifter

Diskussionsuppgifterna genomförs lämpligast i små grupper och är av undersökande natur. Det är inte säkert att det finns ett definitivt svar på frågeställningarna. Syftet med uppgifterna är att fördjupa kunskaperna samt stimulera förmågan att aktivt söka och utvärdera information från andra källor (främst Internet).

1. Undersök vilken version av kärnan du använder och jämför med senaste versionen som finns tillgänglig via *kernel.org*. Vilka förbättringar och uppdateringar kan man vänta till nästa Ubuntuversion?

2. Hur hanteras ljud/ljudkort i Linux? Finns det olika system och vad heter dessa i så fall?

Praktiska laborationer

Följande laborationer bygger på att man har tillgång till viss hårdvara.

1. Anslut en valfri USB-enhet och kontrollera resultatet i aktuell loggfil.

2. Prova att installera följande (i mån av tillgång av hårdvara)

   a) Skrivare

   b) Skanner

   c) Webbkamera

   d) USB-minne

3. Installera, partitionera och formatera en extra hårddisk. Använder du en laptop så går det bra med en extern hårddisk.

4. Ladda hem en nyare version av kärnan och installera den.

Tips, och trix

I detta kapitel behandlas sådant som av någon anledning inte får plats eller passar in i övriga kapitel men som ändå kan vara bra att veta.

Allmänna tips

Aktivera skrivbordseffekter i Unity

För att aktivera skrivbordseffekterna behöver vi programpaketen *compizconfig-settings-manager* och *compiz-plugins-extra*. Dessa installeras enklast via *Programcentralen* eller med kommandot:

```
sudo apt-get install compizconfig-set-
tings-manager compiz-plugin-extra
```

Efter installation hittar vi programmet under *Program - Anpassning - Inställningshanteraren CompizConfig*.

När detta är klart så är det fritt fram att prova olika skrivbordseffekter.

Terminaltips

Det händer ibland att man glömmer att köra ett kommando som administratör och måste ange samma kommando eller kommandorad med tillägget sudo framför. Detta kan man lösa smidigt och snyggt med kommandot **sudo !!**. Kör vi detta kommando så betyder det att föregående kommando som vi skrev in i terminalen körs med administrativa rättigheter (**sudo**).

Använder man regelbundet komplicerade terminalkommandon med många parametrar och växlar så kan man bygga egna kortkommandon för att spara tid. Detta görs med kommandot **alias**. Använder vi till exempel kommandot **ls -l** ofta så skapar vi med följande kommando:

```
alias l='ls -l'
```

ett "kortkommando". När vi skriver l i terminalen så är det samma sak som om vi hade skrivit **ls -l**. Vill vi ta bort ett alias som vi skapat så används kommandot **unalias** följt av kortkommandot, i föregående fall alltså **unalias l**. Med kommandot:

fdisk -l listar vi snabbt alla enheter och filsystem.

Köra grafiska applikationer med administrativa rättigheter

Att utföra ett kommando i terminalen med administrativa rättigheter är enkelt med kommandot **sudo**. Att köra ett grafiskt program med administrativa rättigheter eller som användaren *root* är lite knepigare eftersom användaren root inte tillåts logga in på det grafiska systemet (och det vill man inte heller ur säkerhetssynpunkt). Vad man kan göra är följande:

Med tangentkombinationen **ALT+F2** så får vi upp dialogrutan *kör program* där vi kan mata in kommandon direkt. Med kommandot *gksu* (som är en grafisk variant av terminalkommandot **sudo**) kan vi enkelt starta ett program med administrativa rättigheter förutsatt att vi vet vad programmet heter. Programpaketet gksu måste dock först installeras med t.ex.

kommandot **sudo apt-get install gksu**. Gksu rekommenderas ej längre utan man bör använda *pkexec* istället (*http://www.webupd8.org/2015/03/how-to-run-gedit-and-nautilus-as-root.html*)

Montera ISO-filer direkt

Många som använder Windows är kanske bekant med programmet *Daemon Tools* eller liknande program. Detta program används för att montera en skivavbildsfil (t ex. en ISO-fil) för direkt åtkomst utan att behöva bränna avbildsfilen på skiva först. Vill vi göra samma sak i Ubuntu så löser vi det enklast med **mount** kommandot som kan montera ISO-filer direkt.

Börja med att skapa en ny tom mapp på lämplig plats. Förslagsvis med kommandot **sudo mkdir /mnt/iso-fil**.

Filen monteras sedan med kommandot:

sudo mount –o loop –t iso9690 isofilen.iso /mnt/iso-fil.

Montera delar av filsystemet

Det finns tillfällen då vi kanske vill ge användare tillgång till delar av filsystemet som de normalt ej har tillgång till. I vanliga fall kanske en länk hade löst problemet. Vill vi ta till lite ”kraftigare” metoder så kan vi välja att montera delar av vårt filsystem på ett eller flera andra ställen. Exempelvis ifall vi kör en ftp-server med *vsftpd* och vill ge en användare åtkomst till något utanför användarens ftp-hemmakatalog.

Vi börjar med att skapa en tom mapp där vi vill montera vårt filsystem, exempelvis `sudo mkdir /home/ftp/gemensamt`.

Vi monterar sedan filsystemet med kommandot `sudo mount --bind /gemensamt /home/ftp/gemensamt`.

Skapa ett eget startskript

Vill vi köra lite egna kommandon och inställningar så kan man göra det lite snyggt genom att skapa ett eget startskript. Börja med att skapa ett skript i mappen `/etc/init.d` med kommandot `sudo nano /etc/init.d/mystartup.sh`.

Skriptfilen inleds med `#!/bin/bash` därefter är det bara att mata på med de kommandon man vi ha utfört.

Nästa steg är att göra filen exekverbar med kommandot `sudo chmod +x /etc/init.d/mystartup.sh`.

Sist men inte minst så ser vi till att skriptet körs varje gång datorn startar med kommandot `update-rc.d mystartup.sh defaults 100`, där `defaults` är standard körnivåerna (2-5) och `99` är prioriteten. Man kan också editera filen `/etc/rc.local`.

Byta inloggningstema

Detta tips gäller endast om man kör GNOME. I tidigare versioner av Ubuntu fanns ett program för att byta utseende och tema för inloggningsskärmen (GDM Gnome Display Manager). Denna möjlighet har försvunnit med version 10.04 och många användare saknar möjligheten att ändra utseendet för inloggningsskärmen. Detta går dock att åtgärda med lite trixande.

1. Logga ut till så att du befinner dig i GDM

2. Byt till en annan terminal (tty) med kommandot `CTRL+ALT+F1`

3. Logga in med ditt vanliga användarnamn/lösenord

4. Skriv följande i kommandoprompten: `export DISPLAY=:0.0`

5. Skriv sedan: `sudo -u gdm gnome-control-center`

6. Byt tillbaka till den grafiska miljön och GDM med `CTRL+ALT+F8`

7. Programmet gnome-control-center ska nu vara laddat. Använd det för att konfigurera GDM.

8. Klicka på Appearances-ikonen, i appearances kan du sedan ändra det mesta som har med utseendet.

9. Stäng gnome-control-center and logga in normalt.

Byta skrivbordsmiljö till KDE eller Xfce

Skulle man av någon anledning vara missnöjd med skrivbordsmiljön som installerats eller ifall man känner för att prova något nytt så går det enkelt att installera en annan skrivbordsmiljö utan att förstöra systemet. Med kommandot **sudo apt-get install kubuntu-desktop** installeras *KDE*. På liknande sätt med kommandot **sudo apt-get install xubuntu-desktop** kan *Xfce* installeras. Vi kan även installera hela Edubuntu genom att installera programpaketet *edubuntu-desktop* (*GNOME*) eller *edubuntu-desktop-kde* (*KDE*). Tänk även på att flera skrivbordsmiljöer tar en del diskutrymme.

Använda Netflix

Tjänsten *Netflix* har blivit omåttligt populär senaste åren och det har fram tills alldeles nyligen varit ett problem för många Linuxanvändare. Eftersom Netflix och andra liknande tjänster använde förr *Silverlight* så har det inneburit en del problem. Men inte nu längre. Det absolut enklaste sättet är att använda webbläsaren *Google Chrome* som använder HTML5.

Installationen sker enklast genom att besöka *http://google.se/chrome* och klicka på ladda ner för att starta nedladdningen av ett .deb-paket som sedan enkelt kan öppnas med *Programvara för Ubuntu* och installeras.

OBS Vid problem så saknas troligtvis något beroende. Prova att installera .deb-filen med **dpkg -i chrome-filen.deb** och slutför installationen med **apt-get install -f** för att fixa beroendena.

Sedan är det bara till att starta Chrome via Dash och börja använda Netflix.

Byta skrivbordsmiljö till GNOME

Att använda Unity kan kännas ovant och annorlunda ifall man är van vid mer traditionella skrivbordsmiljöer med menyer och programikoner som de flesta är vana vid från Windows (innan Windows 8). Inte helt oväntat så har bytet till Unity varit mindre populärt bland många Ubuntuanvändare. Samtidigt finns ett behov av ett nyare och modernare gränsnitt med bättre stöd för pekskärmar som blir allt vanligare. Ger man Unity en chans så kommer de allra flesta att upptäcka hur enkelt och smidigt gränssnittet är. Med det sagt så kan vi konstatera att det finns tillfällen då vi har nytta av GNOME och att Unity kommer att vidareutvecklas och förbättras.

Det finns inget som hindrar att vi installerar GNOME vid sidan av Unity. Det är faktiskt väldigt enkelt som vi kommer att se. Viktigt att känna till är då att GNOME också vidareutvecklas och har i version 3 och senare, oftast kallat GNOME 3, bytt

utseende. Skillnaden mellan "gamla" GNOME och GNOME 3 är nästan lika stor som skillnaden mellan gamla GNOME och Unity.

Det finns två installationsalternativ. Antigen installerar paketet *gnome* och får då både GNOME 3 och något som heter *GNOME Session Fallback*. Eller så installerar vi enbart paketet *gnome-session-fallback*. *Gnome Session Fallback* är en minimal skrivbordsmiljö som använder GNOME och ser ut som "gamla" GNOME. *Gnome Session Fallback* tar även betydligt mindre diskutrymme än hela GNOME-paketet.

Installationen görs enklast via *Programcentralen/Synaptic*

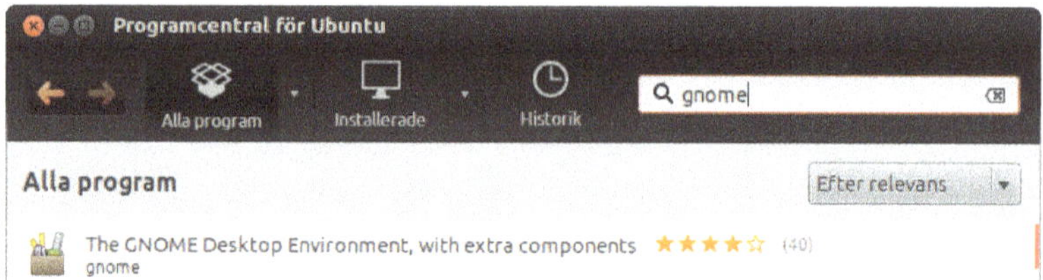

eller via terminalen med kommandot: **sudo apt-get install gnome**. Vill vi bara ha den enklare varianten så blir det **sudo apt-get install gnome-session-fallback**.

Efter installationen kan vi välja skrivbordsmiljö när vi startat om och ska logga in. Klicka på Ubuntusymbolen bredvid användarnamnet.

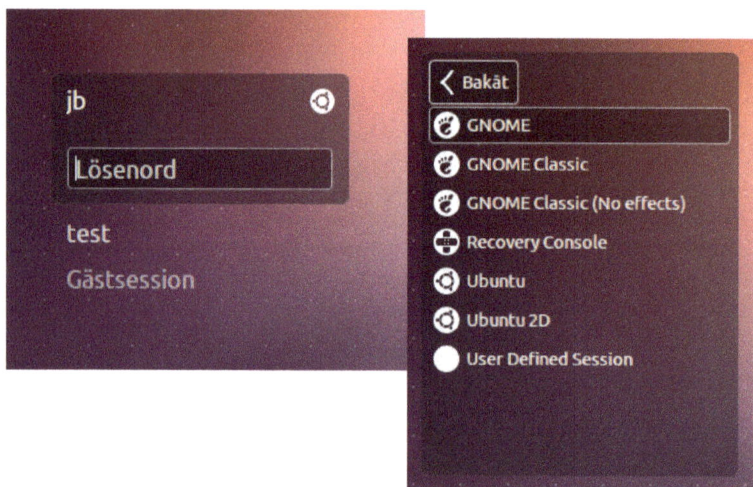

Att söka hjälp

En av fördelarna med Ubuntu är att distributionen är så populär. Detta innebär att det finns många som använder Ubuntu och de allra flesta är mer än villiga att hjälpa andra användare som har problem av olika slag. Det finns flera olika sätt att få hjälp genom denna gemenskap. 

Dokumentation

Det finns mycket dokumentation för Ubuntu som kan vara till stor nytta om man vill ha hjälp. Den medföljande hjälpen innehåller det mesta samt även lite mer avancerad hjälp i form av manualsidorna (som man även kommer åt via terminalen med kommandot **man**). Den medföljande hjälpen hittar vi enklast via meny till skrivbordet eller med snabbtangenten **F1**. 

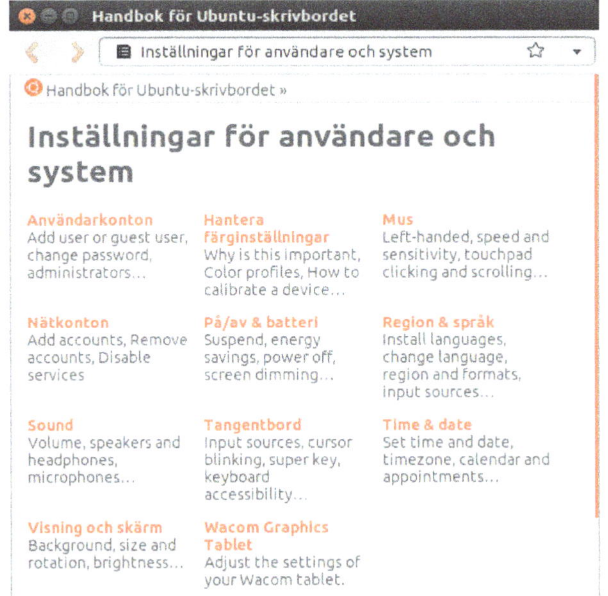

Dokumentationen brukar delas in i två kategorier:

- Officiell dokumentation
- Community-dokumentation

Den officiella dokumentationen är densamma som den inbyggda dokumentationen medan community-dokumentationen är hjälp och guider skrivna av användarna. Båda typer av dokumentation hittar vi enkelt via Ubuntus hemsida (*http://www. ubuntu.com*). Längst upp till höger via menyn under *Support – Documentation*, eller via direktadressen *https://help.ubuntu.com*. Dokumentationen är indelad i kategorier men det går också enkelt att söka i dokumentationen via sökfunktionen.

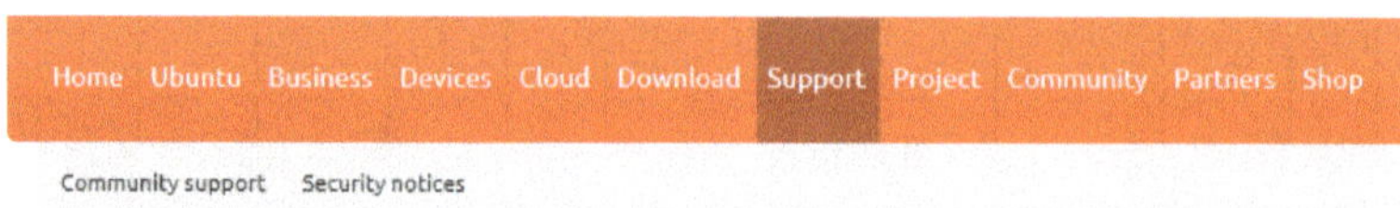

Launchpad

Launchpad är en webbaserad applikation som används vid utveckling av mjukvara och då främst fri mjukvara. Launchpad drivs av *Canonical* och associeras främst med 
Ubuntu även om andra projekt använder Launchpad. Webbplatsen (*https://launchpad.net/*) har ett system med frågor och svar om olika program och projekt som utvecklas via Launchpad och där kan man hitta svar på frågor som man har. Det går även bra att ställa frågor kring något projekt (som Ubuntu) men då måste man registrera en användare.

E-postlistor

Ett annat sätt att få hjälp om Ubuntu är via e-postlistor. För att göra detta krävs enbart att man har ett fungerande e-postkonto. Genom att skicka sin fråga som ett mejl till adressen för e-postlistan så kan alla som prenumererar på e-postlistan se frågan och komma med lösningsförslag. E-postlistor hittar vi på webbplatsen *https://lists. ubuntu.com* och där finns en mängd e-postlistor under kategorin *Community Support* (Ubuntu-users) som kan vara till stor hjälp om man stöter på problem.

Forum

Det finns ett flertal webbaserade forum där vi kan hitta hjälp och information. Det finns flera forum beroende på språk. Huvudforumet hittar vi här: *http://ubuntuforums.*  *org/*. Via webbplatsen för Ubuntu Sverige (*http://ubuntu-se.org*) så hittar vi ett svenskt forum som är mycket bra (*http://ubuntu-se.org/phpBB3/*). Trots detta så kan vi bli tvungna att besöka ett engelsktalande forum eftersom de flesta användarna talar engelska och således finns det mer information på huvudforumet. På forumet så kan vi söka bland tidigare trådar. Stöter vi på ett problem så är sannolikheten ganska stor att någon annan haft samma problem och att frågan behandlats på forumet. Därför är det alltid bäst att söka igenom forumet först. Hittar vi inte svar på vårt problem så går det bra att skapa en ny tråd för att få hjälp.

IRC

Snabbaste sättet att få direkthjälp är via *IRC* (*Internet Relay Chat*) som är en standard för chatt som funnits väldigt länge. Det finns många olika klientprogram som kan ansluta till en *IRC*-server varav medföljande *Empathy* är en. I detta exempel använder vi Pidgin. För att ansluta till Ubuntus IRC-server installerar vi och startar *Pidgin* och skapar ett nytt konto där vi väljer protokollet *IRC*. Gör vi detta så får vi servern *irc.ubuntu.com* som förval. Detta är huvudservern för Ubuntu. Vill

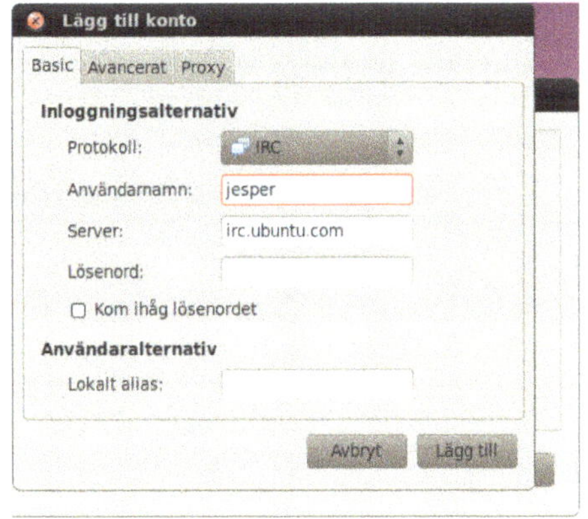

vi ha hjälp på svenska så kan vi ändra adressen för servern till *irc.freenode.net* (på denna server finns Ubuntu Sveriges IRC-kanaler). Som användarnamn kan vi välja valfritt alias. Därefter är det bara till att ansluta till servern.

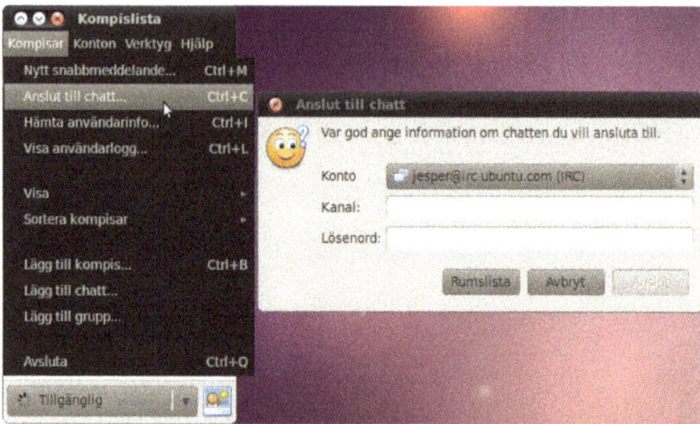

Vi får då upp ett fönster där vi måste ange vilken kanal som vi ska ansluta till samt lösenord (ifall kanalen är skyddad med lösenord). För att ansluta till huvudkanalen så anger vi *kanal #ubuntu*. Ansluter vi till *irc.freenode.net* så anger vi kanalen *#ubuntu-se*. Inga lösenord behövs.

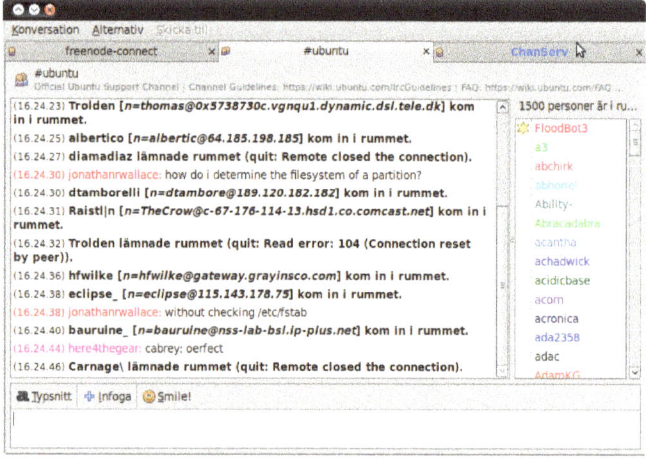

När vi väl anslutit så ser vi de olika kanalerna som flikar längst upp i fönstret. Vi kan enkelt skifta mellan flera kanaler om vi så vill. Sedan är det bara att skriva en fråga och förklara problemet och avsluta med ny rad (**RETUR**) för att skicka frågan ut i kanalen så att alla ser. Förhoppningsvis får vi sedan snabbt svar och hjälp. Nu kan man göra betydligt mer med *IRC* men det lämnar vi till den intresserade.

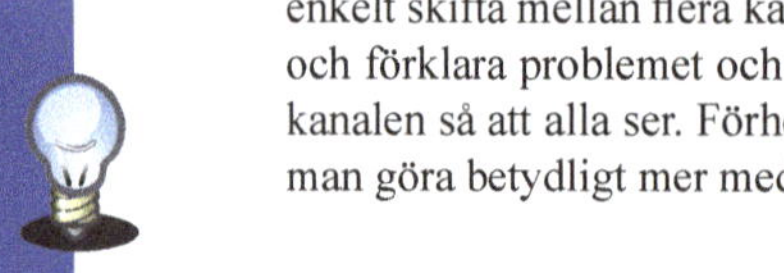

Wiki

På Ubuntu Sveriges webbplats finns mycket information och hjälp tillgängligt i form av en *Wiki* för de som föredrar detta. Adressen är *http://ubuntu-se.org/wiki*.

Kommersiell support

Sist men inte minst så kan vi betala för att få professionell support från Ubuntu. Mer information om detta hittar man på Ubuntus webbplats under *Support – Commercial*.

Programtips

I detta avsnitt kommer vi att titta på lite olika program som inte installeras från början men som kan vara bra att känna till och som inte nämnts i tidigare kapitel. Eftersom det finns väldigt många bra program till Linux så är det omöjligt att nämna alla och således så speglar de program som får utrymme här min (författarens) högst personliga åsikt om vilka program som faller under den kategorin.

GNOME-Do

Gnome-Do är kort och gott ett litet smart och snyggt program som låter dig utföra vanliga arbetsuppgifter snabbt och enkelt. Programmet är främst till för GNOME men fungerar även i andra skrivbordsmiljöer. Används Unity så är Dash ett betydligt bättre alternativ. Programmet låter dig söka bland alla möjliga saker i din användarmiljö såsom genvägar, dokument, favoriter och kontakter med mera samt att man kan ange vad man vill göra bara genom att skriva. Programmet anpassar sig efter användaren så använder man till exempel webbläsaren *Firefox* ofta så räcker det att skriva "f" för att starta *Firefox*. Exakt hur programmet fungerar lämnar jag upp till intresserade att lära sig men har man väl vant sig vid programmet så är det svårt att sluta använda det. I och med de nya funktionerna med *Unity* så är detta program inte längre lika aktuellt.

Gnome-Do installeras enklast vi pakethanteraren eller i terminalen med kommandot **sudo apt-get install gnome-do**.

Videoredigering

Det finns flera bra program för att redigera och hantera film. Programmen *Pitivi* och *OpenShot* hör till de mer populära och finns tillgängliga via Programcentralen. Med dessa program kan vi enkelt redigera film och lägga på diverse effekter.

Ett annat mycket bra och lättanvänt program är *Handbreak* (http://handbreak.fr). Handbreak finns numera med i programförrådet och installeras enkelt via en pakethanterare eller via terminalen med **sudo apt-get install handbrake**.

Handbreak kan öppna de allra flesta videoformat som finns och låter användaren exportera till nästan lika många olika format. En bonus är att det finns färdiga mallar för olika typer av videoformat ifall man är osäker. T.ex. blir det en enkel sak att konvertera film av diverse format till format lämpligt för iPhone.

Aptitude

Aptitude är ett smidigt program som enklast kan beskrivas som ett grafiskt gränssnitt till pakethanteraren fast i textläget. Alltså som det grafiska programmet *Pakethanteraren Synaptic* fast textbaserat vilket förenklar pakethanteringen i terminalen. *Aptitude* är installerat från början och startas med kommandot **aptitude**.

```
jb@jb-laptop: ~
Arkiv  Redigera  Visa  Terminal  Hjälp

 Åtgärder  Ångra  Paket  Problemlösaren  Sök  Inställningar  Vyer  Hjälp
C-T: Meny  ?: Hjälp  q: Avsluta  u: Uppdatera  g: Hämta/Installera/Ta bort
aptitude 0.4.11.11
--- Uppgraderingsbara paket (63)
--- Installerade paket (1431)
--- Inte installerade paket (29051)
--- Föräldrade och lokalt skapade paket (2)
--- Virtuella paket (3296)
--- Funktioner (13516)


En nyare version av dessa paket finns tillgängliga.

Denna grupp innehåller 63 paket.
```

DosBox

Programmet *Dosbox* är en emulator för DOS. Programmet emulerar en gammal 286-PC med DOS installerat, komplett med ljudkort och grafikkort. Med detta program kan vi alltså köra all gammal programvara som är skapad för Microsoft DOS. En personlig favorit är alla gamla DOS-spel som man lagligt kan hitta på webbplatser såsom *http://www.abandonia.com/* för en härlig nostalgitripp. Dosbox installeras enklast via pakethanteraren eller i terminalen med kommandot **sudo apt-get install dosbox**.

Cygwin

Cygwin är en UNIX-liknande miljö för Microsoft Windows. Det är alltså inget program som är tänkt att användas i Ubuntu. Anledningen att vi ändå tar upp programmet är att det kan vara bra att känna till att det finns. Med hjälp av programmet kan vi installera och köra många av de vanligaste programmen som vi känner igen från en Linux-miljö. Även om det medföljer en form av pakethanterare för de vanligaste verktygen så måste man oftast ladda hem program i källkodsformat och kompilera den i Cygwin-miljön för att kunna köra dem i Windows.

Numera finns även bash till Windows 10 tack vare ett samarbete mellan Microsoft och Canonical.

Webmin och webbpaneler

Av namnet at döma så kan man gissa sig till att programmet har något med webben och administration att göra. Och det är en helt korrekt gissning. *Webmin* är ett populärt program som tillhandahåller ett webbaserat grafiskt användargränssnitt för administrering av datorn. *Webmin* är främst tänkt att användas på servrar och att underlätta

för systemadministratörer men kan även vara av intresse för "den vanliga" användaren. I och med att det är ett webbaserat gränssnitt så kan man använda vilken webbläsare man vill samt även fjärradministrera sin dator. *Webmin* eliminerar i princip behovet av att manuellt editera olika konfigurationsfiler vilket de flesta tycker är tråkigt och jobbigt. *Webmin* installeras enklast via *Pakethanteraren Synaptic* eller direkt i terminalen med kommandot **sudo apt-get install webmin**. Mer information hittar vi på *Webmin* webbplats *http://www.webmin.com/*. Vill man driva en webbserver så finns det flera bra s.k. *webbpaneler* som är oehört kraftfulla, bl.a. *cpanel*, *zpanel* och *sentora*.

Ubuntu Tweak

Detta program är skapat för att förenkla konfigurationen av Ubuntu. Vi kan enkelt göra inställningar som normalt är "dolda" eller väldigt svåra att ändra på för en ny användare. Vi kan även installera uppdaterade versioner av program via *Ubuntu Tweak* samt rensa upp bland äldre paket som inte används men som ligger kvar och upptar diskutrymmer. Tyvärr så finns inte *Ubuntu Tweak* med i programförrådet utan installeras enklast genom att ladda hem en .deb-fil från projektets hemsida. Eller ännu bättre ifall man lägger till projektets programvaruförråd för att sedan installera det via pakethanteraren i Ubuntu. Mer information och instruktioner hittar vi på projektets webbplats *http://ubuntu-tweak.com*.

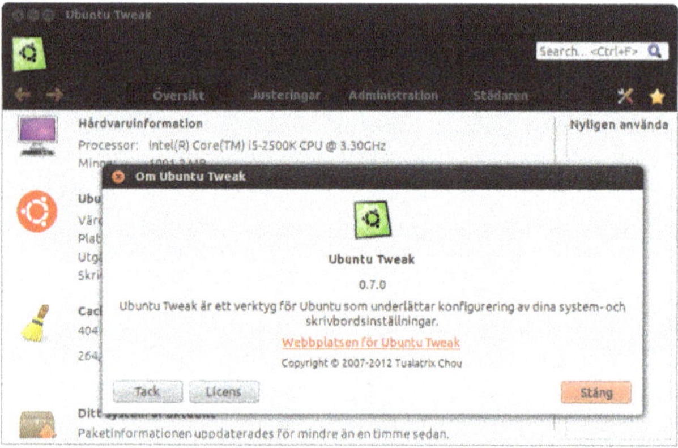

Ändra placeringen för fönstrens knappar

Många är ej vana vid MacOS kan känna en viss ovana vid att knapparna för att minimera, maximera och stänga ett fönster är på "fel" sida. Detta är givetvis en smaksak men vill man tvunget ändra knapparnas placering så görs det enklas med Ubuntu Tweak.

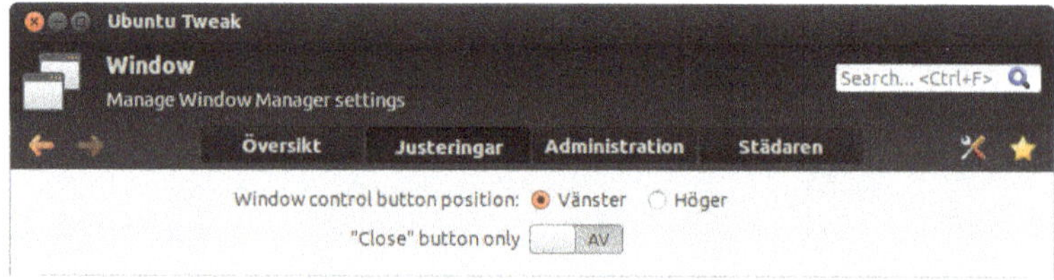

Enkel felsökning

Skulle problem uppstå med vår Ubuntu installation så är det naturliga steget att söka hjälp via något av de sätt som beskrivits tidigare i detta kapitel. Eftersom det kan uppstå lika många fel eller varianter av fel som det finns olika kombinationer av programvara och hårdvara så är det omöjligt gå på djupet när det gäller felsökning. Vi kommer dock att titta på de vanligaste problemen som kan uppstå.

Problem med GRUBs startmeny

En del användare har i senare versioner av Ubuntu upplevt problem med att akti-vera GRUBs startmeny. Detta görs numera genom att hålla nere *Shift*-tangenten under uppstart. Detta har delvis att göra med uppdateringen till GRUB2 och det har i dessa fall visat sig att GRUB har varit konfigurerad till att starta det första alternativet med detsamma utan någon fördröjning eller möjlighet att välja något annat alternativ såsom *Recovery mode* vilket vi strax ska gå igenom. Enklaste sät-tet att fixa detta är att installera programmet *Uppstartshanterare* som beskrivits i tidigare avsnitt i detta kapitel. Startar vi programmet så kan vi enkelt ändra så att startmenyn visas i x antal sekunder. Vi kan även manuellt ändra i konfigurationsfi-len `/etc/default/grub` och sedan köra kommandot `sudo update-grub` för att verkställa ändringarna. Lämpliga ändringar kan vara att kommentera raden `GRUB_HIDDEN_TIMEOUT=10` till `#GRUB_HIDDEN_TIMEOUT=10` och se till att `GRUB_TIMEOUT=` har ett värde, exempelvis `GRUB_TIMEOUT=10`.

Återställa lösenord

Ett vanligt problem är att man glömt sitt lösenord som angavs i samband med in-stallation. Istället för att installera om så finns det ett betydligt enklare sätt att lösa detta problem på. Vi börjar med att starta om datorn och håll ner knappen `SHIFT` precis i början när *GRUB* startar för att aktivera GRUBs meny för startalternativ. Det gäller att vara med eftersom vi bara har fem sekunder på oss innan *GRUB* star-tar operativsystemet. I GRUBs startmeny väljer vi det översta alternativ som har tillägget (*recovery mode*).

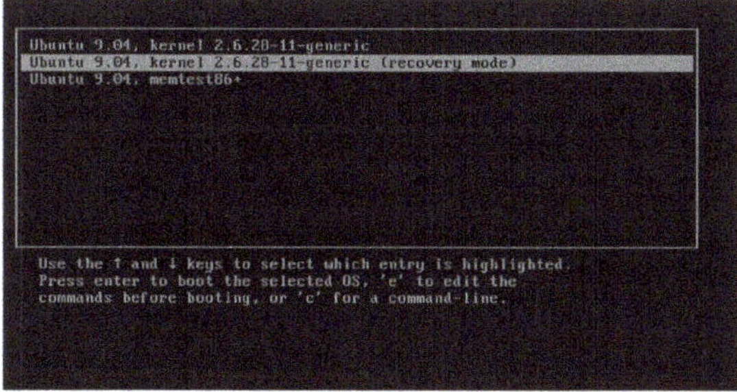

Operativsystemet startar nu upp i ett återställningsläge som kan användas för systemunderhåll och felsökning. Efter ett tag möts vi av ännu en meny. Här kan vi välja mellan flera olika alternativ beroende på vilket problem som vi har. Vi kan bland annat försöka rensa upp på hårddisken för att skapa mer ledigt utrymme, försöka reparera trasiga programpaket och beroenden, kontrollera filsystemet, uppdatera *GRUB* och försöka fixa det grafiska systemet. Det vi ska göra är att välja alternativet *Drop to root shell prompt*. Vi kommer nu att vara inloggade som *root* i en terminal med full tillgång till operativsystemet. Sedan är det bara att ändra lösenordet för den vanliga användaren med kommandot **passwd** användarnamn. Har vi även glömt användarnamnet så kan vi ta en titt i mappen **/home** eller i filen **/etc/passwd**.

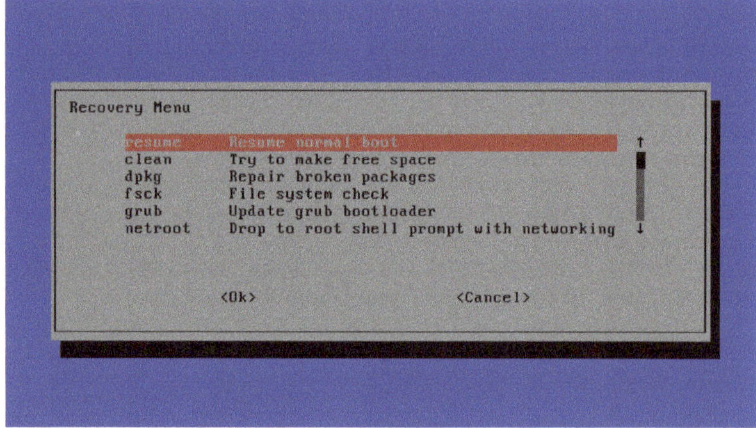

Redigera GRUBS meny

Har vi flera operativsystem eller kärnor installerat på vår dator så vill man ofta ändra ordningen på alternativen i GRUBs startmeny. Detta görs inte längre genom att editera filen **/boot/grub/menu.lst** i och med uppgraderingen till GRUB2. Vi kan däremot ändra i filen **/etc/default/grub** eller i filen **/boot/grub/grub.cfg**. Det är dock ej rekommenderat att ändra i **/boot/grub/grub.cfg** eftersom den genereras av olika skript när kommandot **update-grub** körs och ändringar som vi gör direkt i filen kommer att skrivas över nästa gång detta händer. Öppnar vi filen **/etc/default/** ser vi följande:

Övriga skript som påverkar konfigurationen av GRUB2 hittar vi under

/etc/grub.d.

Installera om GRUB

Ett vanligt problem är att GRUB försvunnit av någon anledning. Detta beror ofta på att man installerat Windows efter det att man installerade Ubuntu. Då installerar nämligen installationsprogrammet för Windows NTLOADER som skriver över GRUB och möjligheten att starta Ubuntu igen är borta. Detta går dock att lösa på olika sätt. Vi kommer inte att ta upp exakt hur man gör eftersom det varierar så mycket beroende på hur man installerat Ubuntu och vilken hårdvara man har. Skulle problem uppstå är det bra att ha installationsskivan till hands och söka mer information på nätet. Första besöket bör bli *https://wiki.ubuntu.com/Grub2*.

Kontrollera datorns internminne

Uppför sig datorn mystiskt och hänger sig ibland så kan det beror på att en minneskapsel är trasig (korrupt). Misstänker man detta så är det lätt att kontrollera om så är fallet.

Starta upp med installationsskivan för Ubuntu och välja alternativet *Kontrollera minne*. Ett omfattande minnestest utförs då med programmet *memtest86+*.

Säkerhet

Vi kommer i detta avsnitt att fokusera på det viktigaste vad gäller datasäkerhet och hur man skyddar sig i Ubuntu. Man kan dela in datasäkerhet i tre kategorier:

- Skydd mot förlust av data
- Skydd mot virus och annan skadlig mjukvara
- Skydd mot intrång via nätverket

Generellt kan man säga att en standardinstallation av Ubuntu är mycket säker. Vi kommer att titta närmare på var och en av de tre kategorierna.

Skydd mot förlust av data

Det finns flera anledningar till att vi kan förlora data som vi absolut inte vill bli av med. Det kan till exempel bero på att hårddisken går sönder på grund av felaktig hantering eller helt enkelt för att den blivit för gammal. Data förlust kan även ske i samband med inbrott, att någon stjäl datorn eller brand eller annan olycka.

Enklaste och bästa sättet att skydda sig är att göra *backup* regelbundet och ofta. Samt att spara backupen på ett säkert ställe (gärna i bankfack eller annan byggnad ifall huset skulle brinna ner). Att göra backup går att lösa på flera sätt. Man kan till exempel bränna ut viktig data på CD/DVD eller lägga på en extern hårddisk. Man kan även schemalägga filkopieringen samt använda olika webbtjänster och helt enkelt spara viktig data på någon server via Internet. Hur man gör detta är upp till varje användare. Värt att nämna i sammanhanget är verktyget *rsync* samt programvaran *Clonezilla*. Den senare består av en bootbar live-CD med vilken man kan skapa (och återskapa) kompletta diskavbildningar av hårddiskar på en mängd olika sätt. Det medföljande programmet Säkerhetskopia täcker de flesta användares behov.

Säkerhetskopi

En enkel sökning på *backup* på nätet kommer att ge mängder med uppslag. Viktigt att tänka på är dock att inte ha för stor tilltro till tekniska lösningar. Digital data är väldigt "flyktig" och kräver konstant underhåll för att inte försvinna. Man kan till exempel inte bränna en DVD-skiva, stoppa den i hyllan och räkna med att den går att läsa om tio år. Bäst är att kontinuerligt flytta viktig data till nya medier. Allt beroende på hur viktig datan är samt hur paranoid man är.

Håll koll på temperaturen

När det gäller att motverka hårddiskhaverier så finns det ett par saker som vi aktivt kan göra. Vi kan installera program för att hålla koll på hur varm hårddiskarna blir (samt övriga komponenter). Detta är viktigt eftersom en varm hårddisk slits mer och riskerar att haverera.

Med kommandot **`sudo apt-get install lm-sensors i2c-tools read-edid sensord hddtemp sensors-applet`** installeras programmet lmsensor (samt tillägg) som låter oss övervaka temperaturen på diverse hårdvara.

Efter detta kör vi kommandot **`sudo sensors-detect`** och svarar ja på alla frågor och startar om datorn.

När detta är gjort kan vi enkelt lägga till ett nytt objekt till vår panel (om vi kör GNOME) som heter *Övervakare av hårdvarusensorer* genom att högerklicka på panelen och välja *Lägg till i panelen..* (Detta funkar alltså ej med *Unity* då panelerna fungerar annorlunda)

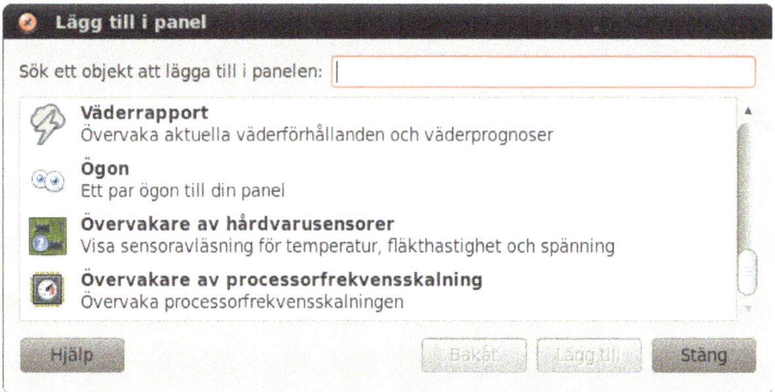

För användare av *Unity* finns programmet *XSensors* tillgängligt via Programcentralen. *XSensors* övervakar hårdvaran (främst temperaturgivare) och fungerar bra men vill vi ändra inställningar så blir det aningen omständigt (editera konfigurationsfiler manuellt).

Använda S.M.A.RT

Alla hårddiskar som inte har fler år på nacken stöder S.M.A.R.T som står för *Self-Monitoring Analysis and Reporting Technology* och är en funktion som gör det möjligt att övervaka och diagnostisera en hårddisk.

Genom att installera programmet *GSmartControl* via *Programcentralen* så installeras ett program som låter oss hålla koll på hårddiskarna och som kan indikera om en kommande hårddiskkrasch är att vänta.

Programmet hittar vi under *Program - System - GSmartControl.* Programmet låter oss även utföra diverse tester som kan upptäcka fel på disken.

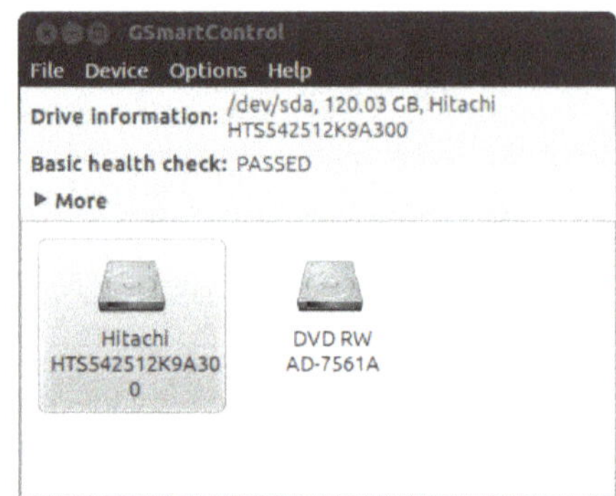

Använda RAID

Redundant Array of Independent Disks gör det möjligt att koppla samman flera hårddiskar till en logisk enhet för att öka prestandan eller säkerheten. Det finns flera olika sätt att göra detta och de benämns *RAID-nivåer* (eller *RAID-levels*).

* **RAID 0** benämns även stripe-volym och innebär att två (eller fler) hårddiskar bildar en logisk enhet där all data delas upp jämnt på de olika diskarna när man skriver och läser till enheten. Detta innebär en stor prestandaökning (i teorin dubbelt så snabbt med två diskar) men ger dålig säkerhet eftersom det räcker att en av diskarna havererar för att all data ska gå förlorad.

* **RAID 1** benämns även spegling eller spegel-volym och innebär att två hårddiskar bildar en logisk enhet där all data speglas på båda diskarna. Detta innebär större säkerhet dock på bekostnad av det totala lagringsutrymmet (som halveras).

(Bildkälla: http://sv.wikipedia.org)

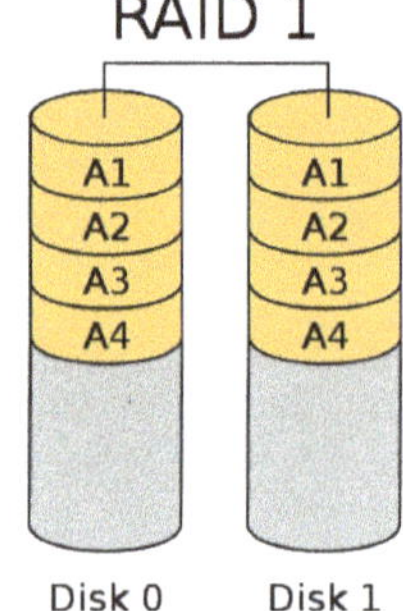

- **RAID 5** innebär att 3 (eller fler) hårddiskar bildar en logisk enhet där all data delas upp tillsammans med en form av checksumma. Detta ger hög säkerhet eftersom all data kan återskapas även ifall en disk havererar samt att lagringsutrymmet utnyttjas effektivare än med nivå 1. RAID 5 är mer resurskrävande än övriga nivåer eftersom det krävs en viss datorkraft att generera alla checksummor.

Det finns två olika sätt att åstadkomma RAID:

Hårdvaru-RAID

- Det finns flera kontrollerkort för hårddiskar med RAID funktion. Allt från billiga till väldigt dyra. Linuxkärnan har fullt stöd för alla kontrollerkort som är "äkta" RAID. De allra billigaste kontrollerkort samt integrerade RAID-kontrollerkort på moderkort är egentligen inte riktig hårdvaruraid utan kräver mjukvara (drivrutiner) för att fungera. Dessa kontrollerkort klassas egentligen som mjukvaruraid och kallas ibland även för "fake-raid". Hårdvaruraid har en egen BIOS där RAID-konfigurationen görs. Har man en raidkontroller som inte är "äkta" och som linuxkärnan ej stöder så kommer systemet att uppfatta hårddiskarna som om de vore anslutna som vanligt (var för sig). Programmet *dmraid* som är tillgängligt via pakethanteraren löser problemet med de allra flesta sådana kort. Vid installationen så modifieras kärnan och datorn behöver startas om. Därefter kommer raid-enheten hittas och vi kan formatera och använda den.

Mjukvaru-RAID

- Ett billigare alternativ är att skapa RAID via mjukvaran. Prestandan varierar dock beroende på nivå och konfiguration. Generellt så har hårdvaru-RAID bättre prestanda även om skillnaden mellan mjukvaru- och hårdvaru-RAID (fake-raid) är minimal vad gäller nivå 1 och 2.

Skapa RAID-1 i mjukvara

Vi kommer att titta närmare på hur man konfigurerar RAID 1 i mjukvara. Tillvägagångssättet är i princip densamma för övriga nivåer så med små ändringar kan vi lika gärna skapa RAID-0 eller RAID-5.

Det vi behöver är två hårddiskar. Det behöver inte tvunget vara två likadana även om det är att föredra.

Med kommandot `sudo fdisk -l` listas alla diskenheter. I detta exempel ser vi att vi har två enheter, `/dev/sda` och `/dev/sdb` som ännu ej är partitionerade.

```
jb@jb-laptop: ~
Arkiv  Redigera  Visa  Terminal  Hjälp
jb@jb-laptop:~$ sudo fdisk -l

Disk /dev/sda: 2147 MB, 2147483648 byte
255 huvuden, 63 sektorer/spår, 261 cylindrar
Enheter = cylindrar av 16065 · 512 = 8225280 byte
Sector size (logical/physical): 512 bytes / 512 bytes
I/O size (minimum/optimal): 512 bytes / 512 bytes
Diskidentifierare: 0x00000000

Disk /dev/sda innehåller inte en giltig partitionstabell

Disk /dev/sdb: 2147 MB, 2147483648 byte
255 huvuden, 63 sektorer/spår, 261 cylindrar
Enheter = cylindrar av 16065 · 512 = 8225280 byte
Sector size (logical/physical): 512 bytes / 512 bytes
I/O size (minimum/optimal): 512 bytes / 512 bytes
Diskidentifierare: 0x00000000

Disk /dev/sdb innehåller inte en giltig partitionstabell
jb@jb-laptop:~$
```

Vi börjar med att partitionera diskarna. Detta kan vi göra grafiskt som beskrivits tidigare. I detta exempel väljer vi att göra allt i terminalen. Med kommandot:

```
sudo fdisk /dev/sda
```

startar vi programmet *fdisk* och väljer enhet **sda** för partitionering.

I prompten för *fdisk* anger vi alternativ **n** för att skapa en ny partition. Vi väljer en primär partition med nummer 1. Därefter anges storleken. Har vi två likadana diskar är det bara att välja standardvärden, har vi olika diskar är det viktigt att partitionerna som vi skapar på diskarna blir lika stora.

När vi skapat partitionen så anger vi alternativ t för att ändra partitionstyp. Det finns flera olika partitionstyper att välja mellan. Dessa kan man lista med alternativet l. Vi anger typen **fd** för *Linux raid auto*.

```
12  Compaq-diagnost 61  SpeedStor       a9  NetBSD          f4  SpeedStor
14  Dold FAT16 < 32 63  GNU HURD / SysV ab  Darwin start    f2  DOS sekundär
16  Dold FAT16      64  Novell Netware  af  HFS / HFS+      fb  VMware VMFS
17  Dold HPFS/NTFS  65  Novell Netware  b7  BSDI fs         fc  VMware VMKCORE
18  AST SmartSleep  70  DiskSecure Mult b8  BSDI växling    fd  Linux raid auto
1b  Dold W95 FAT32  75  PC/IX           bb  Boot Wizard dol fe  LANstep
1c  Dold W95 FAT32  80  Gammal Minix    be  Solaris start   ff  BBT
1e  Dold W95 FAT16

Kommando (m för hjälp): t
Valde partition 1
Hexadecimal kod (tryck L för att se koder): fd
```

När allt är klart avslutar vi *fdisk* med alternativet **w** som även skriver ändringarna till disk. Därefter upprepar vi proceduren för den andra disken (**/dev/sdb**).

För att skapa vår RAID-enhet installerar vi programpaketet *mdadm* som låter oss enkelt skapa och hantera mjukvaru-RAID (det finns andra mindre bra sätt att åstadkomma samma resultat). Programmet installeras med kommandot:

`sudo apt-get install mdadm`.

Med kommandot:

```
sudo mdadm --create /dev/md0  --level=1 --raid-devices=2
/dev/sda1 /dev/sdb1
```

skapar vi en enhet (`/dev/md0`) som vi eg. kan döpa till vad vi vill som består av 2 diskar, nivå 1. Alla dessa parametrar kan justeras efter behov.

När detta är klart är det bara att formatera enheten och montera den (som beskrivs i kapitlet om *Hårdvara*) så är den klar att användas. Värt att notera är ifall man listar alla diskar med `sudo fdisk -l` så listas enheten `/dev/md0` med en ogiltig partitionstabell. Enheten går dock bra att använda som en normal partition. Skapar vi en RAID-5 enhet så behöver diskarna lång tid på sig att synkronisera. Ett viktigt kommando för att kontrollera statusen är `cat /proc/mdstat`.

Skulle man av någon anledning installerat *dmraid* för att använda hårdvaru-RAID men ångrat sig och ska köra mjukvaru-RAID istället så kan *dmraid* låsa diskarna vilket genererar ett felmeddelande när man försöker använda *dmraid*. Enklaste lösningen på det problemet är att avinstallera *dmraid*.

Skydd mot virus och annan skadlig mjukvara

I dagsläget finns det knappt något virus eller annan skadlig programvara som påverkar Linux. Raka motsatsen gäller för Windows. Användare av Windows känner säkert till att det finns en ofantlig mängd skadlig programvara i form av virus, trojaner, *spyware, adware, malware* (kärt barn har många namn) vilket resulterar att man mer eller mindre blir tvungen att installera antivirusprogram.

Anledningen till detta är enligt många att Linux är betydligt säkrare än Windows. Detta stämmer också då sättet ett Linuxsystem är uppbyggt på gör att skadlig programvara har svårt att åstadkomma någon riktig skada. En annan anledning är att flertalet hemanvändare använder just Windows så de som skriver skadlig programvara gör detta för att det är det populäraste operativsystemet.

Huruvida en Linuxanvändare behöver ha ett antivirusprogram installerat är en omdebatterad fråga. Använder man datorn i ett nätverk tillsammans med andra datorer

som använder Windows så riskerar man att smitta dessa datorer även om datorn som använder Linux inte påverkas. Det kan till exempel vara om man delar filer med *SAMBA* eller på annat sätt skickar, lagrar och hanterar filer som Windowsmaskiner kommer att ta del av. Eftersom det finns ett flertal bra antivirusprogram som är gratis så är rekommendationen ändå att man installerar och kör något av dem.

- *ClamAV* finns tillgängligt via paketförrådet tillsammans med grafiskt gränssnitt (Clamtk).
- *Panda Antivirus for Linux* finns tillgänglig via webbplatsen *http://www.pandasoftware.com.*
- *BitDefender Free Edition* finns tillgänglig via webbplatsen *http://www.bitdefender.com.*
- *AVG Anti-Virus Free Edition* finns tillgänglig via webbplatsen *http://free.avg.com/download.*
- *Avast! Linux Home Edition* finns tillgänglig via webbplatsen *http://www.avast.com/eng/avast-for-linux-workstation.html.*

Skydd mot intrång via nätverket

Allt fler datorer är idag uppkopplade mot Internet. Detta medför i sin tur att vem som helst kan försöka ansluta till datorn via Internet för att försöka få tillgång till resurser som de inte har rätt till att utnyttja. För att skydda sig mot detta bör man tänka på följande:

- Hålla systemet uppdaterat
- Hantera lösenord på ett bra sätt
- Installera brandvägg
- Vara försiktig med alla nätverkstjänster som installeras

Uppdatera systemet

Det är viktigt att hela tiden hålla sitt system uppdaterat. Många av uppdateringarna som kommer är just säkerhetsuppdateringar som gör systemet säkrare.

Lösenord

Det finns flera saker att tänka på vad gäller lösenord och dess hantering. Först och främst bör man inte använda korta lösenord eller lösenord som består av ett ord som till exempel "banan" eller "maja". Likaså bör man ej använda lösenord som går att gissa sig till eller ta reda på, som till exempel viktiga datum i livet, namn på husdjur eller personnummer.

Ett lösenord ska helst vara ett så kallat *starkt lösenord*. Ett starkt lösenord innehåller både stora och små bokstäver tillsammans med siffror och specialtecken. Dessa lösenord är betydligt svårare att forcera. Lösenord som "2!gY@hkL" och "aFvu?-67" är exempel på starka lösenord. Ett annat tips är att bygga långa meningar som lösenord. "zlatanärduktigpåfotboll" är ett bra lösenord som är relativt enkelt att komma ihåg.

Att använda olika lösenord för olika system är också viktigt. De flesta använder samma lösenord på flera system vilket inte är så bra. Ett tips är att memorera ett starkt lösenord som man sedan parar ihop med namnet för varje system, till exempel "gmail56-!gHT5" för *gmail* och "facebook56-!gHT5" för *facebook*.

Lösenord till viktiga system bör även ändras med jämna intervaller.

Brandvägg

Har man inte en hårdvarubrandvägg hemma så bör man skaffa det. De flesta med fast uppkoppling har detta integrerat i *routern* hemma (bredbandsroutern till exempel). Även om man har en brandvägg hemma så finns det en poäng med att använda en så kallad mjukvarubrandvägg. Detta är extra viktigt om man inte har en hårdvarubrandvägg. En mjukvarubrandvägg är ett program som håller koll på inkommande och utgående trafik som vi kan konfigurera att stoppa och varna för oönskad trafik.

Ett program som används ofta i Linuxsammanhang är *iptables*. Med *iptables* kan vi blockera oönskad trafik samt sätta upp olika regler för hur trafiken ska hanteras. Vi kan även få vår dator att agera som en *router* förutsatt att vi har mer än ett nätverkskort. *Iptables* använder i sin tur ett paketfiltersystem som heter *netfilter* som tillhandahålls av Linuxkärnan.

Iptables är ett kraftfullt program som tar tid att bemästra och lära sig. Därför har det utvecklats en rad program som ska underlätta hanteringen av *iptables*. Ett av dessa är *ufw (uncomplicated firewall)* som installeras tillsammans med Ubuntu. Brandväggen är dock ej aktiverad från start. Mer information om *ufw* samt hur man använder det hittar vi bland den officiella dokumentationen.

Även om *ufw* är enkelt att använda så är det fortfarande ett terminalprogram. De som hellre vill ha ett grafiskt gränssnitt kan installera programmet *Firewall builder* eller *gufw (Brandväggskonfiguration)* via programcentralen. Dessa program ger ett mer användarvänligt grafiskt gränssnitt till ufw och är både kraftfullt och enkelt att använda.

Brandväggskonfiguration (gufw) aktiverad.

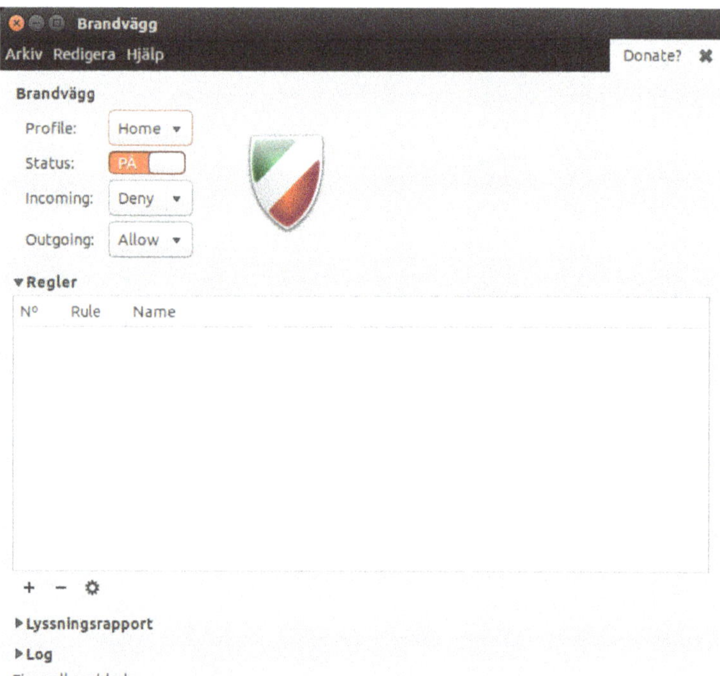

Hantering av nätverkstjänster

Att installera nätverkstjänster som gör det möjligt för användare att ansluta till datorn medför alltid en risk. I detta sammanhang är det viktigt att begränsa vilka som får ansluta till dator. Det är till exempel olämpligt att tillåta administratören att ansluta ifall detta inte är nödvändigt. Likaså lyssnar de flesta servertjänsterna på alla nätverkskort. Har vi då flera nätverkskort så bör man konfigurera servertjänsterna så att de bara lyssnar på de nätverkskort som är nödvändiga. Precis som tidigare är det viktiga med bra lösenord för inloggningskonton samt att begränsa rättigheterna för användarna. Om möjligt bör man även kryptera trafiken. Hur man gör detta täcks inte i boken men kan vara bra att veta.

Begreppslista

Backup	Att göra en säkerhetskopia av (viktig) data.
Brandvägg	Programvara som skyddar nätverket från oönskad trafik.
IRC	Internet Relay Chat. System som använts länge för att chatta över Internet.
Launchpad	En webbaserad applikation som används vid utveckling av mjukvara.
RAID	Koppla ihop flera hårddiskar till en logisk enhet. Detta kan man göra på flera olika sätt. Främst för att öka prestandan och säkerheten.
S.M.A.R.T	Funktion som stöds av alla hårddiskar (utom riktigt gamla) med vars hjälp man kan se om en hårddisk håller på att gå sönder.
Webpanel	En allt-i-ett lösning för Internetserver (webhosting). Kraftfull och enkel administrering.

Övningsuppgifter

1. Beskriv hur man startar grafiska applikationer med administratörsrättigheter.
2. Hur skyddar man sig mot förlust av data?
3. Hur skyddar man sig mot intrång via nätverket?
4. Vad är RAID, förklara även de olika nivåerna (1,2 och 5).
5. Ge exempel på bra hantering av lösenord.
6. Vad är iptables?
7. Beskriv hur du skulle gå till väga för att söka hjälp om Ubuntu.

Diskussionsuppgifter

Diskussionsuppgifterna genomförs lämpligast i små grupper och är av undersökande natur. Det är inte säkert att det finns ett definitivt svar på frågeställningarna. Syftet med uppgifterna är att fördjupa kunskaperna samt stimulera förmågan att aktivt söka och utvärdera information från andra källor (främst Internet).

1. När behövs antivirusprogram för Linux? Vad säger trovärdiga källor på nätet?

2. Vad är viktigt att tänka på när man letar information och hjälp om Ubuntu på nätet? Vilka strategier finns om man inte hittar någon bra information?

Praktiska laborationer

Följande laborationer bygger på att man har tillgång till viss hårdvara.

1. Prova att redigera en videofil i valfritt program.

2. Anslut till en IRC-server och anslut till en Ubunturelaterad kanal.

3. Installera Ubuntu Tweak och prova att använda programmet.

4. Kontrollera så att du vet hur man återställer ett lösenord i Recovery Mode.

5. Kontrollera internminnet med Memtest+.

6. Installera programvara för att övervaka hårddisktemperaturen och SMART-information.

7. Aktivera brandväggen med valfri metod.

8. Skapa en RAID-1 i mjukvara.